AF773201

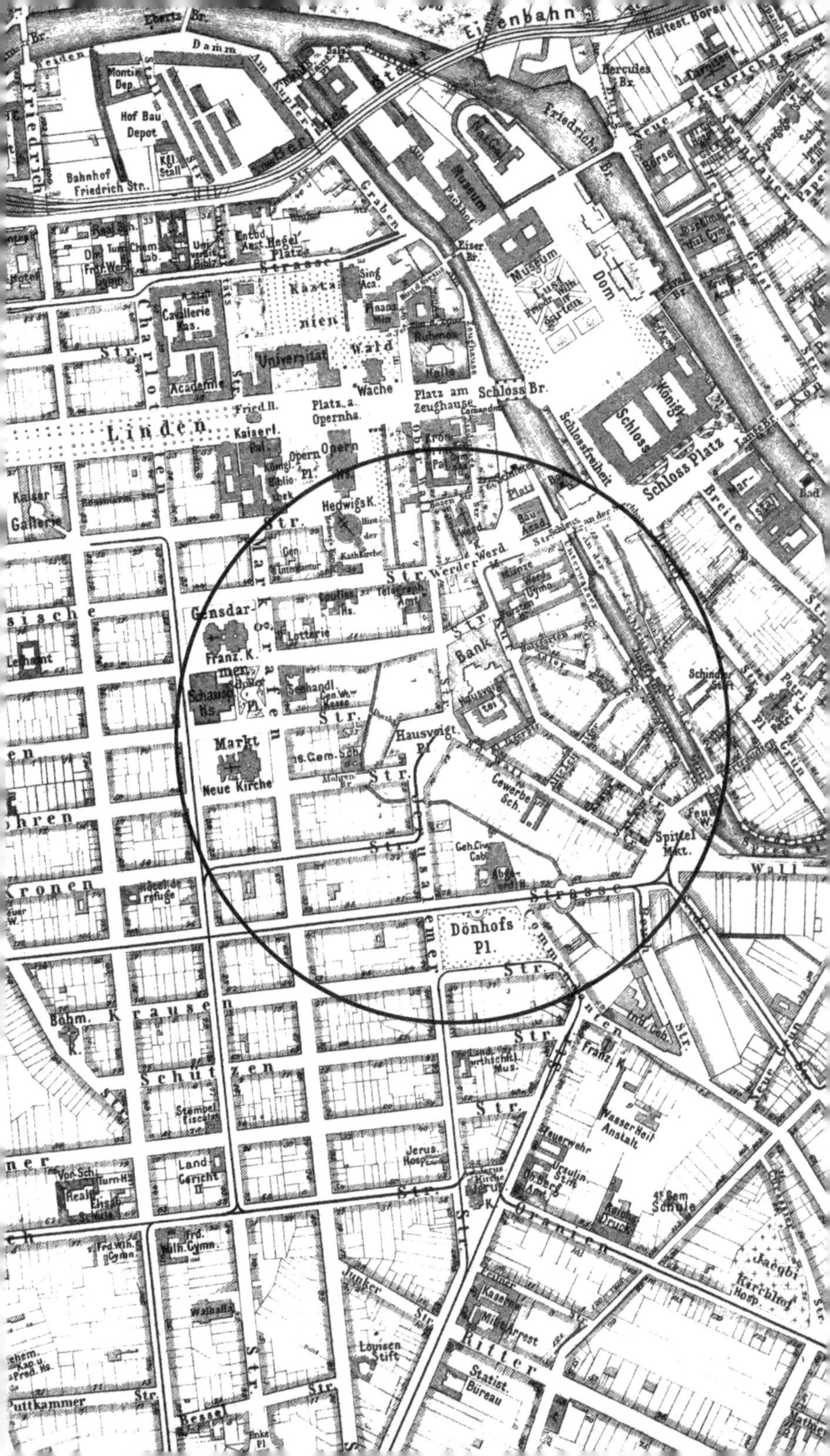

Eisenbahn
Bahnhof Friedrich Str.
Hof Bau Depot
Museum
Lust Garten
Dom
Schloss
Schloss Platz
Schloss Br.
Universität
Linden
Opern Hs.
Hedwigs K.
Gensdar-men Markt
Franz. K.
Schausp. Hs.
Neue Kirche
Bank
Hausvoigt. Pl.
Dönhofs Pl.
Spittel Markt
Kronen
Krausen
Schützen
Land Gericht II
Jerus. Hosp.
Louisen Stift
Ritter
Statist. Büreau
Puttkammer Str.
Jacobi Kirchhof
Börse

Brunhilde Dähn

Berlin

Hausvogteiplatz

Über 100 Jahre am Laufsteg der Mode

Textile Geschichten
Schnatmeyer & Derham

Neuausgabe. Zuerst erschienen 1968
im Musterschmidt Verlag, Göttingen.

Lizenzausgabe mit Genehmigung der
Muster-Schmidt Verlagsgesellschaft
Hans Hansen-Schmidt mbH

Textile Geschichten – Susanne Schnatmeyer
Berlin 2019
www.textilegeschichten.net

Umschlaggestaltung Susanne Schnatmeyer
Druck CPI books GmbH, Leck
ISBN 9783981982947

Ein Buch der Kooperation
Schnatmeyer & Derham
www.schnatmeyerundderham.de

Klappentext der Ausgabe von 1968

Bei den Kleidermachern an der Spree

„Wer die Wahrheit weiß und sagt sie frei, der kommt in Berlin in die Hausvogtei", raunte man sich im vormärzlichen Berlin in der Mitte des vorigen Jahrhunderts zu. Fritz Reuter war einer der berühmten Insassen dieses Gefängnisses, das aber schon bald der Deutschen Bank und zahlreichen Geschäftshäusern Platz machen musste. Um diese Zeit stiegen die Grundstückspreise bis auf 100 000 Mark je Quadratmeter! Hier entstand vor mehr als hundert Jahren die weltberühmte Berliner Konfektion, hier wurde erstmalig in der Geschichte modische Fertigkleidung zu erschwinglichen Preisen hergestellt, die in alle zivilisierten Länder verkauft wurde.

Die Verfasserin hat in diesem Buch zahlreiche historische Fakten, Anekdoten und seltene Bilder zusammengetragen, von denen das meiste in den bisherigen Berlin-Publikationen fehlt. Der Leser spürt, dass ihr die Menschen der deutschen Metropole in Arbeitswelt und gesellschaftlicher Existenz mit allen Freuden und Nöten am Herzen liegen. Die Autorin begleitet Arm und Reich, Heimarbeiterin, Kommis, Mannequin, Prinzipal oder Aristokrat auf ihren Wegen durch das alte Berlin, zu Niquets Wurstkeller, zu Gersons prächtigem Modepalast, zu Leinewebers „Haus, das jeden anzieht" oder gar zur modischen Visite ins kaiserliche Schloss.

Die ganze weitgreifende Übersicht macht deutlich, wie stark schon damals die soziale Frage, die noch heute die Welt in Unruhe versetzt, im Vordergrund stand, wie die vieldiskutierten „Hungerlöhne" tausende von Mädchen und Frauen zur käuflichen Liebe verurteilten. Dessen ungeachtet verlässt der Kaiser 1892 die Uraufführung von Hauptmanns „Weber" aus Protest, und sein Polizeipräsident wettert: „Mir passt die janze Richtung nicht!" Es ist weiter interessant zu erfahren, dass mit dem Einzug der sozialdemokratischen Mehrheit in den Reichstag 1912 die 7-Uhr Ladenschlusszeit eingeführt wird. Der Leser lernt „Fräulein Gelbstern“ kennen, die, skandalumwittert, die Gemüter erregte. Unter den zahlreichen berühmten Berlinern, von denen berichtet wird, findet sich auch der wegen seiner „gesammelten Erlasse“ belächelte Polizeipräsident Traugott von Jagow, der den Jupe-Culotte zu tragen verbot, Foxtrott und Cake-Walk untersagte, um der „um sich greifenden Unmoral Einhalt zu gebieten!“ Die Verfasserin führt den Leser auch in die „Grüne Neune“, die Geburtsstätte der Berliner Posse, die mit spitzer Doppelzüngigkeit Polizeistaat und Obrigkeit auf die Schippe nimmt. In dieser inzwischen längst vergessenen Berliner Theatereigenart entstand auch die Konfektions-Posse, die das Milieu der Branche mit Chanson und Couplet vergnügt kritisiert und verulkt.

In ihrem Buch hat die Autorin ein farbiges, heiter wie tragisches Bild jenes Berlin gezeichnet, dessen wirtschaftliches und kulturelles Leben dann in den „goldenen Zwanzigern“ seinem Höhepunkt zustrebt. Dabei vergaß sie auch nicht jene Berlinerinnen, die schnoddrig und kess als erste „Schönheitsköniginnen“ Deutschlands, mit der Wurstkrone gekrönt, als Toilettenträgerinnen Berlins Mode populär machten und schließlich zu Hollywood-Ruhm gelangten.

INHALTSVERZEICHNIS

GELEITWORT

Diese ertragreiche, sich wie ein Roman zu lesende Studie ist einem Spezialkapitel der Konfektion, nämlich ihrer Geschichte, gewidmet. Wenn ein Mediziner, der also nichts mit dem im vorliegenden Buch behandelten Stoff zu tun hat, auf Wunsch der Verfasserin sich ein Wort der Einführung erlaubt, so geschieht es, weil der Unterzeichnete ein Enkel mütterlicherseits des hier so oft genannten Valentin Manheimer ist, und weil er durch seine Sammlung von vielen Urkunden und Erinnerungsstücken mit zum Gedeihen des Werkes beitragen konnte.

Ein besonderer Vorzug des Buches besteht in dem sorgfältigen Studium der Quellen und deren Verwertung. So erschließt sich vor uns eine Zeitperiode, die einen wichtigen Abschnitt aus Berlins Vergangenheit wachruft. Man darf erwarten, dass die Lektüre nicht nur alte Berliner, sondern darüber hinaus jeden interessieren wird, der mit der Arbeitswelt der Mode, ihrer Kulturgeschichte und ihrer prominentesten Vertreter zu tun hat.

Bruno Valentin, Hannover

EINLEITUNG

Berlin-Hausvogteiplatz – das war ein Begriff in der Welt der Mode! London oder New York hatten nichts Vergleichbares. Nicht einmal Paris! Denn Paris, das ist Hohe Mode, „Haute Couture“. Der Hausvogteiplatz aber schuf „Mode von der Stange“. Sie konnte nur entstehen in den Wechselbeziehungen zwischen Paris und dem Berliner Hausvogteiplatz. Denn was die Schneider von der Seine schufen, kauften die Berliner Konfektionäre den Pariser „Ideenverkäufern“ ab und machten daraus das Kleid für Frau Jedermann: Chic, flott, tragbar, modern und – billig! Das war noch nicht da gewesen, das wurde erstmalig in der Welt am Berliner Hausvogteiplatz verwirklicht. Und die großen Bekleidungsindustrien von New York und England haben sich später nach Berliner Muster eingerichtet.

Jahrhundertalte handwerkliche Schneidertradition, bereichert durch französische Refugiés und aus Russland-Polen geflüchtete Schneiderhandwerker, gedrillt in der Schule preußischer Uniformfertigung, der handwerkliche Akkuratesse, pünktliche Ablieferung und sparsamer Stoffverbrauch oberstes Gesetz waren, gaben der Berliner Konfektion ihre Grundlagen. Mit diesen Voraussetzungen konnte in der Mitte des 19. Jahrhunderts das entstehen, was wir heute mit modischer Fertigkleidung, mit Konfektion, bezeichnen. Weitblickende Kaufleute mit dem unfehlbaren Spürsinn für wirtschaftliche Entwicklungen hatten am Beginn des Industriezeitalters bereits den Massenbedarf an praktischer, billiger Fertigkleidung vorausgesehen, die der Mode unterworfen sein will. Modische Konfektion machte den Hausvogteiplatz – U-Bahnstation zwischen Alexanderplatz und Kaiserhof – zu einer Industrielandschaft, die die ganze Welt mit ihren Erzeugnissen belieferte.

Valentin Manheimer war der erste, der 1839 begann, modisch akzentuierte Fertigkleidung herzustellen, also Konfektion im Berliner Genre. Er ist der Begründer der Berliner Konfektion.

Um die Mitte des 19. Jahrhunderts war Berlin mit seinen rund 400 000 Einwohnern bereits zur Großstadt, zu einem Mittelpunkt kulturellen, geselligen Lebens geworden, dem bald auch der Rang einer wirtschaftlichen und später einer politischen Metropole zufiel. In dieser Großstadtatmosphäre entstand schließlich jene „Berliner Luft", in der „Berliner Chic" gedeihen konnte, mit dem Begriff „Hausvogteiplatz" für alle Zeiten verbunden.

„Sie war in der Leipziger Straße in einem Modesalon …“ Das war „Fräulein Gelbstern“, Star-Mannequin der Modebranche, strahlender Stern der Berliner Konfektion. So alt wie dieses Chanson, so alt ist auch „Fräulein Gelbstern“, der Hans Land seinen 1905 erschienenen Roman widmete. Ein Bestseller, der in keinem „heimlichen Giftschrank“ einer zeitgemäßen Herrenbibliothek fehlte: pikant, frivol und auch ein wenig skandalös! „Bewundert viel und viel gescholten“, eine Helena des 19. Jahrhunderts: „Fräulein Gelbstern!“

„Es ist jemand draußen“, sagte die alte Babette und wischte sich die Hände an der Schürze ab. Alice richtete sich mit einem Ruck auf, warf das Plumeau beiseite und sprang aus dem Bett.

„Wenn es ein Herr ist, lass ihn eintreten“, rief sie munter und angelte nach ihren seidenen Pantöffelchen. Das Nachtgewand aus rosafarbenem Chiffon umspielte ihre Glieder, den vollen Busen bedeckte ein Einsatz aus schneeweißen Brüsseler Spitzen.

„Es ist das Neueste“, sagte sie zu der staunenden Babette gewandt, „man trägt es statt Bettjacken, weißt Du.“ Babette schüttelte ihr Haupt, auf dem ein schütterer Zopf mit ein paar Haarnadeln notdürftig befestigt war, und schlurfte hinaus.

„Wer mag es sein?“ dachte Alice und schob die schwere, seidenbestickte Portière ein wenig beiseite.

„Der Baron Rochlitz? Oder der Leutnant Holk?“

Der gute Junge war doch tatsächlich so naiv gewesen, sie zu einer Fahrt im Kremser auf die Hasenheide einzuladen. Das passierte ihr, Alice, nach der sich die jungen Herren auf der Terrasse des „Kranzler“ umdrehten, wenn sie „Unter den Linden“ promenierte! Sie schob die Gardine ein wenig beiseite und blickte auf die Straße hinab.

Da stand doch eine zweispännige Victoria! Die konnte doch nur … Es klopfte, und dann war er auch schon drinnen: Jeremias Rubinstein!

Ein wenig benommen von dem schummrigen Licht, das durch die zugezogenen Vorhänge ins Zimmer sickerte, blieb er stehen, nestelte an einem weißen Seidenpapier, das einen riesigen Blumenstrauß umspannte und tat dann erst ein paar Schritte vorwärts.

„Oh Jimmy!" jubelte Alice und flog ihm an den Hals. Rubinstein liebte es, wenn sie Jimmy sagte, es klang so englisch und hatte etwas vom Glanz der großen Welt, aus der er soeben zurückgekommen war. In der einen Hand die Rosen, auf der andern Seite Alice, wusste er im Augenblick nichts so recht zu beginnen. Schließlich ließ er den Strauß einfach zu Boden sinken und umfasste Alice stürmisch, küsste leidenschaftlich ihren Mund, ihren Hals, presste sein Gesicht in die schwellenden Formen des jungen Weibes und gab sich einem Taumel hin, in dem er sich ganz verlor …

Morgenbesuch: „Wenn es ein Herr ist, lass ihn eintreten …"
Farbige Berliner Lithographie 1840.

(Aus: Fuchs: „Sittengeschichte")

Ein zaghaftes Pochen, ein Räuspern an der Tür, schreckte ihn auf. Er gab Alice frei, hob die Blumen auf, befreite sie von ihrem Papier und überreichte sie ihr.

„Fräulein Gelbstern zugedacht", flüsterte er ergeben mit leichter Verbeugung.

„Herein", rief Alice endlich, den Duft der Rosen genüsslich einatmend. Rubinstein zwirbelte sein Bärtchen.

Ohne ein Wort der Entschuldigung trat Babette ein, legte wortlos einen seidenen Schal um Alices Schultern, schob die Portièren von den Fenstern zurück, so dass das Tageslicht eindringen konnte und sagte dann zum Gehen gewendet:

„Da ist etwas abgegeben worden. Pakete, Schachteln und allerlei Zeugs. Soll ich es bringen?" Alice sah Rubinstein fragend an, doch ehe sie antworten konnte, hatte er bereits Order an Babette gegeben: „Ja, bringen Sie nur alles herein."

„Ich habe Dir eine Kleinigkeit aus Paris mitgebracht", sagte Rubinstein ganz nebenbei, als sich die Tüten, Schachteln und Kartons auf dem Parkett türmten. Er ging im Zimmer auf und ab, „nur ein paar Kleinigkeiten, ein bisschen zum Anziehen."

„Darf ich öffnen?" fragte Alice überflüssigerweise, denn sie hatte sich bereits über die Verschnürungen hergemacht: Zuerst kam Pappe, dann Seidenpapier, noch mehr Seidenpapier und dann, dann kam es: Silbergrauer Seidenplissee der Rock und die weiten, glockigen Ärmel. Das tiefe Dekolleté, das von den Schultern aus spitz zulaufend in der schmalen Gürtellinie endete, war ganz aus Brüsseler Spitzen. Zart und durchsichtig ließen sie nichts erkennen, aber alles erahnen … Eine schmale, gobelinblaue Samtrüsche legte sich eng um den Ausschnitt. Aus dem gleichen Material war auch der Hut, ein köstliches Gebilde aus dem gleichen, schmeichelnden blauen Samt.

Alice betrachtete das Kleid von allen Seiten:

„Kein Frou-Frou", stellte sie sachlich fest, „kein Cul?"

„Der ist längst passé", erklärte Rubinstein.

„Und diese weiten Ärmel?"

„Sie sind ‚dernier cri', Mode von übermorgen. Ja, ja, man muss das Gras wachsen hören …"

Jeremias Rubinstein hörte wahrhaftig das Gras wachsen. Wäre er sonst Inhaber eines der elegantesten Salons an der Leipziger Straße gewesen? „Immer zwei Nasenlängen vor der Konkurrenz", war seine Parole und eine zweite „das, was man hat, ins rechte Licht rücken!" Zu dem, was er ins rechte Licht zu rücken trachtete, gehörte auch Alice, genauer gesagt: Alice und ihre Garderobe!

Als „Fräulein Gelbstern" war sie Probiermamsell im Hause Rubinstein. Was sie trug, sollte die Aufmerksamkeit der Gesellschaft erwecken, sollte Mode lancieren, bei den reichen Damen der Gesellschaft Appetit erregen. So machte man es schon lange in Paris. Warum nicht auch in Berlin?

So jedenfalls schildert es Hugo Landsberger, genannt Hans Land, in seinem Roman „Fräulein Gelbstern", dessen Milieu die Berliner Konfektion um die Jahrhundertwende zum Vorwurf hat. „Gelbstern" war eine der gängigsten Konfektionsgrößen, das Idealmaß der damaligen Zeit. Mannequin würden wir heute sagen, aber die gab es damals noch nicht. „Probiermamsells" hießen sie schlicht oder auch „Confectioneusen", und eine Karriere wie in Hans Lands Roman war nur wenigen von ihnen beschert.

„Rubin, Du hast aber auch an alles gedacht", rief Alice aus. Wenn sie nicht Jimmy sagte, nannte sie ihn einfach „Rubin".

In Alicens Boudoir türmten sich die Jupons, die Dessous, die Corsetts mit und ohne Blanchette, aber aus Drap d'Or, mit blauen Blumen bestickt, Strumpfbänder mit zierlicher Spruchstickerei:

„Mein Wunsch – Ihr Glück,
Meine Bitte – Ihre Freundschaft",

ein Jupon aus Crêpe de Chine mit Batiststickerei und Rokokoschleifchen aus Valencienne-Spitzen und schließlich eine Robe aus Libertyseide, ganz mit plissiertem Tüll zugedeckt.

Vor dem großen Ankleidespiegel, von dem Paravent aus hellblauem Chintz nur notdürftig verdeckt, hielt Alice Anprobe: Zuerst die Dessous, die Strümpfe, die Bänder, das Fischbein-Corsett aus goldfarbigem Satin, die Jupons – eine anständige Frau trägt mindestens vier davon, stand im „Bazar" – und dann …

Rubinstein saß, die Beine übereinandergeschlagen, und tat als langweile er sich, obwohl der nur sparsam verdeckte Spiegel ihm das reizvollste Schauspiel bot, das er sich nur wünschen konnte … Eigentlich sollte ich mit ihr nach Baden-Baden fahren – vielleicht auch zum Wiener Derby. Karlshorst und Hoppegarten? Hm, das war schon lange nicht mehr fein genug.

„Welche Robe soll ich wählen?“ fragte Alice nun hinter ihrem Paravent.

„Welche Du magst“, antwortete er zerstreut und dachte: „Doucet will also versuchen, mit Hilfe der Réjane das Empire-Kleid zu forcieren.“

„Das ecrufarbene mit den Stickereien?“

„Aber nicht doch, nimm doch das blaue aus Surah-Seide …“

Und dann stand sie plötzlich vor ihm, in einer Robe aus silbergrauer Libertyseide mit den weiten Plisseeärmeln, den blauen Samthut auf dem Kopf.

„Warum fragst Du, wenn Du doch tust, was Du willst?“ sagte er eigensinnig, „ich sagte doch …“

Aber Alice ließ ihn nicht zu Wort kommen. Sie stellte sich auf die Fußspitzen und küsste ihn auf den Mund. Sie sah wirklich zauberhaft aus in diesem schimmernden Grau, und das verheißungsvolle Spitzen-Dekolleté stimmte ihn sogleich versöhnlich. Er bot ihr den Arm.

„Wollen wir gehen?“

‚Eine zweispännige Victoria‘, dachte Alice befriedigt, als sie das Gefährt vor dem Hause stehen sah, ‚die Leute werden platzen‘.

Der Kutscher salutierte und öffnete den Wagenschlag. Alice ließ sich neben Rubinstein in die Polster sinken, und los ging die Fahrt die Linden entlang, durch's Brandenburger Tor – seitlich, versteht sich – denn „die Mitte ist für's Königliche …“ und hinein in den Tiergarten …

Die „Damen der Gesellschaft“ rümpften die Nase über „Fräulein Gelbstern“. Für sie war sie ja nur eine Probiermamsell, verächtlich sprachen sie von einer Demi-Mondänen. Doch insgeheim mussten sie sich eingestehen, dass sie doch ganz gern einmal an ihrer Stelle gewesen wären. Sie beneideten sie um ihren tadellosen Wuchs, der es ihr erlaubte, selbst die kapriziösesten Toiletten mit größter Selbstverständlichkeit zu tragen, eine Tatsache, die ihr die Gunst der Kavaliere und die Huldigung zahlreicher Verehrer eintrug. Verwöhnt und bewundert, waren ihrem Lebensgenuss keinerlei konventionelle Schranken gesetzt, so dass sie, frei nach Wilhelm Busch, sagen konnte: „Ist der Ruf erst ruiniert, lebt man gänzlich ungeniert . . .“

„Hunderte von Multimillionären“, so berichtet ein zeitgenössischer Chronist, „sind heute in der Lage, ihren Mätressen für deren Kleiderbudget allein 20 000 bis 50 000, ja sogar 100 000 Mark und häufig noch das Doppelte zur Verfügung zu stellen. . .“

So blieb es also nicht aus, dass die Demi-Mondänen zur besten Kundschaft der Schneider wurden, die zugleich deren neueste, modische Kreationen forcierten. Sie waren es, die mit ihren Kavalieren im Frühjahr und Herbst zu den Rennen in Longchamps und Auteuil, zum Wiener Derby oder zum Ascot-Rennen in England erschienen und dabei die letzten modischen Neuheiten trugen. „Schlägt eine solche Mode ein“, so erklärt unser Chronist, „so folgen die Damen der Mondäne den Damen der Demi-Mondäne, und auch die ‚anständigen Frauen‘ zögern nicht, es ihnen gleich zu tun. So beginnt ein Fortpflanzungsprozess der Mode, der etwa zwei Jahre später in den kleinen posenschen Städtchen an der russischen Grenze endet.“

Als die moderne Literatur sich um die Jahrhundertwende dem Gesellschaftsstück zuwendet, kommen auch Schauspielerinnen als Mode-Interpretinnen hinzu. Madame Bartet sowie Madame Réjane – Albert Besnard hat sie 1898 gemalt – gehören zu den populärsten Damen, die u. a. für das Pariser Haus Doucet erfolgreich die neuesten Toiletten in Longchamps und Auteuil kreieren.

Was diese Damen für Paris bedeuteten, war unser „Fräulein Gelbstern“ für Berlin. Herrmann Gerson[1] gestattete nicht nur,

1 Siehe auch das Kapitel: „Herrmann Gerson – Deutschlands größtes und berühmtestes Modehaus“ (1836–1935).

sondern gebot seinen „Probierdamen“ sogar schon um 1850, Kleider seines Hauses auf Bällen, Redouten und sonstigen geselligen Veranstaltungen zu tragen. Seitdem haben alle mit Begeisterung Berliner Mode und Berliner Chic populär gemacht, ob sie Rosalie, Alice, Charlotte, Tutti hießen oder wie heute Gloria oder Bettina.

Die aufstrebende Konfektion Berlins machte ihre Vorführungskunst immer notwendiger. Wenngleich auch die Probiermamsells nicht als gesellschaftsfähig galten, so konnte doch die prüdeste „Frau von Stand“ nicht umhin zuzugeben, dass ein Kleid erst am lebenden Modell richtig zur Wirkung kommt. Und so nimmt die Gesellschaft sie zunächst als notwendiges Übel in Kauf.

Durch ihr Lorgnon blicken die Damen herablassend zwar auf die „Probierfräuleins“, doch sie bewundern die Toiletten, die sie vorführen, prüfen Passform, Schnitt, Stoff und farbliche Komposition, während die Ehemänner – falls sie überhaupt zugelassen sind – sich nur im Hintergrund aufhalten dürfen. Sie genießen das Schauspiel auf ihre Weise. Ganz ungeniert und unter sich wenden sie – im Gegensatz zu ihren Ehefrauen – ihr Wohlgefallen ausschließlich den lebenden Modellen zu, putzen ihre Monokel, puffen sich unauffällig in die Rippen und flüstern hinter vorgehaltener Hand: „Bei der blonden Süßen in dem Grünen ahnt man den ganzen Akt …!“

Galt in der Antike die Venus von Milo als ideale Frauengestalt, die wir heute noch als Kunstwerk abendländischer Kultur im Louvre bewundern, so sind unserer heutigen Mode diese Idealmaße fremd. Die Taillenweite der klassischen Göttin von 80 Zentimetern entspricht längst nicht mehr unseren Vorstellungen von einer mustergültigen Figur. 54 Zentimeter Taillenweite gilt als Idealmaß in der Mitte des 20. Jahrhunderts, ein erstrebtes, doch selten erreichtes Maß aller diätbeflissenen Mitteleuropäerinnen.

Die Maße der Venus von Milo aber entsprachen durchaus noch den Vorstellungen von Idealmaßen aus der Mitte des vorigen Jahrhunderts, vor allem aus der Zeit nach 1871, als man gern und gut aß, auf dem Niederwald die „Germania“ erbaute und sich für „Lady Hamilton“ begeisterte. Die Idealmaße jener Zeit entsprachen auch den Proportionen des „Fräulein Gelbstern“ mit einer – nur nach dem Busenmaß bestimmten – Oberweite von 44 Zentimetern und daher einer Größe, die wir heute mit einer „44er Figur“ bezeichnen.

Sie ist der Star unter den Probiermamsells, das Idol ihrer Zeit, das weibliche Element eines Gewerbes, dessen Aufgabe schließlich darin besteht, die Frauen anziehender und reizvoller zu machen. Zahlreiche Couplets, Chansons und Theaterpossen sind ihr gewidmet. So wurde sie auch zur Titelheldin jenes Kolportageromans, den wir eingangs erwähnten.

Dieses „Fräulein Gelbstern“ hatte aber noch eine ganze Reihe weniger bekannt gewordener Schwestern. „Die bunten Sterne der Hausvogtei“ nannte man sie allesamt, weil jedem Konfektionsstück ein bunter Stern angeheftet wurde, dessen Farbe die Größenmaße kenntlich machte, die wir heute sehr sachlich als 42er, 44er, 46er usw. Figur bezeichnen.

Der zeitgenössische Chronist Moritz Loeb schreibt darüber: „Einstweilen sucht sich die kleine „Blaustern“, das niedliche Backfischchen mit nur einer 40 Zentimeter Büstenweite, zur sieghaften Dame „Gelbstern“ emporzuschwingen. Aber der Aufstieg erfordert seine Zeit, und vordem ist noch „Fräulein Zweigelb“ zu überholen, die mit ihren 42 Zentimetern Büstenumfang, der eckigen Backfischfigur zwar entwachsen, der dominierenden Kollegin zunächst steht. Aber nur gemach, ihr jungen Damen! Allzu schnell schwindet Jugend und Knospenfrische und ehe ihr euch verseht, habt ihr die gelben Normaljahre hinter euch und geht ein zur Behäbigkeit der gesetzten Matronen.

Immerhin werdet ihr erst in der vollen fraulichen Reife der gnädigen „Frau von Weißstern“ brillieren mit jener süßen Fülle, die einst das Charakteristische der rassigen deutschen Normaldame bildete, bevor ihre schlanke Üppigkeit von der strengen Göttin Mode an die Schwelle der Mütter verwiesen wurde.

Heute ist 44 normal und „Frau von Weißstern“ mit ihren 46 Zentimetern wird von den Anhängern moderner Linie schon zu den Damen verwiesen, die des Lebens und der Liebe Höhepunkt überschritten haben!“

Der Chronist, der uns dies mitteilt, meint die Zeit der Jahrhundertwende, wo man bereits bedauerte, dass die Mode sich immer mehr dem „übertriebenen Schlankheitsideal“ zuwendet, und die Gelbstern-Büste beim Berliner Gewerbegericht – zur besseren Schlichtung von Streitigkeiten von einem Büstenfabrikanten eigens in Auftrag gegeben – ständig verändert werden musste.

Dieser Chronist fährt fort: „Da sieht man Frau Grünstern, deren 48 Zentimeter Büste schon an die üppige Fülle orientalischer Abstammung gemahnt, während die gute Tante „Rotstern“ mit ihrem vollgezählten halben Meter Büstenweite die ganze gesättigte Behäbigkeit dicker Bierbrauersgattinnen verrät, die über alle heißen Stürme des Lebens hinaus ist …“

1906 berichtet Moritz Loeb dann weiter: „Fräulein Gelbstern musste ihre Büstenmaße um zwei Zentimeter zurückdrängen, den Tendenzen der Mode entsprechend, muss nun „Grade-Front-Korsetts“ tragen und ihrer Schönheit vollbusige Rundungen unter Fischbeinstangen verbergen …“

„… aber ihr ist diese Entfettungskur nicht schlecht bekommen, sie ist heute beliebter denn je. Doch wenn die neuzeitliche Tendenz in Geltung bleibt, wird sie sogar noch auf Backfischweite herab gehen müssen, um ihren Rang in der Konfektion zu behaupten, was in Anbetracht ihrer erblühten Schönheit sehr zu bedauern wäre. Hoffen wir, dass es nie dazu kommen möge!“

Die „Gelbstern-Redoute“ war eines der letzten großen Ballereignisse in Berlin, kurz vor Ausbruch des 1. Weltkrieges, im Februar 1914, als Berlins Konfektion sich anschickte, ihr 75jähriges Jubiläum zu feiern. Erst in den 30er Jahren verschwanden die „bunten Sterne", nüchterne Zahlen traten an ihre Stelle.

Da schickte eines Tages ein alter Kunde aus Brasilien seinen gesamten Auftrag mit der Begründung an sein Berliner Konfektionshaus zurück, die Sendung sei nicht „mustergetreu". Man rätselte herum, fragte zurück und erfuhr schließlich den Grund für die Beanstandung: Es fehlten die „bunten Sterne".

„Unsere Größenmaße werden nun durch Nummern ersetzt", drahtete man aus Berlin zurück und erläuterte dem Kunden das neue Größensystem. Der aber war maßlos enttäuscht. Er wollte seine „Sterne" wieder haben, erklärte er, sie gehörten dazu, denn seine Kundinnen trügen sie jeweils als Schmuck am Aufschlag des Jacketts!

DIE WIEGE IM TRÖDLERLADEN

„Was brauchen Sie, mein Herr? – Was wünschen Sie, meine Dame?"

„Gut erhaltene Hosen, Jacken, Röcke? Wollene Umschlagtücher? Serviteurs?"

Unaufhörlich wandert er auf und ab, laut seine Ware anpreisend.

„Du bist ja schon ganz heiser!"

Eine Frau mit ihrem Einkaufskorb ist stehen geblieben und betrachtet die Kleidungsstücke, die wie Vogelscheuchen vor der Ladentür sanft im Luftzug schaukeln.

„Hab' ja auch schon seit sieben Uhr den Ausruf", erklärt der Ladenjunge. „Gleich löst mich der Meister ab[2]."

2 Bis etwa zur Mitte des 19. Jahrhunderts war es üblich, die Waren durch Ausruf anzupreisen.

Zaghaft betastet die Frau eine zerschlissene Seidenschleife, die noch ein wenig von der verblichenen Eleganz eines Frauenkleides erahnen lässt.

„Zu Diensten", lässt sich sogleich der Ladeninhaber mit einer servilen Verbeugung vernehmen.

„Was das wohl kosten soll?" fragte die Frau verschüchtert, mehr zu sich selbst als zu dem Fragenden gewandt.

Der misst die Frau mit einem kurzen, abschätzenden Blick.

„Na sagen wir …", erklärt er zögernd und fährt mit der Linken über den dünnen Seidenstoff, „… sagen wir zwei Taler!" Er hebt die Augenbraue und blickt die Frau abwartend an.

Die Kundin fährt erschrocken zusammen. „Zwei Taler? Das ist ja fast unser ganzer Wochenlohn!"

„Is ja ooch noch een biscken Samtborte dran", versucht der Ladeninhaber seine Ware ins rechte Licht zu rücken.

„Haben Sie nichts Billigeres?"

Der Mann zuckt die Achseln.

„Momentan nich. Aber morgen jeh ick zur Kleiderbörse. Vielleicht kommen Sie dann noch einmal vorbei."

Die Frau nickt und geht mit ihrem leeren Einkaufskorb davon.

Die Altkleiderbörse war bis etwa um die Mitte des 19. Jahrhunderts die Berliner Zentrale für den Handel mit getragenen Kleidern. Sie lag in der Klosterstraße, nahe der Neuen Friedrichstraße. Dort traf sich die „mit Kleidern handelnde Jüdenschaft", wie es bereits in einem Promemoria vom 30. November 1782 heißt, um getragene Kleidung, die sie wohlhabenden Bürgersfamilien oder Adeligen abgehandelt hatte, zu versteigern. Altwarenhändler – die meist nicht nur getragene Kleider, sondern auch ausgedienten Hausrat, Möbel und dergleichen feilzubieten hatten – erwarben sie, um sie nun ihrerseits an den Mann zu bringen.

Die Nachfrage war groß und der Handel mit getragenen Kleidern im 19. Jahrhundert – und auch schon früher – ein blühender Erwerbszweig. Und das kam so: Vaters Bratenrock und Mutters Hochzeitskleid, das umgearbeitet noch lange als Sonn- und Festtagsgewand diente, spielten in den unteren Bevölkerungsschichten eine große Rolle. Aber sie hielten nicht nur ein Leben lang, sie vererbten sich auch von Geschlecht zu Geschlecht. Die Mode spielte für diese Kreise kaum eine Rolle[3]. Für ein gewöhnliches Tageskleid aber war man nicht bereit noch in der Lage, einen Schneiderlohn aufzuwenden. Entweder man nähte sich selbst etwas oder man ging in den Altkleiderladen.

Das führte dazu, dass die Schneider sehr häufig nicht ausreichend beschäftigt waren. (Ihre Zahl ging dann auch im Verhältnis zum Wachstum der Bevölkerung immer mehr zurück. In Berlin kam 1688 auf 100 Einwohner ein Schneidermeister, 1816 hätte ein Meister der Nadel schon 279 Kunden bedienen müssen.)

Um zu der Planwirtschaft der Zünfte, die immer noch an ihrer starren, mittelalterlich orientierten Wirtschaftsform festhielten, mit seiner „Libertas commerciorum" ein Gegengewicht zu schaffen, hatte der Große Kurfürst die Juden in die Mark Brandenburg gerufen. Sie sollten „Handel und Wandel fördern", und damit die seit dem 30jährigen Krieg noch immer darniederliegende Wirtschaft beleben. Dem weitsichtigen Hohenzollern war nämlich klar geworden, dass ein zügiger Wiederaufbau nur mit einer modernen, liberalen Wirtschaftsform zu bewerkstelligen sei, in der sich Bedarf und Nachfrage auspendelten.

Nun war die Position der Zünfte immer noch so stark, dass er es nicht wagen konnte, ihre Monopole so ohne weiteres zu brechen. Er hatte zwar in seinem Juden-Edikt vom 21. Mai 1671 – wegen 50 Familien Schutz-Juden –

> „soll diesen jüdischen Familien vergönnt sein, ihren Handel und Wandel im ganzen Lande dieser unserer

3 Bis zur französischen Revolution war die Mode ohnehin nur eine Angelegenheit des Adels. Die „bürgerliche" Mode begann erst nach 1789.

> Kur- und Mark Brandenburg … mit neuen und alten Kleidern zu handeln … und auf Jahr- und Wochenmärkten feil zu haben“

den Juden die Erlaubnis gegeben, neben alten auch neue Kleider feil zu bieten. Der Kurfürst vermochte sich der Macht der Zünfte gegenüber doch nicht restlos durchzusetzen. Er versuchte daher, sie in eine Konkurrenz mit dem Kleiderhandel zu zwingen. An Wettbewerbsgepflogenheiten seit Jahrhunderten nicht gewöhnt, so folgerte der kluge Brandenburger, würden sie auf die Dauer unterliegen.

Die Zünfte ließen den Altkleiderhandel, solange er sich ausschließlich auf getragene Kleidungsstücke beschränkte, unangetastet, denn er schloss eine immerhin weit klaffende Konsumlücke. Er galt zwar im Großen und Ganzen lediglich der Bedarfsdeckung der allerärmsten Bevölkerungsschichten. Diese Bevölkerungsgruppe war jedoch nach den Verwüstungen des 30jährigen Krieges so groß, dass sie einen ernst zu nehmenden Konsumentenkreis darstellte. Die Nachfrage war sogar so stark, dass sie mit abgelegten Kleidern allein nicht mehr zu befriedigen war.

Die findigen Kleiderhändler aber hatten inzwischen längst unter der Hand bei zünftigen Schneidern neue Kleider anfertigen lassen, die diesen einträglichen Nebenverdienst begeistert aufgriffen. Noch mehr aber waren vor allem die arbeitslosen oder schlecht beschäftigten Schneider auf diese neu erschlossene Verdienstquelle angewiesen. Das brachte die Zünfte in Harnisch. Sie hatten nun zwei Fronten zu verteidigen: Auf der einen Seite stand der Altkleiderhandel und auf der anderen die sogenannten Pfuscher- und Störarbeiter, also die Konkurrenz aus den eigenen Reihen.

Immerhin hatte sich inzwischen aus dem Zusammenwirken von illegaler Produktion und illegalem Handel eine fruchtbare Zusammenarbeit zum Besten aller Beteiligten entwickelt. Gerade das aber mochte der Große Kurfürst bezweckt haben, als er Juden und Refugiés, also Flüchtlinge aus Frankreich, die

Hugenotten, ins Land holte. Gerade die letzteren bildeten einen gedeihlichen Zuwachs des Schneidergewerbes in Berlin und in der Mark Brandenburg. Die im Handel tätigen Juden verstanden es meisterhaft, die von den Zünften geforderten Einschränkungen und Kontrollmaßnahmen zu umgehen. Wie einfach ist es doch, ein neugefertigtes Kleidungsstück in ein „altes“ zu verwandeln, wenn es ein paarmal getragen wurde!

Immerhin entstanden aus dieser Illegalität von Handel und Produktion die ersten Formen des Verlagswesens im Bekleidungsgewerbe, das wir heute in vollendeter Form als „Zwischenmeistersystem“ bezeichnen.

Gegen Ende des 17. Jahrhunderts ist die Entwicklung so weit gediehen, dass diesem System auch eine gewisse rechtliche Anerkennung nicht mehr versagt werden kann. In einem „Privilegium der Schneider auf der Friedrichsstadt vom 22. Mai 1696“ ist es Händlern gestattet, neue Kleidungsstücke zu vertreiben, vorausgesetzt, dass sie von zünftigen Meistern angefertigt worden sind. Allerdings bleibt die Zusammenarbeit mit „Pfuschern und Störern“ weiterhin verboten. Dass sie trotzdem floriert, beweisen die fortdauernden Beschwerden der Zünfte.

Um die Mitte des 18. Jahrhunderts nehmen die Auseinandersetzungen immer heftigere Formen an. Die Funktionäre der Schneiderzünfte stehen dem Handel, der vornehmlich durch die „mit Kleidern handelnde Jüdenschaft“ vertreten wird, hartnäckig gegenüber. Aber die Zeit ist dem Handel günstig, merkantilistische Wirtschaftsformen finden immer mehr Verständnis in der Bevölkerung, und auch der Staat ergreift häufiger die Partei des Handels.

Den Vorwurf des Schneiderhandwerks, dass der Handel sehr hohe Gewinne bei seinem Kleiderhandel einstecke, beantwortet die „Jüdenschaft“ folgendermaßen:

„Gesetzt aber auch den Fall, daß wir an einem feinen Kleide mahl gegen ein, zwei, drei Thaler verdienen, so ist dagegen in billige Erwähnung zu ziehen, daß viele von uns an die 30 bis 40 Stück der gleichen

Kleider in unserem Waarenlager vorrätig haben, die schon seit fünf, zehn oder fünfzehn Jahren unverkauft geblieben sind, wodurch wir die Interessen des darin gesteckten Kapitals verlieren, wenn solche Kleider durch Staub und Mottenfraß deterioriieret und fast gantz verdorben werden, welches wir in offenen Läden bei aller Vorsicht nicht allemahl verhindern können, so müssen wir am Ende froh sein, wenn wir die Hälfte des Einkaufspreises wieder erhalten, die oftmalige Veränderung der Moden sowohl in Absicht des Schnittes, als der Farben, trägt gleichfalls nicht wenig bei, den vom Schneiderhandwerk aus so sehr beneideten Handlungsgewinn zu schmälern. Oft bleiben uns Reste Tücher übrig, die wir zu nichts emplogiren, oder gleichfalls um die Hälfte des Werths verkaufen müssen, und wenn wir vollends den Ausfall berechnen müssen, der uns beim Verborgen oftmals gantz unerwartet und unvermeidlich trifft, so ist es begreiflich, dass, wenn Gewinn und Verlust gegeneinander genau berechnet wird, der eingebildete Vorteil sich im Durchschnitt von unserem angelegten Capital kaum auf drei bis vier pro Zent belaufen kann …"

Dem Konfektionär unserer Tage werden die Argumente dieser Denkschrift aus dem Jahre 1782, Absatzrisiken, Modewechsel, Lagerhaltung und so weiter, nicht fremd sein. Sie bestimmten jedenfalls, damals wie heute, die wesentlichen Unkostenfaktoren des Konfektionsgewerbes.

Das Recht, fertige neue Kleider durch Händler zu verkaufen, blieb jedenfalls im Prinzip unangetastet. Es wird in einem Generalprivilegium von 1735 noch einmal bestätigt und mit einer Bestimmung ergänzt, die auch den zünftigen Meistern, „die von der Nahrung gekommen sind" gestattet, ihrerseits die von ihnen gefertigte Kleidung auf „Vorrat anzufertigen und zu verkaufen". Damit hat Friedrich Wilhelm I. dem Handwerk die Möglichkeit gegeben, mit der „Kleider handelnden Jüdenschaft" in Wettbewerb zu treten.

Mit der Einführung der Gewerbefreiheit in Preußen – 1807-11 – vermögen sich die neuzeitlichen Wirtschaftsformen immer mehr zu stabilisieren. Aber die jahrhundertealte Macht der Zünfte war auch dann noch nicht gebrochen. In den 40er Jahren des 19. Jahrhunderts flammte sie wie eine verlöschende Kerze noch einmal auf. Im Revolutionsjahr 1848 verlangten sie sehr nachdrücklich die Abschaffung sämtlicher Kleiderhandlungen. Jedoch war der Fortschritt nicht mehr aufzuhalten. Er konnte nur noch verzögert werden. 1868/69, als die Gewerbefreiheit endgültig in Preußen eingeführt wurde, fielen auch die letzten Hemmnisse, und dem neu aufblühenden Gewerbezweig der Konfektion war die Bahn geebnet.

Die Berliner Konfektion, die im Gegensatz zu anderen Bekleidungszentren nicht vom Handwerk, sondern vom Kleiderhandel ihre wesentlichen Impulse erhalten hat, wurde damit zu einem besonderen Typ des Konfektionsgewerbes und damit Vorbild für viele andere deutsche und ausländische Bekleidungszentren, die sich nach diesem Muster orientierten. Berlin wurde damit zur Wiege der modernen Konfektion, wie wir sie heute kennen. Die Fundamente waren bereits am Beginn des 19. Jahrhunderts gelegt: Eine 600jährige, handwerkliche Schneidertradition, die mit der altpreußischen Uniformschneiderei – rationeller Zuschnitt, akkurate Verarbeitung, pünktliche Auslieferung – ihre ganz besonderen Akzente erhielt, eine geschickt agierende „mit Kleidern handelnde Jüdenschaft" mit einem ausgeprägten Sinn für wirtschaftliche Entwicklung und Absatz, sinnvoll gelenkt durch kluge und weitsichtige Wirtschaftspolitik preußischer Herrscher seit dem Großen Kurfürsten, und schließlich die Entfaltung Berlins zu einer königlichen Residenz und einer vielversprechenden Metropole, die dem jungen Gewerbe vielfältige Anregungen zu bieten vermochte.

Diesen Fundamenten waren die Zeiten günstig. Das Zeitalter der Industrialisierung meldete sich mit neuen Bedarfs- und Absatzchancen an. Gleichzeitig wurde – in der Mitte des 19. Jahrhunderts – die Nähmaschine zu einem einsatzfähigen Instrumentarium entwickelt.

Es fehlte nun nur noch die unternehmerische Persönlichkeit, die, in Erkenntnis dieser Tatsachen, diese überaus glücklichen Gegebenheiten zu koordinieren, zu aktivieren und zu nutzen verstand.

Eine solche Persönlichkeit war Valentin Manheimer. Als er 1839 seine Firma V. Manheimer im Hause Oberwallstraße 6 zu Berlin begründet und erstmalig einen regelrechten, kaufmännischen Betrieb für Damenkonfektion (Mantillen, Pelerinen, Visiten, sogen. „Confectionées") einrichtet, hat die Geburtsstunde der Berliner Konfektion geschlagen[4]. Er hatte als Erster erkannt, dass nicht dem noch von mittelalterlichem Zunftdenken befangenen Handwerk, dass nur notwendige Bedarfsdeckung kannte, die Zukunft gehöre, sondern dem vom Handel ausgehen Streben nach wirtschaftlicher Expansion. Diese Einstellung gab der Berliner Konfektion ihr Profil und brachte ihr den ungeheuren wirtschaftlichen Erfolg.

Es war gewiss nicht von ungefähr, dass das Bildnis Valentin Manheimers die Geschäftsräume des Berliner Fachverbandes der Damenkonfektion zierte, bis es 1936 entfernt werden musste.

4 Es trifft nicht zu, wenn die Berliner Konfektion mit einer Festschrift „125 Jahre Berliner Konfektion" ihr Entstehungsjahr auf 1837 datiert. 1837 gründeten die Brüder David und Valentin Manheimer die Firma Gebr. Manheimer, die – wie viele andere – Herrenschlafröcke und Herrenmäntel herstellten. Erst später sind sie auf Damen- und Kindermäntel im Stapelgenre übergegangen. Die Quellen verweisen aber immer wieder auf Valentin Manheimer, der 1839 seine Damenmäntelfirma gründet und einen regelrechten, kaufmännischen Betrieb für Damenkonfektion einrichtet. Das wird auch in der „Geschichte der Berliner Konfektion" von Gertrud Hermes erwähnt, die 1914 aufgrund eines von der Berliner Kaufmannschaft veranstalteten Preisausschreibens entstand. Eine ganze Reihe von Quellen deuten daraufhin, dass 1914 das 75jährige Jubiläumsjahr der Konfektion begangen werden sollte, was offenbar der Ausbruch des Weltkrieges verhinderte. Gertrud Hermes, damals Studentin der Volkswirtschaft an der Berliner Handelshochschule bei Professor Sombart, erhielt für ihre Arbeit den ersten Preis, mit 500 Mark dotiert. Die Arbeit sollte später veröffentlicht werden, was vermutlich auch wegen des Kriegsausbruchs unterblieben ist. Prof. Dr. Martin Philippson nennt in seinem Buch: „Neueste Geschichte des jüdischen Volkes" als Finanzmagnaten, Fabrikanten und Großhandelsherren von europäischem Rang neben von Bleichröder, Rothschild, Mendelssohn, Ballin als einzigen aus der Konfektion Valentin Manheimer, aus dem Konfektions-Detailhandel Nathan Israel. – Nach Aussage des DOB-Syndikus, Assessor Heinz Lademan hing ein Portrait V. Manheimers als dem Begründer der Berliner Konfektion in den Räumen des Berliner DOB-Verbandes, bis es 1936 entfernt werden musste.

VALENTIN MANHEIMER, DER BEGRÜNDER DER BERLINER KONFEKTION

„Der alte Manheimer kam, im glücklichen Besitz eines Lotteriegewinnes von einigen hundert Thalern, aus Magdeburg hierher“, heißt es im „Amtlichen Bericht der Berliner Gewerbeausstellung von 1896.“

„Er errichtete in einem der kleinen Läden der Bauakademie, die längst aus dem Gebäude verschwunden sind, ein Geschäft in Herrenschlafröcken. Nachdem er sich auch Damenmäntel, die bereits aus dem gleichen, dickwollenen Stoff mit karierter Rückseite gefertigt worden waren, zugelegt hatte, bezog er bald einen Laden in der Oberwallstraße, dort, wo sich jetzt der große Konfektionspalast von V. Manheimer erhebt.“

Der „alte Manheimer“, das war Valentin Manheimer. Er kam nicht aus Magdeburg, sondern aus Gommern in der Provinz Sachsen, nahe bei Magdeburg, wo Vater David als Kantor und Kultusbeamter der jüdischen Gemeinde amtierte. Valentin Manheimer aber war nicht allein nach Berlin gekommen, sondern brachte seinen Bruder David mit, mit dem zusammen er 1837 die Firma Gebr. Manheimer gründete, die in der erwähnten Bauakademie – der Berliner Ladenstraße in der Mitte des 19. Jahrhunderts – ansässig war und Herrenschlafröcke fabrizierte, wie viele andere auch.

Valentin Manheimer aber hatte erkannt, dass nicht der Herren-, sondern der Damenkonfektion die Zukunft gehöre, und so trennte er sich von seinem Bruder David und gründete 1839 die Firma V. Manheimer, die er zu einer Weltfirma in Damenkonfektion allerersten Ranges entwickelte, wie es Herrmann Gerson ebenfalls tat, der sich ein Jahr zuvor, nämlich 1836, in der gleichen Bauakademie angesiedelt hatte. (Siehe auch das Kapitel Herrmann Gerson).

Mit der Firmengründung von V. Manheimer hatte die Stunde der Begründung der Berliner Konfektion geschlagen, denn Valentin Manheimer war der Erste, der auf die Idee kam, einen regelrechten kaufmännischen Betrieb für Damenkonfektion einzurichten. Mit weltoffenem Blick hatte er sogleich erkannt, welches Kapital in dem jahrhundertealten Berliner Schneiderhandwerk, mit preußischem „Drill" geschult, steckte, das er nun zu aktivieren beginnt und dem er schließlich auch die Tore zum Welthandel aufgestoßen hat.

„Er ist es, der die Damenkonfektionsbranche in Deutschland eingeführt und durch die Organisation des Exports dieser Konfektion dem deutschen Handel eine außerordentliche Bedeutung auf diesem Gebiet verschafft hat", heißt es in einer der zahlreichen Grabreden und Nachrufe, als der 74jährige am 7. Februar 1889 stirbt.

„Mit goldenen Lettern steht der Name Valentin Manheimer in der Geschichte der deutschen Confectionsindustrie auf ewige Zeiten eingegraben", lautete eine andere:

„... wendet sich aber bald als Erster der Branche, nachdem er deren Lebensfähigkeit mit scharfem Blick erkannt, mit sei-

Valentin Manheimer

(Aus: „Confectionair", 1914)

ner ganzen Kraft und Intelligenz der sogenannten Damen-Konfektion zu, die er durch seine rastlose Energie und durch die umsichtige Ausnutzung aller ihr günstigen Umstände zu einer Spezialität ausbildete und emporbrachte, als welche sie nicht nur für Deutschland, sondern für das gesamte Ausland tonangebend wurde und den Weltmarkt beherrschte …" Und weiter heißt es:

„… Aus seiner Schule sind alle diejenigen hervorgegangen, welche in den letzten Jahrzehnten neben ihm die Fabrikation und den Export von Konfektionswaaren kultiviert haben …"

„Obwohl der stillen und bescheidenen Weise des Verstorbenen jede Geltendmachung seiner Verdienste nach außen hin widerstrebte", heißt es in dem Bericht weiter, „so wurde er doch zum Mitglied des Ältesten-Kollegiums der Berliner Kaufmannschaft gewählt, musste aber dieses Amt seiner Zeit wegen Geschäftsüberbürdung niederlegen. Als er sich zur Ruhe setzte, betätigte er die stets von ihm geübte Fürsorge für seine Arbeiter durch die Gründung einer unter der Leitung des Magistrats stehenden Stiftung für invalide Arbeiter, welche unter dem Namen „V. Manheimer-Stiftung" ins Leben getreten ist. Nur kurze Zeit war dem durch ein langes Leben rastlos tätigen Mann vergönnt, sich der Muße zu erfreuen. Seine kaufmännischen Verdienste wie seine Herzensgüte und seine Wohltätigkeit sichern ihm ein ehrenvolles Andenken für alle Zeiten …"

Valentin Manheimer, geboren am 13. Juli 1815 in Gommern, war ein überaus tüchtiger und außergewöhnlich fähiger Mann, mit einem glatt rasierten Gesicht, scharf blickenden Augen und einem energischen Zug um den fest geschlossenen Mund, so beschreibt ihn sein Enkel mütterlicherseits, Bruno Valentin in seiner „Geschichte der Familien Valentin-Loewen und Manheimer-Behrend".

Am 14. April 1844 hatte Valentin Manheimer Philippine Behrend, „Pinchen" genannt, geheiratet. Acht Kinder entstammten dieser Ehe, drei Söhne und fünf Töchter. Man wohnte zunächst im Geschäftshaus Oberwallstraße 6, das Portier Schulz, ein stattlicher Mann in schöner Livree, bewachte. Das Nachbarhaus Nr. 7, das später hinzugekauft wurde, wird von Heinrich von Kleist erwähnt, als der Dichter eine Weihnachtsausstellung vom 18. Dezember 1810 in der „Kunst- und Industriehandlung von Madame Henriette Werkmeister, Oberwallstr. 7“ beschreibt. Das Geschäftshaus der Manheimers ist abgebildet auf einer Tasse der „Berliner Porzellan-Manufaktur“ aus dem Jahre 1840. Das Haus hat einen großen Kran am Dach, mit dem die Möbel in die Stockwerke gehoben wurden (s. Abbildung).

Eine sehr schön bunt bemalte Tasse aus der königlich-preußischen Porzellan-Manufaktur. Das Haus in der Mitte stellt das erste Geschäfts- und Wohnhaus von Valentin Manheimer dar, Berlin, Oberwallstr. 6. Die Tasse wird auf 1840 datiert. *(Privatbesitz Prof. Dr. Bruno Valentin)*

1862 erwirbt Valentin Manheimer ein Grundstück an der Bellevuestraße 8 und lässt sich dort von dem berühmten Berliner Architekten Hitzig, der u. a. auch die Börse erbaute, ein prächtiges Wohnhaus errichten. Hier versammelten sich an bestimmten Tagen Kinder und Enkelkinder. Jedes bekam beim Fortgehen ein Einhundertmarkstück in Silber, das neu aus der Münze geholt worden war, als Geschenk.

Nach dem Tode der Manheimers wurde im Jahre 1907 das Haus von Ernst von Mendelssohn-Bartholdy zu einem Preis von 1 800 000 Mark erworben, später ging es in den Besitz des Warenhauses Wertheim über, das dort eine Kunstabteilung einrichtete.

Valentin Manheimer wurde 1873 zum Kommerzienrat ernannt, 1884 zum Geheimen Kommerzienrat. Noch drei Jahre vor seinem Tod musste er erleben, dass sein Londoner Geschäftshaus „Old Change" 1886 den Flammen zum Opfer fiel.

Es sei noch erwähnt, dass einige Jahre, nachdem V. Manheimer seine Damenkonfektions-Firma gegründet hatte, sein jüngster Bruder Moritz, am 1. Mai 1826 in Gommern geboren, in das Unternehmen eintrat. Aber Moritz Manheimer war weniger Kaufmann als Philanthrop. 1872 tritt er aus der Firma des Bruders aus und widmet sich zusammen mit seiner Frau Bertha geb. Lehwess der Armen- und Krankenpflege. Das kinderlose Ehepaar gründete gemeinsam die „Moritz und Bertha-Manheimer-Stiftung" zur Errichtung eines Kinder- und Säuglingsheimes sowie ein Altersversorgungsheim der jüdischen Gemeinde, in der Oranienburger Straße in Berlin gelegen, ferner das Hospital der jüdischen Gemeinde, ein Lehrlingsheim in Pankow und die Moses-Mendelssohn-Stiftung. In seinem Geburtsort Gommern zeichnete man sein wohltätiges Wirken in Berlin mit der Verleihung der Ehrenbürgerschaft aus und benannte eine Straße nach ihm.

Bertha und Moritz Manheimer selbst lebten außerordentlich sparsam, und wenn Frau Bertha, mit der Pferdedroschke von ihren Besuchen im Altersheim heimkehrend, das Brandenburger Tor passierte, klopfte sie an die Scheibe. Denn gerade in diesem Moment hatte die Taxameter-Uhr eine Mark angezeigt. Sie zahlte gerade nur diesen Preis, entstieg der Droschke und ging durch den Tiergarten zu Fuß nach Hause.

Beide wurden sehr alt, er 90 und sie 81 Jahre. Als sie ihre diamantene Hochzeit feierten, durften sie die Glückwünsche des deutschen Kaiserpaares entgegennehmen. Moritz Manheimer starb 1916 in Berlin.

Die Firma V. Manheimer ging nach dem Tode ihres Gründers auf seine Söhne Ferdinand, Gustav und Alfred über, die das florierende Unternehmen weiterführten. 1903 bzw. 1904 treten Gustav und Alfred jedoch aus und leben fortan als Rentiers, meist in Paris. Seitdem ist Ferdinand Manheimer der Chef des Unternehmens. Mit seiner künstlerisch und vor allem musikalisch sehr interessierten Frau Betty, geb. Jacoby, führt er ein gastfreies Haus, in dem viele angesehene Künstler aus- und eingehen, darunter Eugen d'Albert sowie der Philosoph Max Dessoir, der eigentlich Dessauer heißt. 1905 stirbt Ferdinand Manheimer, Nachfolger wird sein Sohn Adolf, „König Adolf", wie er von Angestellten und Kunden scherzhaft genannt wird.

Adolf Manheimer, ein schlank gewachsener, gut aussehender Mann, stand den Sitten und Gebräuchen der Konfektions-Branche völlig fremd gegenüber. Es wäre ihm nie in den Sinn gekommen, irgendjemanden mit „Herr" anzureden, und keiner hätte es wagen können, in seiner Gegenwart etwa „tacheles" zu reden oder einen alten „Zaucher" zu loben. Das bis heute noch in der Konfektion übliche Jiddisch verachtete der zum Christentum konvertierte Israelit.

Sagte einmal einer seiner leitenden Angestellten: „Herr Manheimer, da ist der Herr sowieso aus da-und-da, guter Kunde, es wäre ganz schön, wenn sie ihm mal „guten Tag" sagen würden." Da wandte sich „König Adolf", der stets in der U-Bahn 2. Klasse ins Geschäft fuhr, hoheitsvoll ab.

„Aber, aber, wo soll das denn hinführen, wenn ich jedem Kunden guten Tag sagen sollte!"

Mit einer solchen Einstellung musste er leicht zur Zielscheibe des Branchenspotts werden. Kunstmaler Koch, Porträtist Wilhelms II. und dessen häufiger Begleiter auf seinen Reisen, konnte es nicht lassen, Adolf Manheimer, seinen angehenden Schwiegersohn, so oft es ging auf die Schippe zu nehmen. Bei der Hochzeit, nachdem Adolf nach vielem Her und Hin die schöne Künstler-Tochter doch heimführen durfte, erschienen dann auch die Verwandten, darunter etliche Tanten, wohlhabende Töchter des Firmengründers V. Manheimer. Als Kunstmaler Koch ihrer ansichtig wurde, rief er begeistert „lauter Schneidertöchter, lauter Schneidertöchter" und schlug sich vor Vergnügen auf die Schenkel. Adolf erstarrte zur Salzsäule, aber es blieb ihm nichts anderes übrig, als gute Miene zum bösen Spiel zu machen.

Am 15. März 1914 kann dann die Firma V. Manheimer ihr 75jähriges Jubiläum feiern. Sie tut es in der Stille, mit wohltätigen Stiftungen und einem Theaterbesuch für die Angestellten, die übrigens alle vier Wochen auf Firmenkosten ins Theater geführt werden.

Für die Kundschaft hat sich „König Adolf" etwas ausgedacht, das der „Confectionair" als „eigenartig" bezeichnet. Es wurden nämlich Jubiläumsmünzen geprägt, von denen jede Kundin drei Stück erhielt.

„Die Münze soll vom Jubiläumstag bis zum 30. November 1914 auf alle Einkäufe bei der Firma auf reguläre Ware eine Preisherabsetzung gewähren", heißt es im „Confectionair". „Die Vergütung wird an der Kasse vom Kassierer bewilligt, wo die Marke vorgezeigt wird. Beim Einkauf von 20-50 Mark erhalten die Kunden eine Mark, kaufen sie zwischen 50 und 100 Mark, dann bekommen sie drei und von 100 Mark ab sogar 5 Mark Preisnachlass".

So seltsam sich Adolf Manheimer im bunten, hemdsärmeligen Völkchen der Berliner Konfektion auch ausnahm, er hatte ein gutes Herz und war ein grundanständiger Charakter. Hilfsbereitschaft und Wohltätigkeit gegenüber Bedürftigen war ihm ebenso selbstverständlich wie seinen Vorfahren. Aber er vermochte sein Unternehmen nicht durch die Stürme der Wirtschaftskrise, die 1929 begann, zu führen. 1931 musste er aufgeben.

Als er die Zahlungen einstellen musste, bat er einen befreundeten Geschäftsmann um Rat: „Sie brauchen nur mit 50 % zu akkordieren“, schlug ihm der Ratgeber vor. Aber Adolf Manheimer antwortete: „Ich habe es ausgerechnet, ich kann jedem Gläubiger 100% auszahlen. Mir bleiben dann immer noch 250 000 Mark.“

Er tat es. Keiner hat durch ihn Verlust erlitten. Mit dem Rest seiner Habe, immer noch ein beträchtliches Vermögen von einer Viertelmillion, kaufte er gegen den ausdrücklichen Rat kaufmännischer Freunde in Magdeburg ein Konfektionshaus.

Ein Jahr später, 1932, wird er an seinem Schreibtisch erschossen aufgefunden, er hatte seinem Leben ein Ende gemacht. Mehr als zwei Mark, die er in der Tasche hatte, besaß er nicht.

Die Gründerfirma der Berliner Konfektion hatte, beinahe 100jährig, aufgehört zu existieren. Sie war das „Cambridge der Konfektion“, die hohe Schule junger Talente gewesen. Viele bekannte Namen aus der Konfektion sind aus ihr hervorgegangen.

Durchaus solide, kaufmännische Fundamente hatte die, wie bereits erwähnt, 1837 von David und Valentin Manheimer begründete Firma, die zunächst Herrenschlafröcke herstellte und später auf Damen- und Kindermäntel in verkaufsgünstigen Preislagen überging. David blieb nach dem Ausscheiden seines Bruders Valentin – 1839 – Alleininhaber der Schwesterfirma. Da seine Ehe mit Friederike Behrend, der jüngeren Schwester Philippine Manheimers, kinderlos geblieben war, hatte er zwei tüchtige Angestellte in das Unternehmen aufgenommen, die Brüder Bamberg.

Einer von ihnen, Hermann Bamberg, Ehrenbürger von Berlin und mit vielen Ehrenämtern ausgestattet, führte es später allein weiter. Als auch er nach Jahren an eine Entlastung denken musste, nahm er seine Neffen Hugo Loewenthal und Georg Bamberg in die Firma auf. Sie heirateten die Schwestern Gertrud und Marie Valentin, Enkelinnen von V. Manheimer, so dass das Unternehmen auf diese Weise wieder in den Besitz der Familie zurückkehrte.

„Die Geschichte der Berliner Konfektion ist zugleich die Geschichte derjenigen deutschen Industrie, die sich als erste den Weltmarkt eroberte und den Ruf von deutscher Arbeit und deutschen Gewerbefleißes in die fernsten Länder trug ...", schreibt um die Jahrhundertwende der „Confectionair".

In der Tat, die Berliner müssten eigentlich Nadel, Schere und Fingerhut in ihrem Wappen zeigen, denn die Schneiderei in Deutschlands Hauptstadt ist so alt wie Berlin selbst und so vielfältig und weit verzweigt mit Berliner Leben und Schicksal verbunden, wie mit keiner anderen Stadt sonst. Das Berliner Schneiderhandwerk lässt sich bis ins 13. Jahrhundert nachweisen, als die Brandenburgischen Markgrafen Siedler ins Land holen, um die Sumpfgebiete zwischen Havel und Oder zu kultivieren, Bergleute vom Harz im Erzgebirge Joachims-„thaler" Silber schürfen, von dem der Taler und von diesem wiederum der Dollar seinen Namen hat. Zu dieser Zeit wird Leipzig zum Handelsplatz zwischen Deutschen und Slawen, und Zisterziensermönche gründen im Schutze des französischen Tempelritterordens Tempelhof bei Berlin!

Das geschieht etwa um das Jahr 1230. Noch im gleichen Jahrhundert, genau am 10. April 1288, manifestiert sich die Berliner Schneidergilde mit einem „Gildebrief".

Um diese Zeit ist Berlin aber wirklich noch „en Dorf" und der Spittelmarkt eine Begräbnisstätte, neben der 1405 die Gertrauden- oder Spittelkirche erbaut wird. (Erst in den 80er Jahren des vorigen Jahrhunderts, als Spittelmarkt und Hausvogteiplatz schon längst Mittelpunkt des Berliner Konfektionszentrums sind, wird sie abgerissen.) Die Schneiderzunft ist aber nur eine der Wurzeln, aus denen sich in der Mitte des 19. Jahrhunderts die Berliner Konfektion entwickelt. Nicht nur die „zünftigen", säuberlich organisierten Schneider haben daran Anteil. Nicht weniger beteiligt sind auch die illegalen,

Gildebrief aus dem Jahre 1288, dem Gründerjahr der Berliner Schneidergilde *(Handwerkskammer Berlin)*

GENERAL-PRIVILEGIUM

Gülde-Brief

Schneider-Gewercks

Chur- und Marck Brandenburg

dieß- und jenseit der Oder und Elbe,

Schneider-Gewercks

Zu Berlin.

De Dato Berlin, den 27. Septembr. 1735.

Gildebrief *(Handwerkskammer Berlin)*

die „Störer“ und „Pfuscher“, die nebenbei Schwarzarbeit betreiben, sei es aus zwingender Existenznotwendigkeit, sei es, um den kärglichen Lohn etwas aufzubessern.

Schneider wohnten schon während des 30jährigen Krieges auf dem „Werder“ – was so viel wie „Insel“ inmitten der verschiedenen Spreearme bedeutet –, also genau dort, wo einmal das Herz der Berliner Konfektion schlagen sollte. Es mag uns wie eine Fügung des Schicksals erscheinen, aber das war rein zufällig so. Die Gründe, weshalb hier später einmal der „Hausvogteiplatz“ entstehen sollte, waren anderer Natur.

Auf dem Werder, dem Werderschen Markt also, hatte dann 1660 der Große Kurfürst den Stadtteil „Friedrichswerder“ erbaut, wo er die kurfürstlichen Hofbediensteten und Hofhandwerker unterbrachte. Dieser Stadtteil war nicht der Gerichtsbarkeit des Rates der Städte Berlin und Cölln unterstellt, und den Schneidern von Friedrichswerder wurden besondere Privilegien zugestanden, die ihnen eine rechtliche Sonderstellung unter ihresgleichen zubilligten.

Auch die „Kleydermacher“ gehörten dazu. Sie bildeten einen Berufszweig der Schneiderei, doch ist ihnen lediglich die Fertigung von Kleidern gestattet, während ihnen der Verkauf von Tuchen untersagt bleibt, was wiederum nur den „Gewandschneidern“ erlaubt ist.

Es fällt schwer, sich in der Rangordnung der mittelalterlichen Schneiderei durchzufinden, denn neben den Kleydermachern gab es auch noch die Hofkleydermacher. Dieser Stand setzt wiederum die Existenz einer Residenz voraus, von deren Größe und Bedeutung der Beruf des Hofkleydermachers und sein Einkommen abhängen.

Vorerst aber war Berlin noch eines von jenen 350 Residenzstädtchen, die deutsches Territorium nach der Zerstückelung durch den Westfälischen Frieden bevölkerten, obwohl Brandenburg neben Österreich und Sachsen eines der größten, zusammenhängenden Gebiete darstellte. Erst als Kurfürst Friedrich III. – Sohn des Großen Kurfürsten – sich am

18. Januar 1701 in Königsberg die Königskrone aufs Haupt setzte und fortan Friedrich I. heißt, wird Preußen ein Königreich und Berlin eine königliche Residenz. „Gott hat die Fürsten zur Arbeit erkoren“, war der Wahlspruch des jungen Königs, und mit diesem Motto machte er sich daran, die „Streusandbüchse des Heiligen Römischen Reiches Deutscher Nation“ zu kultivieren. Mit seinen offenen Grenzen nach Ost und West – durch den Einfall Ludwigs XIV. 1675 gewitzt – war er gezwungen, ein „Stehendes Heer“ aufzubauen und zwei Drittel seines Staatsbudgets für Verteidigungszwecke auszugeben. „Der Preußenkönig hatt' gar viel Soldaten“, sangen die Grenadiere, die alle Uniformen benötigten. Also hatten sich die Meister von Nadel und Zwirn zunächst u. a. der Uniformschneiderei zu unterziehen. Sie hat, so möchten wir behaupten, der Entwicklung der Konfektion die wesentlichen, handwerklichen Impulse gegeben. Mit dem „Stehenden Heer“ von rund 25 000 Mann meldete sich bereits der erste „Mengenbedarf“ an. Er verlangte nach „Rationalisierung“.

Die Schneider des 18. Jahrhunderts schnitten ihre Kleidungsstücke allgemein nach der „Blauen Patrone“ zu. Das war ein empirisch entwickeltes Schnittmuster, das seinen Namen dem haltbaren Zuckerhutpapier verdankt, aus dem es hergestellt wurde. Es war ein für gewisse Körpermaße nach und nach mühsam zurechtgemachter Schnitt, der im Übrigen Geheimnis des jeweiligen Schneidermeisters blieb. Erst ein Berliner Schneiderprivileg von 1735 schreibt den Meistern vor, dass sie, entgegen sonstigen Gewohnheiten, ihre Lehrlinge auch beim Zuschneiden zusehen lassen sollen.

Man ging bei der „Blauen Patrone“ von „Normalfiguren“ aus, so dass der Gedanke, Schnittmuster für mehrere Körpergrößen zu entwickeln, durchaus nahe lag. Das wurde noch dadurch erleichtert, dass preußische Soldaten ganz bestimmte Körpermaße haben mussten.

Die sparsamen Preußen aber waren nicht nur auf rationelle Fertigung nach speziell ausgearbeiteten Schnitten bedacht, ihnen war auch an einem möglichst geringen Stoffverbrauch gelegen. Zunftmeister, die Uniformen anfertigten, standen in hohem Ansehen und mussten besondere Fertigkeiten besitzen, um allen Bedingungen der Heeres-Aufträge gerecht zu werden. Sie mussten die Lieferfristen genau einhalten, mit dem knapp bemessenen Stoff auskommen und außerdem noch von dem verhältnismäßig geringen Machlohn die Gesellen bezahlen. Dafür nahm der Staat ihnen das unternehmerische Risiko ab. Er sorgte für ausreichende Beschäftigung und gab ihnen damit zugleich soziale Sicherheit.

Immerhin hatten die preußischen Uniformschneider bereits damals Probleme zu bewältigen, wie sie eines modernen Industriestaates würdig sind. Das war eine ungeheure Neuheit im Bekleidungsgewerbe. Da die preußischen Uniformschneider ihre Zunftgenossen an Leistungsfähigkeit bei weitem übertrafen, ruhten und rasteten diese nicht eher, bis sie es ihnen gleichtun konnten. Diesem edlen Wettstreit ist es zu verdanken, dass immer neuere, rationellere Zuschnitt- und Fertigungsmethoden entwickelt wurden. Sie waren das Ergebnis einer Wirtschaftspolitik, mit der Preußens Herrscher vom Großen Kurfürsten bis zu Friedrich dem Großen ihren Staat wiederaufgebaut hatten. Dieses Fertigungsprinzip altpreußischer Uniformen, das der Schneider Steudner, der auf dem „Werder" wohnte, schuf, lässt seine letzten Auswirkungen in der Berliner Konfektion bis heute erkennen, die durch rationelle Fertigung, Akkuratesse, Pünktlichkeit in der Ablieferung, den Fleiß und die Wendigkeit Berliner Näherinnen durch alle folgenschweren Wechselfälle der Zeiten bis heute immer noch unerreicht ist.

Die Vorgängerinnen dieser Berliner Konfektionsnäherinnen aber waren die Frauen und Töchter der preußischen Offiziere. Ihr gesellschaftlicher Status hätte ihnen zwar Berufsarbeit nicht erlaubt, doch trugen sie in „Heimarbeit" mit Sticken und Nähen nicht selten zur „standesgemäßen Lebenshaltung" bei, die durch das Einkommen ihrer Ehemänner und Väter keineswegs gegeben war. Der preußische Offizier genoss zwar eine hohe gesellschaftliche Stellung, aber der Staat, dem er diente, schätzte die Ehre hoch, aber das Geld gering.

So waren die meisten Offiziere, wenn sie nicht wohlhabend waren, auf „reiche Heiraten“ angewiesen. Heiratete aber ein preußischer Offizier ein einfaches Bürgermädchen oder eine verarmte Adelige, so blieb dieser meist nichts übrig, als durch eigener Hände Fleiß „zuzuverdienen“. Die Schneiderei – und später die Konfektion – bot diesen jungen Frauen Gelegenheit, sich ihrer „Handarbeitskenntnisse“ zu bedienen und statt, wie anderswo, Schondeckchen zu häkeln, stickten und nähten sie insgeheim Uniformtressen. In Potsdam, Berlin und Charlottenburg wusste es jede von jeder, doch sprach man nicht darüber.

Eine nicht unerhebliche Bereicherung ihres handwerklichen Fundus erhielt die Berliner Schneiderei durch die Refugiés, die durch die Aufhebung des Edikts von Nantes (1685) aus Frankreich vertriebenen Hugenotten. Die Preußenkönige hatten ihnen in der Mark Brandenburg eine neue Heimat gegeben. Ihre Zahl war so groß, dass etwa zur Zeit des Großen Kurfürsten jeder fünfte Berliner französischer Abstammung war, und auf 200 Schneider kamen zu dieser Zeit 86 Emigranten, die dem Reich des Sonnenkönigs entfliehen konnten. In der zweiten Hälfte des 18. Jahrhunderts erteilt Friedrich II. den Schneiderinnen der französischen Kolonie besondere Privilegien, 1799 ist Friedrich Wilhelm III. gezwungen, ihre Zahl von 72 auf 50 Schneiderinnen zu reduzieren und befiehlt: „Sie dürfen auch außer dem Hause arbeiten, aber keine Schleichware verarbeiten …“

Um die Zeit, als die Berliner Konfektion noch in den Kinderschuhen steckte, schickte sich die preußische Residenz gerade an, zu einer wirklichen Hauptstadt zu werden. Berlin hielt damals mit seinen 250 000 Einwohnern noch keinen Vergleich mit London oder Paris aus. Aber es war jedenfalls die weitaus größte unter den preußischen Städten, von denen nur vier mehr als 50 000 Einwohner zählten. Immerhin war es bereits ein kultureller und politischer Mittelpunkt.

„Die prächtigste Stadt Nordeuropas entsteht", hatte damals ein Enthusiast ausgerufen, und bald darauf war auch das Wort vom „Spree-Athen" gefallen.

Tatsächlich dehnte sich die Stadt auch schnell aus und 1850 zählte sie bereits 425 000 Seelen. (Paris zur gleichen Zeit etwa 550 000.) Noch belebten die Kaleschen, die Droschken, die Kremser – die Leiterwagen des 1822 von Hofrat Kremser gegründeten Ausflugsunternehmens[5] – das Bild der Stadt. Erst ein halbes Jahr vorher hatte man den Potsdamer Bahnhof eingeweiht. Die Droschken, von denen es 32 an der Zahl gab, wurden privilegiert, erhielten feste Haltestellen und Tarife. Die Tour von 15 bis 20 Minuten kostete 5 Groschen pro Person –, aber sie zockelten so langsam daher, dass sie „30 Stunden für den Tag brauchten", wie ein Berliner Biedermeier witzelte.

Aber man kam damit vom Alexanderplatz zum Potsdamer Tor, konnte also für diesen Tarif das ganze damalige Berlin durchqueren. Ku-Damm und Tauentzien sind noch „janz weit draußen".

Die Kutscher trugen übrigens hübsche Uniformen, graue Mäntel mit gelben Aufschlägen, aber bei Regen fuhren sie nicht. Für Liebesleute legten sie – bei entsprechendem Trinkgeld – eine „Porzellanfuhre" ein. In gemessenem Schritt und herabgelassenem Rouleaux zuckelten sie dann einher, ein fahrbares „Separé".

Die Wasserleitung hatte man gerade eingeführt, aber die Kanalisation ließ noch auf sich warten. Wer baden wollte, konnte sich an einen der vielen Unternehmer wenden, die

5 Simon Kremser hatte 1806 unter Einsatz seines Lebens Blüchers Kriegskasse gerettet. Dafür erhielt er den – von Friedrich dem Großen 1740 gestifteten – „Pour le mérite" und wurde zum Hofrat ernannt. 1822 gründete er sein „Ausflugsunternehmen". Die mehrsitzigen, an den Seiten offenen Gefährte, wurden nach ihm „Kremser" genannt.

Badewannen ausliehen und auf Wunsch auch heißes Wasser gleich mitlieferten. Erste und bis dato einzige Badewannenbesitzerin war die Gräfin Lichtenau, Geliebte Friedrich Wilhelm II., gewesen. Gasbeleuchtung gab es auch schon, allerdings nur im Winter, von Mai bis September mussten sich die Berliner mit Mondschein behelfen …

Dafür aber war Berlin eine der ersten Städte mit Trottoir. Seit die Weinhandlung Lutter & Wegener am Gendarmenmarkt Granitplatten vor ihr Lokal gelegt hatte, machte eine königliche Kabinettsorder die Anlage des Bürgersteiges mit großem Plattenpflaster zur Regel. Erste Versuche mit Asphalt wurden unternommen.

Auch die Post unter ihrem weitsichtigen Präsidenten Nagler wurde besser organisiert, obwohl die Gebühr für jeden Brief noch auf dem General-Postamt an der Königsstraße errechnet werden musste. Für einen Brief nach Bonn zahlte man damals 9 Silbergroschen – das war der Preis für ein Pfund Butter. Für zwei Taler und 16 Silbergroschen erhielt man bereits einen erlesenen Johannisberger des berühmten Jahrgangs 1811 kredenzt. Ein mittlerer Beamter verdiente jährlich etwa 600 Taler und musste davon durchweg 250 Taler Miete zahlen.

In der Oper „Unter den Linden" und auch im Schauspielhaus gastierten Fanny Elßler und Jenny Lind, die „schwedische Nachtigall", sogar der berühmte Paganini. Trotz solch ausgezeichneten Programms und ungeachtet der Tatsache, dass die Oper als volksbildend galt und – wenigstens zeitweise – kein Eintrittsgeld nahm, besuchte die große Zahl der kleinen Leute doch lieber den „Stralauer Fischzug" oder die Pferderennen, die 1829 eingeführt wurden, oder sie sahen sich im Zirkus auf dem Exerzierplatz vor dem Brandenburger Tor die Künste der Zirkusreiterin Magdalene Kremzow an und besuchten den Teichmann'schen Blumengarten, wo es die besten gefüllten Bonbons gab und zu Königsgeburtstag „feenhafte Illumination".

Man ging zuweilen auch ins Café Josty oder zu Louis Drucker, um sich über des „lustigen Weinhändlers“ Kapriolen zu amüsieren und sich dabei von Kellnern bedienen zu lassen, die auf leibhaftigen Ponys reitend die Gäste bedienten. Die Kinder spielten „Amor ging und wollte sich erquicken“, ein Liedchen, das sie den Studenten abgelauscht hatten, die wandernd mit der Gitarre umherzogen.

Wandern und Gitarre waren gerade „letzter Schrei“. Aber nach zehn Uhr abends sah man kaum noch einen Menschen auf der Straße. Felix Mendelssohn machte eine Wette, er werde nur mit einem Rosenkranz – sie waren damals große Mode, und es gab solche, deren Perlen mit Parfüm gefüllt waren – um den Hals, unbemerkt die ganze Leipziger Straße bis zum Dönhoffplatz hinaufgehen. Er gewann die Wette.

Heinrich Heine aber huldigte den Berlinerinnen, als er sang:

„Ja, Freund, hier Unter den Linden,
Kannst Du Dein Herz erbaun,
Hier kannst Du beisammen finden,
Die allerschönsten Fraun!“

Auf dem „Werder“, wo seit des Großen Kurfürsten Zeiten die Berliner Schneider wechselweise ihr „zünftiges“ oder illegales Handwerk betrieben, hatte sich lebendige Betriebsamkeit entwickelt, seit Andreas Schlüter das Königliche Schloss erbaut hatte. Hier gab es Hofbälle und Redouten, und so entstanden Läden, die anzubieten hatten, was zu solchen Festlichkeiten benötigt wurde.

Im Heese’schen Seidenwaren-Laden neben der alten Münze in der Unterwasserstraße kauften die Berliner Gesellschafts- und Brautkleider, und es gehörte zum guten preußischen Ton, dass sie unscheinbar nach außen, aber qualitätvoll in den Stoffen waren. 1792 gegründet, siedelte er später in die Leipziger Straße um, „aber diese Umsiedlung“, so berichtet uns der Chronist, „ist ihm nicht bekommen, wenige Jahre darauf ging er ein, und der Glanz dieses altberliner Ladens erlosch für immer“.

Seinen Kaffee kaufte man bei Lutze in der Poststraße, seine Lederwaren bei Ackermann in der Königstraße oder bei Mossner Unter den Linden. Bei Reiterführer von Mossner übrigens lernten die Prinzen Wilhelm (später Wilhelm II.) und sein Bruder Heinrich das Buchbinderhandwerk, weil es bei den Hohenzollern die Regel war, dass jeder Prinz ein Handwerk erlernen musste. Der feinste, hellgraue, ungesalzene Astrachan-Kaviar kostete bei Deicke in der Königstraße nur zwei Taler das Pfund. Und zur Sommerfrische fuhr man hinaus nach Pankow, Gesundbrunnen oder Charlottenburg.

Die ganz vornehmen Leute und diejenigen, die sich zur Ruhe gesetzt hatten, wohnten „In den Zelten", dem Ku-Damm des 19. Jahrhunderts, und hier wohnte auch der Hofkleidermacher Johann Simon Freytag in seinem Haus „Nähnadelsruh". Er war so begütert, dass er August Borsig, als dieser 1837 am Oranienburger Tor seine Maschinenfabrik erbaute, 40 000 Taler pumpte, zu 3¾ Prozent Zinsen jährlich, hypothekarisch sichergestellt.

Zu den ältesten Geschäften, die sich um den Hausvogteiplatz herum bildeten, gehört auch das wohl weit bekannte Kaufhaus von N. Israel. Es wurde 1815 von Nathan Israel gegründet, der zunächst in der Jüdengasse 18 einen Altkleiderhandel betrieb. Als er 1818 zum Molkenmarkt 2 umzieht, verschreibt er sich dem „Leinwandkram". Die Israels gehören zu den ältesten Berliner Familien, die bereits zum Beginn der Regierungszeit Friedrichs des Großen, 1741, als Schutzjuden nach Berlin kamen. Ihr Unternehmen blieb 124 Jahre – von 1815 bis 1939 – ununterbrochen im Familienbesitz[6]. Es führte später neben dem „Leinwandkram" auch eine Konfektionsabteilung „engros".

Produktion und Verkauf gehen vorläufig noch ineinander über, erst später beginnt man sich zu spezialisieren, und erst dann bekommen die einzelnen Unternehmen ihr besonderes Profil.

6 Siehe auch das Kapitel: „Berlins ältestes Kaufhaus N. Israel."

Heinrich Jordan *(Aus: „Confectionair", 1914)*

In der alten Bauakademie hat es früher so etwas wie eine Ladenstraße gegeben. Dort gründet 1836 Herrmann Gerson sein später weltweit bekanntes Modenhaus[7].

1839 gründet Valentin Manheimer in der Oberwallstraße 6 seine eigene Firma V. Manheimer und fertigt als Erster Damenmäntel an. Im gleichen Jahr lässt sich Heinrich Jordan in der Markgrafenstraße 88 nieder, verkauft Wäscheausstattungen und stellt als erster in eigener Werkstatt fertige Leib- und Bettwäsche her. Als Sohn eines protestantischen Pastors aus der Gegend von Kassel, ging er bei seinem Onkel Wilhelm Jordan – dem „Gingham-König" – in die Lehre. Sein Unternehmen florierte sehr schnell, so dass er 1868 sein Geschäft bereits beträchtlich vergrößern, die Konfektion von Damengarderobe, Gardinen, Teppichen und Möbelstoffen hinzunehmen konnte. 1839 gründete auch Rudolph Hertzog sein erstes Geschäft am Mühlendamm. Der geborene Berliner

7 Siehe auch das Kapitel: „Herrmann Gerson".

David Levin *(Aus: „Confectionair", 1914)*

entstammt einer Familie, die bereits um 1400 im Textilgewerbe tätig ist und aus der Gegend von Langensalza stammt[8].

David Leib Levin, am 18. September 1815 in Königsberg/Neumark geboren, erhielt am 1. Juni 1840 seinen Judenbürgerbrief und gründete noch im gleichen Jahr in der Gertraudtenstraße 11 eine Damenmäntelfabrik. Er selbst bezog Wohnung am Spittelmarkt 1. Er führt „Taffet-Mantillen zwischen 3½ bis 14 Thalern, Atlas-Mantillen zwischen 4½ bis 15 Thalern, sowie Frühjahrs-Mantelots in schwarz, braun und mode aus Zephyr-Wolle zu 3½ bis 14 Thalern".

Es handelte sich hier um eine erste bekannt gewordene Preisliste, deshalb besonders bemerkenswert, weil „feste Preise" damals allgemein nicht üblich waren, sondern stets um die Ware gefeilscht wurde. David Levin zählte zu den prominenten Mitbegründern der Berliner Konfektion, und als er später das Geschäft zum Hausvogteiplatz 13 verlegt, entwickelte sich sein Unternehmen schnell zu einem der bedeu-

8 Siehe auch das Kapitel über Rudolph Hertzog „So wie ich es will ..."

tendsten der Berliner Konfektion. Als verdienter Kaufmann und Kommerzienrat ist er am 22. November 1891 in Berlin gestorben.

Die „Vossische Zeitung" berichtet über seinen Tod in ihrer Abend-Ausgabe vom Montag, dem 23. November 1891: „Gestern ist hier der Kommerzien-Rath David Levin im 77. Lebensjahr gestorben. Er war der Begründer des großen Damen-Mäntelgeschäftes am Hausvogteiplatz 13, in Firma D. Levin, deren Inhaber jetzt die Herren Gustav, Louis und George Levin sind." Und in einer Todesanzeige des gleichen Tages heißt es: „Nach längerem schmerzvollen Krankenlager verschied am Sonntag-Abend, 8 Uhr, der allverehrte Senior unseres Hauses und Begründer der Firma, der Königliche Commerzien-Rath Herr D. Levin. Wir verlieren in dem Dahingeschiedenen einen wahren väterlichen Freund und Berather, der noch bis vor Kurzem in unserer Mitte wirkte und dessen Andenken wir stets in Ehren halten werden. – Das Personal der Firma D. Levin."

Am 25. November 1891 berichtet die „Vossische Zeitung" unter „Lokales" Folgendes: „Für den verstorbenen Kommerzien-Rath D. Levin hat heute Vormittag im Sterbehaus, Wallstraße 3, eine Trauerfeier stattgefunden. Das Personal des Geschäftes, die von der Firma beschäftigten Schneider und Häuser, die mit dem Hause in Verbindung stehen, darunter solche in London, in Gera usw. hatten Widmungskränze an dem feierlich aufgebahrten Sarge niedergelegt. Die Menge der Leidtragenden war so groß, daß die weiten Räume sie nicht fassen konnten. Dr. Maybaum hielt die Rede. Der Trauerzug bewegte sich an dem halbmast beflaggten, mit Flor drapirten Geschäftshaus vorbei nach dem alten Friedhof in der Schönhauser Allee."

1856 stellen die „Ältestenberichte der Berliner Kaufmannschaft" fest, dass die „Berliner Konfektion von Mänteln und Mantillen usw. weit und breit Anerkennung gefunden hat. Es wird gesagt, die Pariser Mode sei nicht mehr in dem Grade maßgebend wie früher, der hiesige Geschmack wäre selbständiger und gehe eigene Wege." Bald findet die Berliner Ware immer mehr Anklang in der Provinz, die Berliner Firmen beschicken die Messen von Leipzig und Magdeburg. 1857 wird das erste Exportgeschäft nach Österreich bekannt, die Gebr. Manheimer sind die ersten, die nach England exportieren, 1860 stellen sich auch amerikanische Kunden ein und Berlins Konfektion steht im Wettbewerb mit Frankreich und England. Holland zählt schon lange zu den besten Kunden [9].

9 Während der „Berliner Gewerbe-Ausstellung" von 1844 werden bereits erste Konfektionsfirmen bekannt: E. Hildebrand stellte u. a. „baumwollene, glatte Damenröcke, sowie Damen-Jacken aus Kaschmirwolle her". L. Düntz: „Superfeine, wollene Hemden von feinstem deutschen Kammgarn …", Gebr. Rousset „weißwollene Hemden und baumwollene Pantalons, chinierte und ombrierte Shawles", F.W. Kaesse „weißwollene Unterbeinkleider, Unterjacken, Damenjacken, Herren- und Damen-Beinkleider von egalem, englischem Gespinst, gut gewaschen und geschwefelt …". „Kleiderfabrikant H. Cohen lässt mit etwa 56 Arbeitenden alle Gegenstände der Herrentoilette fertigen, welche in seinem Magazin feilgehalten werden …", heißt es in dem übrigens sehr kritischen Bericht über die Ausstellung. „Ausgestellt war ein Negligé-Rock von Kaschmir zu 85 Reichsthalern und ein Winter-Paletot neuester Form von Buckskin (Aachener Tuchfabrikat, d. Verf.) zu 40 Reichsthalern. Kleidermacher J. Ronner stellte „wattierte Winter Par-dessus mit Atlas gefuttert" aus, „mit Sammet und Bortenbesatz und einer im Kragen verborgenen Kopfbedeckung zu 100 Reichsthalern". „Der Kaufmann und Damengarderobenfabrikant W. Immel, ein Damenkleid, welches sauber und gut gearbeitet. Der Ausputz selbst ist etwas steif und überladen, der Dessin des Stoffes schön und der Stoff selbst gut, die Farbzusammenstellung indessen nicht gut gewählt und ansprechend …". Dem Damenkleidermacher F. Suhr wird bescheinigt, dass er „gründlichen Unterricht im Maßnehmen, Musterzeichnen und Zuschneiden der Damenkleider" genommen hat. „Derselbe hatte ein zum Brautanzug bestimmtes, weißes Atlas-Kleid ausgestellt. Dasselbe verdient wegen seiner Form, sauberer Arbeit und geschmackvoller Ausschmückung sowie des Materials, volles Lob." Der Kritiker dieser für Berlin äußerst bemerkenswerten Ausstellung, die vom 15.8. bis 24. 10. 1844 dauerte, erwähnt u. a. in seinem Bericht: „Bei der Verarbeitung des Stoffes … kommt es nächst der richtigen Auswahl des Stoffes auf ein genaues Maßnehmen, auf die hiermit streng übereinstimmende Musterzeichnung, auf ein richtiges und sicheres Zuschneiden … auf solide und vorsichtige Nadel- und Bügelarbeit, auf Reinlichkeit und Genauigkeit des Verfahrens an." „Es ist nicht genug", so heißt es weiter, „daß ein Kleidungsstück gut genäht und sauber vollendet ist, es muß auch dem Träger passen, ein Missverhältnis des Körpers ausgleichen und das Sprichwort: ‚Kleider machen Leute' zu bewähren suchen."

1860 werden 20 Firmen gezählt, die Damenkonfektion herstellen, 10 Jahre später sind es bereits 40. Die Konfektion beschäftigt bereits mehrere tausend Schneiderinnen und Schneider, der Umsatz wird 1865 auf rund 5 Mill. Taler geschätzt. 1871 entsteht die Kinderkonfektion. 1865 wird u. a. die Firma Orgler & Fidelmann gegründet, die als erste Jupons herstellt und sich zu den namhaftesten der Branche entwickelt.

Nach den gewonnenen Kriegen von 1864 – deutsch-dänischer – und 1866 – deutsch-österreichischer Krieg – wächst mit dem politischen Selbstbewusstsein Preußens und seiner Hauptstadt auch deren wirtschaftliche Potenz. Das Werk Bismarcks gedeiht.

Als der „Eiserne Kanzler“ – von seiner Frau stets liebevoll „Ottochen“ tituliert – 1866 aus Königgrätz nach Berlin heimkehrt, wird er von einer Dame mit Blumen empfangen.

„Nein, mein gnädiges Fräulein“, versucht der Kanzler höflich abzulehnen, „ich verdiene diese Ehre nicht. Ich bin nicht Kombattant gewesen und habe an den Siegen keinen Anteil.“

Die junge Dame aber ließ sich nicht beirren:

„Aber Sie haben doch den Krieg angefangen.“

Bismarck nahm die Blumen.

Seit dieser Zeit etwa reisten die Berliner Konfektionäre regelmäßig nach Paris, um die Mode an Ort und Stelle zu studieren und auch, um den Geschmack ihrer Angestellten zu entwickeln. Es wird ihnen nachgerühmt, dass sie sich seitdem immer besser auf die Wünsche ihrer ausländischen Kunden einzustellen wussten, weshalb sich auch die Exportgeschäfte immer noch ausdehnten. Russland und Skandinavien wurden als neue Märkte erschlossen.

Dem Vorbild der Berliner Konfektion passten sich dann auch mit dem gleichen Einfühlungsvermögen die Konfektionszentren in Breslau und Erfurt an. Sie hatten sich längst dem Berliner Muster angeschlossen und entwickelten ihre neuesten Modelle nach den Kollektionen der Berliner. Was für die Berliner Paris, war für Breslau und Erfurt Berlin.

Breslau vor allen Dingen belieferte den russisch-polnischen und österreichisch-ungarischen Markt [10].

Ihren eigentlichen, großen Aufschwung aber nahm die Berliner Konfektion nach dem deutsch-französischen Krieg von 1870/71[11]. Nun kamen die ausländischen Einkäufer in immer größerer Zahl nach Berlin; andererseits pflegt auch die Berliner Konfektion diese Beziehungen mit großer Sorgfalt. 1872 tritt Waldemar Caspary – in Firma Benjamin & Caspary – als erster Berliner Konfektionär mit einer speziell für Amerika entwickelten Kollektion seine Reise über den großen Teich an.

Zu dieser Zeit hat Berlin die erste Million an Einwohnern erreicht. Zwischen Havel und Oder ist eine Weltstadt entstanden, die nun in ihre besten Jahre geht. Die Konfektion, „ein Gewerbe, das nur in Rudeln existieren kann", wie es ein Berliner Konfektionär einmal ausdrückte, rückte immer dichter um den Hausvogteiplatz zusammen. Er ist schon längst zu einem Begriff für eine Industrielandschaft geworden.

10 Ehemalige Breslauer Konfektionsfirmen haben sich nach dem 2. Weltkrieg im Ruhrgebiet, mit dem Schwerpunkt in Gelsenkirchen, angesiedelt.

11 1875 betrug der Umsatz der Berliner Konfektion bereits 22,5 Mill. Mark. Davon gingen für 4 Mill. Mark nach USA und Kanada, für 3 Mill. nach England und für 1½ Mill. Mark nach Holland und der Schweiz.

Modebild von G. Lami, 1898

(Aus: Fuchs: „Sittengeschichte“)

“Streit der Moden“
„Das Reformkleid, ist vor allem hygienisch und erhält den Körper tüchtig für die Mutterpflichten!“
„Solange Sie den Fetzen anhaben, werden Sie gar nicht in die Verlegenheit kommen.“

(Zeichnung von Bruno Paul, 1904, aus dem „Simplicissimus“)

RUND UM DIE HAUSVOGTEI

„Wer die Wahrheit weiß und sagt sie frei,
der kommt in Berlin in die Hausvogtei!"

Das war eine Spruchweisheit, die man sich im vormärzlichen Berlin hinter vorgehaltener Hand zuraunte. Die „Hausvogtei" war das Gefängnis, in das man die freiheitlich Gesonnenen warf, die liberal Denkenden, die von den Ideen der Aufklärung und der Französischen Revolution durchdrungen waren. Fritz Reuter, durch den elenden Dambach verurteilt, musste hier einen Teil seiner Haft verbüßen. Demagogenriecherei und Burschenschaftsverfolgungen brachten der „Hausvogtei" keinen beneidenswerten weltgeschichtlichen Ruf.

Hier saß auch der kauzige „Lindenmüller", ein Herr Müller, der als arbeitsloser Bummelant 1848 an der Kranzler-Ecke den „Lindenclub" gründete und in Revolution machte. Seine Frau, eine bekannte Damenschneiderin, gab ihrem Mann täglich zwei belegte Dreierschrippen und einen Taler unter der Bedingung, dass er nicht vor Feierabend nach Hause komme und die Näherinnen von der Arbeit abhalte. Wegen seiner revolutionären Umtriebe sperrte man ihn in die Hausvogtei, wo er am 18. März 1849 aus Kartoffeln Kerzenleuchter schnitzte und damit zum Jahrestag der März-Revolution von seiner Zelle aus eine private Illumination veranstaltete.

Die Gegend rings um die Hausvogtei war nicht sonderlich beliebt in dieser Zeit vor der März-Revolution des Jahres 1848. Und weil keiner so recht Lust hatte, sich hier anzusiedeln – auch weil Berlin um diese Zeit „noch keine richtige Stadt" war, wie Merkel einmal sagte, „sondern eine Handvoll kleiner Städtchen mit einem gemeinsamen Schauspielhaus" – waren die Grundstückspreise lächerlich gering. Noch am Ende des 18. Jahrhunderts kostete ein Quadratmeter Grund und Boden dort zwischen 26 und 40 Pfennig (umgerechnet auf Goldmark). Um die Mitte des 19. Jahrhunderts aber klet-

Der Hausvogteiplatz vor der Jahrhundertwende

(Aus: „Confectionair", 1914)

terten die Preise auf 2 bis 4 Mark, 1865 bezahlte man schon für einen Quadratmeter zwischen 72 und 430 Mark und 30 Jahre später, 1895, blätterte man sogar 1290 Mark ohne Wimperzucken auf den Tisch. 1906 erwarb ein Großkonfektionär dort sogar ein Grundstück für 1 100 000 Mark, und 1917 galt die Ecke Jerusalemer und Leipziger Straße mit einem Quadratmeterpreis von 100 000 Mark für die „teuerste Ecke Berlins".

Aber schon vor der Jahrhundertwende wurde das Gefängnis abgerissen und an seiner Stelle die Deutsche Bank gebaut!

Der Hausvogteiplatz hatte nämlich vieles für sich. Er lag verkehrsgünstig, mitten im Herzen des aufstrebenden Berlin. Hier pulsierte das Leben der alten preußischen Metropole, in dessen Verkehrszentrum das Königliche Schloss lag. Hier stand die Wiege der Konfektion, die heute mit rund 23 000 Beschäftigten noch immer die drittgrößte Industrie des geteilten Berlin ist. Ein Jahrhundert lang war hier der Mittelpunkt der Berliner Konfektion, bis Bomben und Granaten der

Der Spittelmarkt im Jahre 1886

(Aus: „Confectionair", 1914)

Schlacht um Berlin 1945 alles von der Voßstraße bis zum Alexanderplatz – und noch weit mehr – in Schutt und Asche legten.

Die „Hausvogtei" gehörte nicht nur zu den bekanntesten Plätzen Berlins – U-Bahnstation zwischen Alexanderplatz und Kaiserhof –, die Hausvogtei, das war das Viertel zwischen Tauben-, Mohren- und Jerusalemer Straße zwischen Ober- und Niederwall, mit seinem östlichen Teil der Kronen-, Jäger- und Französischen Straße, dem Werderschen Markt, der Kur-, der alten Leipziger- und der Adlerstraße. Auch Dönhoffplatz und Spittelmarkt waren in diese Industrielandschaft mit einbezogen, die als „Hausvogtei" mit dem Begriff der Berliner Konfektion und ihrer Geschichte untrennbar verbunden ist.

Hier taten sich die ersten Geschäfte und Läden auf, hier siedelten sich die bekannten Namen an, die der Berliner Konfektion Weltgeltung verschafft hatten. Kramläden, Kaufhäuser, Warenhauspaläste, das waren die Stationen dieser Entwicklung. Von den Altwarenhändlern, welche die ersten, auf Rechnung verfertigten Kleidungsstücke verkauften, bis zu den Warenhäusern, die entweder weiterhin in eigener Regie konfektionierten oder aber Kunden der inzwischen selbständigen Gewerbetreibenden der Konfektion waren.

Als mit beginnender Industrialisierung und der damit verbundenen Prosperität die Wünsche immer vielfältiger wurden, erwiesen sich auch die verschiedenen Läden oder Kaufhäuser in ihren Angeboten immer differenzierter.

Hinzu kamen dann die „Salons", die Modellkonfektion führten, teilweise auch in eigener Werkstatt anfertigen ließen ... Das begann in großem Stil nach 1871, als die Berliner Konfektion sich schnell zu einem weltweit anerkannten, exportintensiven Gewerbe entwickelte und die elegante Welt sich bei Gerson oder V. Manheimer anziehen ließ.

Um diese Zeit der Jahrhundertwende kamen in Berlin die ersten Kabaretts auf. 1901 eröffnete Ernst von Wolzogen sein „Buntes Theater", auch als „Ueberbrettl" bekannt, in der Alexanderstraße. Allerdings währte es nicht lange, dann strömte das elegante Berlin in den „Roland von Berlin", den Leon Leipziger 1904 eröffnete. Dort gab der bekannte Chanson-Sänger Schneider-Duncker, angetan mit einem lila Frack, seidenen Socken und weißer Weste – von der er behauptete, sie in Deutschland eingeführt zu haben – ein Chanson zum Besten, das der Berliner Zahnarzt Willi Wolff verfasst und Rudolf Nelson vertont hat: „Das Ladenmädel"

„Sie war in der Leipziger Straße
in einem Modesalon.
Ein Sprühteufel, keck und voll Rasse
sie hatte Chic und Façon.
Und eines Tages hat er sie entdeckt
im letzten Lager ganz hinten.
Sie stand hinter Blusen und Kleidern versteckt
und war nur schwer zu finden.

Erst kamen die Blusen und Kleider
Und dann die Jupons voller Plis,
Und dann die Dessous und so weiter
Und dann
Und dann kam sie …“

Er kaufte pro Forma ein Bändchen
und schnell, damit keiner es seh’
drückt er ihr ’nen Zettel ins Händchen
Heut’ abend 10 Uhr Separé.
Er wartete dann zur bestimmten Zeit
im lauschigen Eckchen alleine
Der Sekt stand im Kübel längst schon bereit.
Zum Teufel, wo blieb nur die Kleine.

Da rauscht es wie schleppende Kleider
Da rascheln Jupons voller Plis
Da knistern Dessous und so weiter
Und dann …
Und dann kam sie …“

Der Ober serviert, dann verschwand er
und ließ die beiden allein.
Erst küsst galant er die Hand ihr
doch sie sagt „ach bitte, ach nein …
Die Stimmung war köstlich und wunderbar
Der Sekt schäumt, sie waren fröhlich.
Und nach der dritten Flasche war
er glücklich und sie war ganz selig …
Da fielen die Blusen und Kleider
Und dann die Jupons voller Plis
Darauf die Dessous und so weiter
Und dann …
Und dann fiel sie …“

Ganz Berlin und darüber hinaus tout le monde sang dieses Liedchen bis weit in die zwanziger Jahre hinein. Und heute singt Bully Buhlan es wieder.

Aber bevor sich der Konfektionär, der einer werden wollte, an der Hausvogtei niederließ, wohnte er zunächst am „Grünen Weg" im Osten Berlins. Der „Grüne Weg" war sozusagen das Vorzimmer der Hausvogtei. Der Konfektionär, der erst sein Geschäft beginnt, will sehen „wie der Hase läuft". Es bedeutet sozusagen einen Wendepunkt in seinem Leben, wenn er „hereinziehen" kann.

Dann nämlich hat er es geschafft. Dann darf er zusammen mit den „Prinzipalen" bei Theophron Kühn am Werderschen Markt essen, oder im Kempinski'schen Restaurant, in Vopels Weinstuben an der Leipziger Straße, im Reichshallen-Café am Dönhoffplatz, in der Steidel'schen Conditorei oder im Café Schiller am Gendarmenmarkt.

Ja, dieses Cafe Schiller! Was das „Romanische" für die Literaten war, war in den 20er Jahren das „Schiller" für die Konfektion.

Im „Romanischen" tagte um 1913 eine Art „Altenclub" der Konfektion, und zwar täglich von 23 Uhr bis Mitternacht, etwa zehn „junge Leute" zwischen 85 und 95 Jahren! Ältester dieser seltsamen Runde war Sally Blumenreich, mit 93 Jahren Inhaber von Blumenreich & Meyer, auch Moritz Manheimer, Bruder von Valentin Manheimer, mit 86, gehörte dazu und auch die Herren Mengers (Begründer der Berliner Velvetfabriken), Hahlo, Schöps, Aschroth und Herz. Um diese Zeit ist Nathan Birnholz – Begründer der Firma Bab & Birnholz – 76 geworden, und die Debatte der Tischrunde dreht sich darum, ob man einen „so jungen Mann" in den Kreis aufnehmen könne!

„Der Tag am Hausvogteiplatz beginnt pünktlich um acht, wenigstens für die kleinen Leute", beschreibt Moritz Loeb den Alltag in der Konfektion der Jahrhundertwende.

Die „Geschäftsdamen“ sind die ersten, die laut schwatzend – das Stullenpaket unterm Arm – ihren Kontoren zustreben, den grauen Geschäftshäusern, die mit steifleinenen Fassaden auf das geschäftige Treiben im Berliner Konfektionsviertel herabsehen. Sie kommen vom Wedding, aus Weißensee, aus der Gegend um die Frankfurter- und Schönhauser Allee …“

Aber noch kommen sie ohne U-Bahn mit Umsteiger für 25 Pfennig, denn der erste Streckenabschnitt der Berliner Untergrundbahn zwischen Stralauer Tor, Potsdamer Platz, Zoo und Warschauer Brücke wird erst 1902 in Betrieb genommen. Erst 1908 erreicht sie vom Gleisdreieck über Potsdamer Platz den Spittelmarkt, 1913 wird erst der Nordring vom Spittelmarkt über Alexanderplatz ausgebaut. Bis dahin befördern Omnibusse und Pferdebahn ihre betriebsame Fracht.

Das, was die „Geschäftsdamen“ vor allen anderen auszeichnet, berichtet Moritz Loeb weiter, „ist ihr Chic, der flotte Schnitt der Kostüme, die propere Bluse.“ Und das alles, obwohl sie weiß Gott keine großen Sprünge machen können mit ihren kleinen Gehältern. Aber man beschäftigt sie gern im Lager, im Kontor und überall im Geschäft. „Sie sind vertrauenswürdiger als die Männer“, erklären die Chefs, womit sie sicher nicht unrecht haben. Überzeugender erscheint jedenfalls die Tatsache, dass sie billiger sind. Den jungen Männern geht es schon erheblich besser sofern sie „Kommis“ oder sogar „Konfektionäre“ sind. Die aber sind um diese Tageszeit noch nicht zu sehen Sie kommen später, wie die Chefs auch. Aber nicht etwa mit der Pferdebahn. Sie fahren in eigener Droschke vor oder mit dem Taxameter, wie ihre Arbeitgeber. Die Mustermacher oder Konfektionäre sind diejenigen, von denen es abhängt, ob eine „Collection“ einschlägt oder nicht. Sie sind das A und O der Branche, die Leute mit den „Ministergehältern“. 20 000 bis 25 000 Mark Jahreseinkommen sind bei ihnen keine Seltenheit. Selbst 18- bis 20jährige, die sehr begabt sind, können bereits so viel verdienen.

Schreibt der „Confectionair“ am 4. November 1909:

„Herr Fuß, bisher Konfektionär bei Markwald & Scheidemann, tritt in gleicher Eigenschaft in die Firma William Herz & M. J. Meyer GmbH. ein. Er erhält, wie uns mitgeteilt wird, ein Jahresgehalt von 35 000 Mark.“

Zu dieser Zeit war Berlins Oberbürgermeister mit nur 1 000 Mark mehr, nämlich mit 36 000 Mark Jahresgehalt dotiert. Es soll um die Jahrhundertwende sogar in Berlin einen Konfektionär gegeben haben, der ein Jahreseinkommen von 75 000 Mark hatte. Das war beinahe so viel, wie der deutsche Reichskanzler dieser Zeit, Bethmann-Hollweg bekam, nämlich 100 000 Mark, einschließlich 64 000 Mark Repräsentationsgelder.

„Aber noch bevor die Droschken und Taxen der höheren Angestellten und Chefs vorfahren, rollen zuerst die Lieferwagen und Droschken „zweiter Güte“ heran. Diese zweitrangigen Vehikel haben nicht nur den Vorteil, dass sie – von altersschwachen Kleppern gezogen – billiger sind. Sie sind auch erheblich geräumiger. Mit diesen Gefährten wird nämlich die fertige Ware, Kleider, Mäntel und Jacketts befördert, die der Zwischenmeister franco Haus zu liefern hat. Und wenn er damit fertig ist, werden die leeren Wagen wiederum mit Stoffballen beladen, die er – ebenfalls auf eigene Rechnung – in seine Werkstatt transportieren muß.“ Konfektions-Chronist Moritz Loeb weiß das sehr anschaulich zu beschreiben.

„In der Hochsaison, das ist jeweils Ende Januar – Anfang Februar sowie im Juli – August, rollen die Droschken unaufhörlich im Hausvogtei-Viertel vor.

„He Meister, ’n Transportarbeiter zu jebrauchen?“

Ein junger Bursche schwingt sich aufs Trittbrett, die Mütze tief in die Stirn gezogen, sein abgewetzter Anzug glänzt wie eine Speckschwarte.

„Allerhand los heute, wa?“

Er wischt sich mit dem Rockärmel durchs Gesicht, während er mit halsbrecherischer Balance seinen Platz auf dem Trittbrett zu halten sucht.

Der „Meister“ nickt nur, ohne ihn auch nur eines Blickes zu würdigen, während er dicke Wolken aus seiner Zigarre pafft. Erst wenn der Wagen hält, wendet er sich um und bedeutet mit dem Kopf nach rückwärts:

„Na, denn man los!“

Auf dieses Zeichen hin springt der Mann auf dem Trittbrett des Wagens sogleich ab, greift nach den Kleiderbündeln in den Nesselsäcken, wirft sich die ganze Ladung über die Schulter und stapft davon. Der Zwischenmeister pafft an seiner Zigarre. Seine Haltung zeigt deutlich: „er hat es nicht nötig“, er ist „Wer“ in der Hierarchie der Konfektion, wenigstens in der Zeit der Hochkonjunktur. Zu dieser Hierarchie gehören auch die Packträger, wie man sie nennt, nur, dass sie um einige Grade niedriger eingestuft sind. Sie regieren in den untersten Rängen nicht weniger souverän, denn sie wissen, dass man sie braucht, dass sie wichtig sind. Es gehört nämlich schon einiges an körperlicher Kraft dazu, solche Säcke voll Kleider, wie sie hier abgeladen werden, über die engen Stiegen, meist viele Treppen hoch, zu tragen und nachher dann die oft zentnerschweren Stoffballen wieder hinunter zu befördern.

Viele von diesen kräftigen Burschen üben diesen Beruf schon seit Jahren aus. Sie haben ihre feste Kundschaft, sie wissen ganz genau, wann ein Zwischenmeister liefert und sind bei seiner Abfahrt pünktlich zur Stelle.

Kaum sind die „Meister“ mit ihren Stoffballen davon gerollt, da fahren allmählich auch die Gefährte der „oberen Zehntausend“ an. Die „Mantelkönige“ kommen häufig im eigenen Wagen vorgefahren, bei manchem muss es sogar die zweispännige „Victoria“ sein, der Mercedes des 19. Jahrhunderts. Man „hält auf sich“ – damals wie heute –, „man wohnt“ im Hansaviertel, dem Dahlem des vorigen Jahrhunderts, „man reist“ nach Heringsdorf, Karlsbad oder Baden-Baden. „Man spielt“ „Baccarat-tourant“ mit Minimaleinsatz von 100 Mark, der sich von Mal zu Mal verdoppelt.

Und sonntags fährt man in offener Droschke durch den Tiergarten. Man zeigt, „dass man es hat". Es gehört zu dieser Branche, wie zu keiner anderen. Der Glanz hebt den Kredit und nicht jeder weiß, dass mitunter alles nur Talmi ist …"

FRÜHSTÜCK BEI NIQUET

„Alles Geld ist nur Chimäre", sagen die Kommis mit einem Blick auf die Ecke des Hausvogteiplatzes, wo die Deutsche Bank errichtet wurde. „Alles Pomade" nennen sie die gegenüberliegende Ecke, wo sich die Parfümerie von Treu & Nuglisch etablierte, und das Eckhaus der Konfektionsfirma von Louis Landsberger hieß „Jacke wie Hose". Nur der Wurstkeller von Niquet – an der Oberwall- und Jägerstraße – wird kühl als die „jleichjültige Ecke" bezeichnet.

Aber so gleichgültig ist diese Ecke nun wieder nicht.

Hier trifft sich nämlich die Elite der Konfektion. Hier sind die „Alten" unter sich. Ein „junger Mann" – und das ist ein ganz bestimmter Begriff in der Branche, einer, der erst was werden will – dem es einfallen sollte, bei Niquet aufzukreuzen, würde glatt für größenwahnsinnig gehalten.

„Kaum haben am Morgen die Herren Prinzipale die Post durchgesehen", so schildert es Moritz Loeb, „die nötigen Anweisungen erteilt, dann geht's zum Frühstück zu Niquet. So kommt es, dass in den Vormittagsstunden dort kaum noch Platz zu finden ist. Bei einem Glas Münchner und kaltem Braten bespricht man die Wollpreise und das kanadische Geschäft. Mitunter redet man auch über Personalangelegenheiten.

Manche tüchtigen Leute wurden dem Chef eines Welthauses tatsächlich erst durch ein Gespräch bei Niquet bekannt. Mehr als eine Karriere wurde hier begründet.

Die Leute von der Konfektion, die Herren Prinzipale ebenso wie die Konfektionäre, die Kommis wie die Reisenden sind nun einmal ein Völkchen, das sich gern bei Essen und Trinken über seine Geschäfte unterhält. So blieben die „Frühstücksstuben" rund um den Hausvogteiplatz über alle Zeitläufte hinweg ein Treffpunkt für diejenigen, die irgendwie mit der Konfektion zu tun haben."

Und während bis zum Ersten Weltkrieg noch alles fein säuberlich und standesgemäß getrennt isst, trinkt und konditort, in den „Frühstücksstuben" herrscht bereits demokratisch-duldvolles Nebeneinander. Bismarck war sogar zeitweilig hier zu Gast. Und wenn dem „Eisernen Kanzler" auch nicht gerade Konfektions-Kontakte zugeschrieben werden können, so sei doch am Rande vermerkt, dass er Ehrenmitglied der Berliner „Schneidergilde" war. Man hatte ihn – 1888 – anlässlich des 600jährigen Bestehens dieser alten Zunft, dazu ernannt. „Selbst die „Mantelkönige", die Ranghöchsten in der Hierarchie der Konfektion, genieren sich nicht, in die Keller und Kneipen hinabzusteigen, „nur für fünf Minuten zum Frühstück", berichtet der Chronist.

„Große Abschlüsse werden tatsächlich erst beim Frühstück" angebahnt, Zwistigkeiten und Differenzen bei Würstchen und einem Glas Bier beigelegt. Man erfährt, was sich in der Branche tut, hört sich den neuesten Firmenklatsch an und versucht ein Geschäft zu entrieren.

Ist es einmal zu eng bei Niquet, dann gehen die Chefs auch zu Friedemann's Restaurant in die Jerusalemer Straße oder zu Trope in die Oberwallstraße. Die Leute von der Konfektion – und nicht nur die Prinzipale – sind auch bei Helene Lang in der Mohrenstraße oder in „Kretschmer's Würstelstube" willkommen. Alle haben ihr bestimmtes Publikum."

Niquet aber ist nicht nur die bekannteste, sondern auch die älteste unter den Gaststätten an der Hausvogtei, genauso alt, wie die Konfektion selbst. Friedrich Niquet hat sie am 28. September 1839 eröffnet und an diesem Tag eine Einnahme von einem Taler und 20 Silbergroschen kassiert – das waren genau fünf Mark nach Goldwährung.

Dafür zapfte er 30 Glas Bier und servierte seinen Gästen 20 Paar Würstchen. Diese Würstchen konnte er vor allem deshalb so preiswert liefern, weil er kurz zuvor – noch im gleichen Jahr – eine Wurstfabrik gegründet hatte. Das hatte der „jleichjültigen Ecke“ zudem auch den Namen „Alles Wurscht“ eingetragen.

Friedrich Niquets Würste aber waren nicht nur an der Hausvogtei wegen ihrer Güte so beliebt, sondern auch im ganzen übrigen Berlin, und weit darüber hinaus. Sein Geschäftsprinzip war es, für seine Preise einen reellen Gegenwert zu liefern, eine gute Küche zu führen und „prompte, anständige Bedienung“ zu garantieren.

Er war auch der Erste, der in seinem „Wurstkeller“ ein „Damenzimmer“ einrichtete, wo Frauen allein, ohne aufzufallen, zu einem Imbiss einkehren konnten. Das war damals ganz ungewöhnlich und völlig neuartig, denn über Damen, die allein öffentliche Gaststätten besuchten, rümpfte man die Nase. Niquet aber hatte für Frauen, die einem soliden Gewerbe als Zeitungsträgerinnen, Blumenverkäuferinnen, Putzmacherinnen nachgingen oder sich in einem anderen der damals schlecht bezahlten weiblichen Berufe durchschlagen mussten, stets eine offene Tür. Hier konnten sie sich für ihr sauer verdientes Geld einen preiswerten Imbiss leisten und eine kleine Arbeitspause gönnen.

Niquets ältester Sohn Albert übernimmt 1866 das Geschäft und führt es zusammen mit Carl Rößner als Partner. Er baut die Wurstfabrik aus und wird „Königlich-Preußischer Hoflieferant“. Schon 1896 tritt er aus Gesundheitsgründen vor seinem Bruder Carl-Friedrich zurück, der aber noch ein Jahr vor Albert 1908 stirbt. Seitdem ist Frau Luise Rößner geb. Kern die alleinige Inhaberin, die die „Frühstücksstube" im Sinne ihres Gründers Friedrich Niquet weiterführt und 1914 zusammen mit der Berliner Konfektion – mit den Häusern Manheimer und Rudolph Hertzog – ihr 75jähriges Firmenjubiläum feiern kann.

Als in der Konfektion bereits in den ersten Jahren unseres Jahrhunderts die „englische Tischzeit" eingeführt wird, findet man nicht nur während der „Frühstückszeit" das Lokal überfüllt. In den schichtweise durchgeführten Mittagspausen erscheinen seitdem auch die kleineren Angestellten hier, die das sogenannte „Tischzeit-Publikum" bilden. Andere gehen auch zu „Donny" im alten „Heyn'schen Bierhaus" am Dönhoffplatz, denn auch dort ist es billig und gut, ebenso wie bei Aschinger am Spittelmarkt.

Während den Reisenden, den Konfektionären und den Chefs für ein Gespräch mit den Stadtvertretern beim „Frühstück" Niquets Wurstkeller noch gerade gut genug ist, ziehen sie doch ein Mittagessen bei Hellmuth Schmidt in der Charlottenstraße, bei Kempinski oder Theophron Kühn vor. Das gilt vor allem während der Hochsaison, wenn ihnen der Weg zu ihren Wohnvierteln im Westen zu zeitraubend ist. Am Nachmittag wird es dann in den Gaststätten und Restaurants rund um die Hausvogtei ein wenig ruhiger. Erst wenn die Stadtvertreter ihre Touren beendet haben und die jungen Leute vom „Couleuren" heimkommen, finden sie sich wieder zu ausgedehnten Fachsimpeleien zusammen. Dann sieht man sie so zwischen Vier und Fünf im Reichshallen-Cafe oder in der Steidel'schen Conditorei, während sich ringsum auf den Fußsteigen Berge von Paketen stapeln, die von Hausdienern zur Post befördert werden. Dann beginnt auch sogleich der Ansturm auf die Pferdebahn.

Nur in der Hochsaison sitzt man bis tief in die Nacht hinter erleuchteten Fernstern oder man soupiert – beruflich – mit seinen Kunden in einem der vielen, eleganten Berliner Restaurants.

DES HAUSVOGTEIPLATZES SCHÖNE HERRSCHERINNEN

Die Frauen sind es schließlich nicht zuletzt, die erheblichen Anteil an Berlins Konfektionsruhm haben. „Des Hausvogteiplatzes schöne Herrscherinnen“ nennt ein zeitgenössischer Chronist die vielen Frauen und Mädchen, die als „Geschäftsdamen“ in den Kontoren tätig sind. Sie wickeln hauptsächlich den Verkehr mit den Zwischenmeistern ab, nehmen Aufträge entgegen und erledigen die Geschäftskorrespondenz. Mitunter sind sie nebenher in der Saison, wenn die „Durchreise“ auf vollen Touren läuft, auch noch als Probierdamen tätig.

Den größten Anteil an der Fabrikation aber haben die vielen, vielen tausend Näherinnen aller Altersstufen, die jahraus, jahrein daheim an ihren Nähmaschinen sitzen, häufig ganze Nächte hindurch, wenn es die Konjunktur erfordert. Immer propper und adrett, kess, charmant, stets das Herz auf dem rechten Fleck, „mit Schnauze“, wie alle Berliner, versteht sich, so wie auch jene Madame de Titre, die als armes Berliner Bürgermädchen einen reichen Baumwollfabrikanten heiratete. Als Friedrich Wilhelm III. auf der Promenade Unter den Linden einmal ihren Hofknicks übersieht, eilt sie seiner Karosse nach und ruft: „Na wat denn, wat denn Majestäteken? Steuern nehmen, dett könn’ Se, aber die olle Titren jrüßen is nich!“

1860 beschäftigt die Berliner Konfektion bereits mehrere tausend Schneiderinnen und Schneider. Um diese Zeit hat sich das Konfektionsviertel um den Hausvogteiplatz beträchtlich erweitert. Zwischen 1860 und 1862 siedeln sich an: Basch & Bamberger, Lesser & Josephs, Kraft & Lewin, Behrens & Baumann, Büxenstein & Co., J. M. Meyer, Moritz Pach, Gebr. Lamm, Samson & Eichenberg, Gebr. Singer, Gebr. Szafranski und F. & S. Warschauer.

Am 15. Februar 1862 wird die „Hirsch’sche Schneiderakademie“ gegründet, die erste Schule, die planmäßig den Nach-

„Uff euch, Schneiderseelen, hab' ick 'ne Pieke!"
(Denkmalsbrunnen vor der Hirsch'schen Schneider-Akademie, wurde glossiert von Victor Laverrenz in seinem Buch „Denkmäler Berlins im Volksmund", Berlin 1905)

wuchs für die Konfektion ausbildet. Nach und nach kommen dann immer mehr Konfektionshäuser hinzu. Sie beginnen, sich bereits zu spezialisieren. H. E. Busse gilt als Blusenspezialist, Max Moses fertigt Untertaillen, Bradt, Hirschfeld & Co. Kostüme, Julius Nelson und Tuch & Loewenberg sind spezialisiert auf Jerseyblusen.

Bekannte Mantelhersteller sind u. a. Zehra & Roth, Heinrich Stern & Co., sowie Graumann & Stern, C. G. Strohbach und Friedländer & Zaduck. Nur einige dieser bekannten Namen existieren heute noch in der Berliner Konfektion. Nur ganz wenige haben die Katastrophe des zweiten Weltkrieges und die Judenpogrome überlebt[12]. Die meisten sind 1933 nach Amerika, England oder Holland ausgewandert. Die Amsterdamer Bekleidungsindustrie hat ihre stärksten Impulse den Emi-

12 So groß die Konfektion als Wirtschaftsfaktor insgesamt auch war, so setzte sie sich aus vielen, vielen Klein- und Mittelbetrieben zusammen, die über keine Archive oder sonstige Daten zur Geschichte ihrer Firma verfügten. Daher ist auch über diese Firmen kein Quellenmaterial vorhanden.

granten der Berliner Konfektion zu verdanken. Als die Verfasserin kurz nach Kriegsende einige ehemalige Berliner Konfektionshäuser in der niederländischen Metropole besuchte, hieß es immer wieder: „Amsterdam is ja ne janz scheene Stadt, aba et is eben doch nich Berlin!"

Ein Pionier unter den Berliner Konfektionshäusern vor der Jahrhundertwende war die Firma Graumann & Stern. Am 27. März 1888 gegründet, führte sie als erste Werkstattbetrieb ein. Diese Werkstatt, die 1 000 Quadratmeter umfasste und an der Weydingerstraße lag, galt als „Musterbetrieb" ihrer Zeit. Sie wurde mehrfach von „hochgestellten Persönlichkeiten" besichtigt, wie es im „Confectionair" heißt, u. a. von dem „Wirklichen Geheimen Oberregierungsrat Elster vom Kultusministerium." Einer der Inhaber, ein Herr Bamberg, erhielt zum 70. Geburtstag 1916 ein Glückwunschtelegramm vom Reichstagspräsidenten[13].

Das eigentliche Geschäftshaus lag in der Mohrenstraße, dort wo einst Karl von Gontard für Friedrich den Großen die „Mohrenkolonnaden" erbaut hatte. Aus Anlass des 35jährigen Firmenjubiläums 1913 wurde das alte Geschäftshaus abgerissen und einer der damals bekanntesten Berliner Architekten, Professor Muthesius, mit dem Neubau beauftragt. Graumann & Stern zahlten zu dieser Zeit etwa 1 400 000 Mark jährlich an Arbeitslöhnen, an Zöllen und Frachtsätzen rund 140 000 Mark.

Im gleichen Jahr wie Graumann & Stern, nämlich 1888, gründet auch Bernward Leineweber sein „Detailgeschäft für Herrenkleidung" in der Oranienstraße. Hosen waren die Spe-

13 Die westdeutsche Bekleidungsindustrie, vor allem diejenige, die rings um das Ruhrgebiet entstand, unterscheidet sich grundsätzlich von der Berliner Konfektion. Sie entwickelte sich aus dem Bedarf an Arbeits- und Berufsbekleidung, die keinerlei modischen Gesichtspunkten unterworfen war. Daher war hier das Werkstatt-System stets die gegebene Betriebsform. In Berlin hat es sich nicht bewährt. Verschiedene Versuche dieser Art scheiterten. 1893 z. B. hatten einige amerikanische Geschäftsleute es unternommen, in Berlin eine Konfektions-Fabrik einzurichten mit 5 bis 6000 Arbeitern, neuesten Maschinen und Geräten. Das Unternehmen hat nur kurze Zeit bestanden. (Quelle: Erhard Schmidt „Fabrik- und Heimarbeit in der deutschen Konfektionsindustrie", Diss. Berlin 1912.)

zialität dieses Unternehmens, die Schneidermeister Leineweber anfertigte und Frau Mary mit kaufmännischem Geschick an den Mann brachte. Sie war übrigens eine der wenigen Frauenpersönlichkeiten, die in der Zeit vor der Jahrhundertwende dazu kamen, unternehmerische Initiative im Bekleidungsgewerbe zu entfalten. Da war nur noch Helene Hurtig, Mitinhaberin von Landsberger & Hurtig (ein Unternehmen, das ebenfalls zur Gründer-Generation gehört), die es unternahm, 1860 am Hausvogteiplatz ein „hochgebautes", also ein mehrgeschossiges Geschäftshaus zu errichten. Das galt damals noch als ganz unerhörte Seltenheit.

Oder die amüsante Emma Bette, aus der Firma Bette, Bud & Lachmann, gegr. 1886, die auf der Leipzigerstraße Kindermoden populär machte, zum „Sedanstag" am 2. September „Kinder-Militärlätze aus weichem Stoff ohne Pappunterlage" offerierte oder „patriotische Kinderschürzen" mit aufgestickten Schnüren und Knöpfen, also lauter dreikäsehohe Ulanen, Husaren und Dragoner in die Schaufenster stellte. Diese resolute Dame, die neben Kinderkleidung auch Spielzeug führte, hatte es sogar unternommen, an der Spitze einer Anzahl Berliner Spielwarengeschäfte das Warenhaus Wertheim zu boykottieren. Sie richtete einen Aufruf an die Spielwarenlieferanten von Waltershausen, keine Puppen mehr an Wertheim zu liefern!

Aber man arrangierte sich. Frau Emma schlug dem Warenhausboss vor, in nachbarlicher Eintracht (beide Häuser lagen dicht beieinander in der Leipziger Straße) in ihrem Geschäft ein „Kinderwarenhaus", wie es in Pittsburg (USA) eins gab, einzurichten, in dem die Kleinen mit „Spielgeld" Einkaufen spielen, während ihre Mütter sich bei Wertheim ungehindert umsehen können. Leider machte Weltkrieg Nr. 1 diesen originellen Plan zunichte.

Kinderkleidung hatte auch Arnold Müller, 1865 gegründet, ebenfalls in der Leipziger Straße, anzubieten. Die wechselnden Hausnummern seiner Firma erschienen auf Drucksachen, Briefmarken und Anzeigen jeweils im Mittelfeld einer Sonnenblumenrosette, die sich schon sehr früh als Firmenzeichen eingeführt hatte. Arnold Müller gab sogar eine „Illustrierte Jugendzeitung“ heraus.

Um die Zeit der Jahrhundertwende entsteht erst die eigentliche Trennung zwischen Detail- und Engros-Geschäft. Die Detailgeschäfte verzichten weitgehend darauf, eigene Ware herzustellen. Es kommen die ersten Spezialgeschäfte auf, die sogar Filialen außerhalb Berlins unterhalten. Die bekanntesten sind „Die Goldene 110“ sowie „Der feine Reißner“.

Umgekehrt eröffnen renommierte Häuser aus der Provinz in Berlin Filialen, so Gustav Cords – 1874 in Köln, Michels & Co. – Krefeld, sowie F. V. Grünfeld – 1862 in Schlesien gegründet, kommen 1886 nach Berlin. Grünfeld etabliert sich zunächst im Hause von Kempinski in der Leipziger Straße. Es kommen ferner nach Berlin: Peek & Cloppenburg (1901), Esders & Dyckhoff (1900), Kersten & Tuteur (1905), R. M. Maaßen (1908), und bei C. Leinemann's Kunstanstalt – Verlag und Etablissement für Mode und Reklame – können Berlins Konfektionshäuser „engros“ oder „detail“ neuzeitliche „Propaganda-Modebilder“ bestellen.

Neben Engros- und Detailgeschäften der Konfektion gibt es vor der Jahrhundertwende bereits die sogenannten „Modellgeschäfte“, die den „Maison d'Echantilloneurs“ von Paris entsprechen. Sie stellen nur Einzelmuster her als Vorbilder für das Mittel- und Stapelgenre, sowie für die ausländische Massenproduktion. Hier kaufte der deutsche, wie auch der ausländische Grossist seine Modellstücke in Preislagen zwischen 3 und 30 Mark. Frankreich tritt sogar als direkter Abnehmer auf, teils für den eigenen Bedarf, teils zum Weiterverkauf nach Südamerika.

Anregungen bieten den „Modellgeschäften“ die Berliner Couture, aber auch die Berliner Modehäuser wie Herrmann Gerson, V. Manheimer und D. Levin. Das größte Unternehmen – Herrmann Gerson – hatte 1894 einen Umsatz von 16 Millionen Mark gehabt, in einer Saison – also halbjährlich – Frachtsätze von 70 000 Mark allein für den Versand nach

England zahlen müssen. Gerson beschäftigte damals 500 bis 600 Zwischenmeister und 7000 bis 8000 Arbeiterinnen.

Die beiden anderen Firmen hatten Jahresumsätze von rund 10 Mill. Mark, während Mittelbetriebe durchweg eine Million im Jahr umsetzten und ganz kleine etwa bei 100 000 Mark Jahresumsatz lagen. Um diese Zeit der Jahrhundertwende war Berlin durchaus mit der Seine-Metropole gleichzusetzen, in gleicher Weise organisiert und hatte darüber hinaus ein viel breiteres Konfektionsangebot vorzuweisen, das auch bescheidene Wünsche zu erfüllen vermochte.

Mary Leineweber z. B. hatte den „Anzug von der Stange“ erfunden und verkaufte Männerhosen für eine Mark das Stück[14].

Sie wollte, dass auch der „kleine Mann“ zu seinem Recht kommen sollte, nicht nur was seine Kleidung betraf. Ihre „Landpartien“ in den Grunewald gelten als Muster späterer „Betriebsausflüge“.

„Landpartien“ zum Grunewald und auch anderswohin gehörten um diese Zeit zur beliebten, wenn auch bescheidenen Freizeitgestaltung der kleinen Leute von Berlin. Man fuhr auch zum „Seebad Wilmersdorf“, wo Familien nicht nur Kaffee kochen, sondern auch für zwei Pfennig Kuchenkrümel dazu kaufen konnten. Oder an die Oberspree, wo sich die ersten Wassersportler tummelten. Beliebt war auch die „Rixdorfer Schweiz“, wo als festtägliche Erbauung mit Schlachtenmusik und Kanonendonner „Die Erstürmung der Düppeler Schanzen“ als eine Art militärisches „musical“ über die Waldbühne ging.

Die Berliner hatten überhaupt eine ganze Reihe recht origineller Vergnügungen, z. B. den „Witwenball“ in den „Sälen an der Frankfurter Straße“. Dort hatten die Damen das Wort, die grundsätzlich in Brautgewändern erschienen[15].

„Na kleener Rothschild, woll'n wir mal een riskieren“, fordert eine solche „Witwe“ einen Besucher zum Tanz auf. Und

14 Siehe auch das Kapitel: „Mary Leineweber“.

als der erwidert „jewiß doch Frau Witwe“, sagt diese „Aber ick bin ja doch keene Witwe, ick will noch eene wern ...“

Oder ein anderes Gespräch, bei dem ein „Provinzler“ teilnehmend fragt: „Sind Sie schon lange Witwe?“ erwidert diese keck: „Ick Witwe? – ick bin Strohwitwe, mein Oller is Eisenbahner ...“

Als dieser Olle dann unerwartet auf der Tanzfläche erscheint, brüllt er los: „Also uff'm Witwenball treibst Du Dir rum, un zu Hause schrein de Jöhren. Marsch, Du infamijet Jeschöpf ...“

Beliebt ist auch das „Volksvarieté“, wo nur deshalb Kinder unter drei Jahren keinen Zutritt haben, weil sie stören. Dieses Familienvarieté versichert seinen Besuchern „Kontakte zwischen Publikum und Künstlern“. Eine Attraktion dieses Unternehmens ist die Posse „Maier mit dem sanften Blick ... (wenn se'n sehen, bringen se ihn mir zurück)“.

In Pankow tagte der Verein der „Herzensknicker“, der allmonatlich einen „Oberknicker“ wählte. Beliebt waren auch die Tanzlokale. Man tanzte bei „Schramm“ in Friedenau, in Tempelhof, in Rixdorf und anderswo Foxtrott, Rheinländer, Furlana oder den neumodischen Cake Walk.

Während man sich bis 1871 noch vornehmlich nach Wiener-Weisen oder Volksliedern im Tanz wiegte, verlangte nun das gewachsene Selbstbewusstsein der jungen Reichshauptstadt nach typischen Berliner Gesängen.

Paul Lincke, Victor Hollaender (dessen Sohn Friedrich heute in München lebt), Rudolf Nelson, Rudolf Förster und Ludolf Waldmann dichteten und komponierten. Um diese Zeit entsteht die berühmte „Berliner Luft“, sowie „Im Grune-

15 Ein interessanter Bestandteil der Berliner Konfektion waren die Masken- und Kostümhersteller, von denen auch noch in dem Kapitel „Die Dame mit den 1000 Toiletten“ die Rede sein wird. Zu vielen volkstümlichen Geselligkeiten, selbstverständlich auch zu Karneval, erschienen die Berliner maskiert. Solche Kostüme und Masken wurden ebenso wie Brautkleider, Fräcke und dergleichen bei einschlägigen Verleihgeschäften ausgeliehen.

wald ist Holzauktion bei Veitel Cohn und Kompagnon, da kost' die Fuhre Süßholz nur 'nen Taler …"

oder:

„Der Fritz ist Kommis,
er freut sich wie noch nie,
da heute Ultimo
eilt er zur Kasse froh.
Wie er das schwere Geld,
nun aufgezählt erhält,
ja fünfzig Mark famos,
da geht er mächtig los!
Refrain:
Ach einmal blüht im Jahr der Mai
nur einmal im Leben die Liebe …"

oder:

„Mittwochs mache ick mir tof,
Fahre raus nach Tempelhof,
ob es kalt ist oder heiß
schön ist es bei Kreideweiß.
Damen von der Konfektion
warten immer schon,
Jede hopst sich fast halbtot
für ne Portion Abendbrot,
Ja, beim Tanzen, wer's nich jlobt,
hat sich manche schon verlobt."

Ludolf Waldmann schrieb speziell für Berliner Tanzlokale. Das bekannteste seiner Lieder ist „Fischerin, Du kleine …", das als sehr „frei" empfunden wurde, von dem der Chronist bemerkt: „Mit diesem Lied wurde eine neue Zeit eingeleitet." Wieso eigentlich, fragt man sich heute, denn wer das kleine Lied kennt, findet es weder „frei" noch irgendwie weltbewegend. Da gab es weitaus saftigere Schnulzen: „Ernst, ach Ernst, was Du mir alles lernst …" oder „Kille, kille Pankow". Man sang und tanzte ganze Nächte hindurch, „… denn Bimmel-Bolle bimmelt, wenn der Morgen graut".

Paul Lincke gehörte zum festen Bestandteil von „Wintergarten“, „Apollo“- und „Passage-Theater“. Die Saharet tanzte „Eva vor dem Sündenfall“ – so jedenfalls nannte es die Kritik – und bei Kempinski, der 1891 in die Leipziger Straße übersiedelte, gibt es die bekannten „halben Portionen“.

Aber es wurden auch täglich 20 000 Austern vertilgt und für 300 000 Mark Kaviar jährlich. 7200 Gäste wurden im Tagesdurchschnitt bedient und die täglichen Einnahmen lagen bei 22 000-25 000 Mark, der Jahresumsatz bei rund 9 Millionen.

Im gleichen Jahr erschien dann auch die „Berliner Illustrierte“, 1898 die „Berliner Morgenpost“, und 1900 war die erste Rolltreppe bei Wertheim die neueste Kaufhaus-Sensation.

Berlin war nun schon lange mehr „keen Dorf nich“, Berlin war Weltstadt geworden. Seine Einwohner zählten fast drei Millionen.

Letzter Schrei der Weltausstellung von Paris im Jahre 1855 war der Schal! Der „Französische Longschal“ hatte die seit den 30er Jahren gebräuchlichen Türkischen Schals übertrumpft, und nun gehörte er zur Ausstattung einer jeden Dame, die etwas auf sich hielt. Diese Longschals waren mit allen modischen Raffinessen ausgestattet und kosteten zwischen 25 und 1000 Taler! Umgerechnet auf unsere Preisverhältnisse könnte man dafür beispielsweise heutzutage eine Nerzstola bekommen.

Die Berliner Konfektion, die zu dieser Zeit noch in den Kinderschuhen steckte, hatte sogleich ihre Chance erkannt. Sie entwarf einen Longschal für Frau Jedermann und siehe da: Man lag mal wieder „joldrichtig“. Die Nachfrage nach diesen Schals stieg so gewaltig an, dass im gleichen Jahr in Berlin 50 Schal- und Tücherfabriken entstanden, die nicht nur tout Berlin versorgten, sondern auch in die verschiedensten europäischen Länder exportierten.

Vor allem auf der Leipziger Messe wurden riesige Umsätze in diesem Artikel gemacht und Berliner Konfektions-Unternehmen, die damals häufig neben „Engros“ auch „En Detail“ handelten, engagierten Reisende und brachten damit die neuesten Schalmoden unter die Leute.

Damals beherrschte noch die Krinoline die Damenmode und Mäntel in ihrer heutigen Form waren unbekannt. Einfache Leute trugen im Winter wollene Umschlagtücher über ihren bauschigen Röcken. Bessergestellte griffen zur Mantille, für die Reise wählte man einen pelerinenartigen Umhang und zum Corso ‚Unter den Linden‘ zeigte man sich im modischen Longschal.

„Wie ein Lilienstengel aus der Tonne“, so beschreibt der in Potsdam geborene Modehistoriker Max von Boehn die Krinoline, „taucht der weibliche Oberkörper aus dieser flutenden

Masse von Stoff auf". Als in den 60er Jahren die Krinolinenmode verschwindet, geht nicht nur das Geschäft mit Longschals zu Ende, auch die Witzbolde und Karikaturisten haben die beliebteste Zielscheibe ihres Spottes verloren. Die „Fliegenden Blätter", so berichtet Max von Boehn, „mußten sich nunmehr auf Schwiegermütter, Leutnants, Juden, Studenten und Dackel" umstellen.

Die Berliner Konfektion aber stellte sich auf Mäntel um. Der Longschal war der Vorläufer des Mantels gewesen, Damenmäntel, wie wir sie kennen, gab es bekanntlich noch nicht. Der französische Schauspieler Talma, Regimentskamerad Napoleons, der sein Staatsoberhaupt aus gemeinsamen Leutnantszeiten kannte und mit dem Avancierten vor dem Spiegel stundenlang „kaiserliche Haltung und kaiserliches Auftreten" übte, dieser Talma kann als der Schöpfer des Damenmantels angesehen werden. Er hatte sich nämlich vor allem um das Theaterkostümwesen verdient gemacht, indem er mit dem Anachronismus auf der Bühne brach. Es war bis zum Anfang des 19. Jahrhunderts durchaus nicht üblich, dass die Schauspieler die Kleidung aus der Zeit wählten, in der die vorgeführten Stücke spielten. Christine Enghaus trug nämlich als Kriemhild in Hebbels „Nibelungen" noch eine Krinoline! „Als sie nun laut Regieanweisung tot umzusinken hatte, stand die Unglückskrinoline wie eine Glocke um sie herum, was bei dem Weimarer Publikum unvorhergesehene Heiterkeit erregte", berichtet Max von Boehn.

Der berühmte Talma, der von der kostümkundlichen Seite her das Theater reformierte, hat also unseren heutigen Damenmantel sozusagen aus der Taufe gehoben. Pate standen dabei zwei Feldherrn der britischen Armee: Sir Henry Raglan – Befehlshaber der britischen Landarmee im Krimkrieg – und Sir Havelock, um 1825 Befehlshaber der englischen Arme in Indien. Diese Damenmäntel aber wurden in Berlin so perfektioniert, dass der Berliner Mantel zu einem Gütebegriff in der ganzen Welt wurde und es bis heute geblieben ist! Seither bilden die „Mantelkönige“ die Spitze in der Hierarchie der Konfektion. Sie fahren bereits mit der zweispännigen Victoria vor, als ihre Kollegen aus den übrigen Branchen sich noch der gewöhnlichen Droschke bedienen.

Seither ist in Berlin 80 Prozent der gesamten deutschen Mantelfabrikation ansässig. Die Prinzipale sind immer „mittenmang“, immer selbst im Betrieb und dabei, denn ihre persönliche Tüchtigkeit bestimmt schließlich ihren Erfolg. Seit den 60er Jahren etwa reisen sie zweimal jährlich nach Paris und kaufen Originalmodelle bei Paquin, Redfern, Doucet, Beer, Béchoff-David, Bernard, Revillon und Drecoll, holen sich Anregungen in den Pariser Theatern, bei den Rennen in Longchamps und Auteuil sowie den vornehmen Restaurants.

Die Pariser Schneider betrachteten die regelmäßig aufkreuzenden Berliner Konfektionäre keineswegs als Konkurrenten, sondern als interessante Partner. Schließlich wollten ja die Berliner nicht einfach ihre Modelle kopieren, um sie ihrerseits an die Frau zu bringen, sondern die Pariser Ideen als Anregungen aufgreifen und ins Tragfähige übersetzen. Erst sehr viel später kamen auch die New Yorker und die Londoner auf diese Idee, als sie anfingen, nach Berliner Muster zu konfektionieren.

Um den Besuchern aus Preußens Hauptstadt ihre Arbeit zu erleichtern, und auch, um andererseits noch bessere Geschäfte mit ihnen zu machen, richteten die Pariser Couturiers sogenannte „Maisons d’Echantilloneurs“ ein, beschäftigten in ihren Häusern „Echantilloneurs“, die sich speziell der Berliner Mantelkönige und ihrer Wünsche annahmen.

Um die Jahrhundertwende gab es in Paris 12 „Dessinateurs de Figurines“ (Figuren-Entwerfer) sowie „Vendeurs d’Idee“ (Ideen-Verkäufer), die z. T. auch beratende Funktionen bei den Pariser Schneidern selbst ausübten. Ein zeitgenössischer Chronist sagt von ihnen: „Sie leuchten im Licht der Zentralsonne den großen Schneidern der halben Ganzwelt oder der ganzen Halbwelt!“

Michelet sagt: „Pour un tailleur, qui sent, modèle et rectifie la nature je donnerais trois sculptures classifiques". „Für ein Kleid, das als Modell empfunden und die Natur berichtigt, würde ich drei klassische Bildwerke geben!"

Thomas Mann äußerte: „Ein alter Baumeister pflegte zu sagen, daß, wer bauen wolle, zuerst die Vollkommenheit der menschlichen Figur erkannt haben müsse, denn in dieser seien die tiefsten Geheimnisse der Proportion verborgen." („Felix Krull"). Solchen und ähnlichen Erkenntnissen folgten auch die Echantilloneurs, die allerdings ihrerseits auch der Anregung bedurften.

Die Berliner „Mantelkönige", von Paris heimkehrend und mit den neuesten Ideen ausgestattet, wandelten die Modelle auf vielfältige Weise ab. Aus einem Pariser Originalschnitt entstanden durchschnittlich 60 bis 70 Konfektionsmodelle. Es hat vor dem Ersten Weltkrieg in Berlin einen Mantelfabrikanten gegeben, der im Jahresdurchschnitt 2400 verschiedene Mantelmodelle auf den Markt brachte.

Das führte schließlich dazu, dass sich die übrigen deutschen Konfektionszentren nun ihrerseits nach Berlin orientierten. Breslau und Erfurt beispielsweise bezogen ihre Modelle von der Berliner Mantelkonfektion, die sie ihrerseits wieder vereinfacht und verbilligt auf den Markt brachten. Breslau vor allem exportierte billige Konfektionsware vor dem Ersten Weltkrieg vornehmlich nach Russland und Österreich-Ungarn.

Berliner Mäntel wurden in alle Welt verkauft. Ein bedeutender Abnehmer waren vor allem die Vereinigten Staaten von Amerika. Zweimal, häufig sogar viermal im Jahr reisten die Einkäufer der Warenhäuser über den großen Teich, um in Berlin Mäntel zu kaufen. Einer der namhaftesten war Albert Oppenheim, geborener Deutscher und Inhaber der New Yorker Firma Oppenheim, Collins & Co. Die Berliner Mäntel wurden in New York so gut verkauft, dass Oppenheim, um seinen laufenden Bedarf zu decken, zeitweise in der Jerusalemerstraße ein Einkaufsbüro unterhielt. Hochbetagt, verlebte er seine letzten Lebensjahre in Wiesbaden, wo er 1913 noch seinen 80. Geburtstag feiern konnte.

Es gab auch Berliner Mantelhersteller, die besonders gängige Modelle speziell für die USA entwickelten und nach dort ebenso als Muster verkauften wie die Pariser ihrerseits Modelle nach Berlin. Diese „Muster“ wurden dann in New York als Massenartikel angefertigt und verkauft. (Siehe auch das vorherige Kapitel).

„Die Mantelkonfektion ist die Mutter der Konfektion“, sagt Moritz Loeb, „alle Branchen sind aus ihr entstanden.“ Aber daran sind nicht die Mantelkönige, ist vielmehr die Mode schuld, die, wiederum ein Kind ihrer Zeit, einmal das Kleid, das Kostüm, dann Rock und Bluse auf den Schild hob und wieder verwarf. Der Mantel aber blieb über alle Moderichtungen, Wetterlaunen und Zeitläufe hinweg ein unentbehrliches Kleidungsstück, das lediglich Façon, Material oder Muster änderte.

Wie ein Luchs verfolgen die Modegewaltigen diese Veränderungen, denn damals wie heute wollte ein jeder als Erster die neue Modeidee an seinen Modellen verwirklicht sehen.

Schreibt der „Confectionair“ unter dem 1. Juli 1899:

„Die Horcher wollen vernommen haben, dass Meister Worth und Pingat für die Confektion der Mäntel und Paletots der Herbstsaison dem engeren Ärmel ihre Gunst entziehen … bei Redfern wird man Herbstmodelle schaffen, die aus zweierlei Stoffen gehalten sind … bei Francis in der Rue Auber will man den Karpfen sich zum Muster nehmen …“ Man hört das Gras wachsen. Jedoch mit der gleichen Schnelligkeit, mit der die Konfektion ihre Informationen aus Paris erhält, erfahren mittels der Journale auch die Verbraucher bereits, was „man trägt“.

Klagt ein Konfektionär einem zeitgenössischen Chronisten: „Vor ein paar Jahren noch, wenn da der Reisende mit der neuen Mustercollection in der kleinen Stadt ankam und seine Koffer auspackte, da sammelte sich ein Kreis staunender

Die großen Vier: Chef, Konfektionär, Direktrice und Zuschneider betrachten die in Paris gekauften Modelle

„Aus Eins mach' Vier!" oder: Ein Meisterstück des Konfektionärs

Vor dem Start zum Wettrennen um die Gunst der Kundschaft. Die große Reisekanone mit der Schlagerkollektion

(Aus: „Illustrierte Textil-Zeitung", Berlin 1929)

Bewunderer um das „Mädchen aus der Fremde“ und ein „Ah“ nach dem andern entrang sich den Lippen der Zuschauer. Jetzt heißt es: „Ja, aber bitte – da habe ich neulich in einem Journal von der und der neuen Façon gelesen: die fehlt ja ganz wie mir’s scheint, in ihrer Collection, werther Herr …“ Und kaum, dass die Mode bekannt geworden, der lange Damenpaletot in den Gesichtskreis der Ostrowoer Schönen getreten ist, so liefert die Confection ihn, der eben noch nicht unter 80 Mark zu haben war, ‚genau denselben‘ auch schon für 30 Mark …“

Die Zusammenarbeit mit den Futterstoffwebern wird für die Mantelkönige immer wichtiger. Aachen ist ein bedeutender Lieferant, Guben und M.-Gladbach ebenfalls. Futterstoffe liefern die Seidenwebereien von Krefeld, Elberfeld und Rheydt. Hier gilt es ebenfalls, stets die Hand am Drücker zu haben. „Leider wird Rohware immer knapper“, meldet der „Confectionair“ im Herbst 1898, „besonders in den grünlich-modefarbigen Covercoats …“

Das sind so die Sorgen von Anno dazumal, aber der fachkundige Leser, der diese Zeilen zu Gesicht bekommt, findet, dass die Sorgen der Konfektionäre eigentlich im Grunde immer die gleichen geblieben sind. Und auch den nachfolgenden Seufzer wird er verständnissinnig akzeptieren:

„Neben der nun bald beginnenden Eröffnung der Wintersaison“, berichtet das Journal weiter, „beherrscht unsere Confectionäre nun schon immer mehr die Neumusterung für den Sommer. Sie haben bereits damit begonnen, die neuen Stoffcollectionen der Tuchfabriken anzusehen. Die Qual der Wahl wird groß werden, denn man muß viel, viel sehen! Hauptfarbe für den Sommer wird grün bleiben und zwar in allen Nuancen von forstgrün bis zum allerneuesten blaugrün. Besonders blaugrüne Farben dürften stärker als je beachtet werden …“

Im Todesjahr Bismarcks, im Sommer 1898, wurde dann „Etoffe Bismarck“ dernier cri, er war es schon einmal, nämlich

1866, unmittelbar nach dem Nikolsburger Frieden, der den angehenden Reichskanzler ungemein populär gemacht hatte.

Der deutsch-französische Krieg und der wirtschaftliche Aufschwung danach ließ auch die Zahl der Konfektionsbetriebe, vor allem diejenigen der Mantelhersteller, so stark anwachsen, dass organisatorische Zusammenschlüsse notwendig wurden. 1906 wurde der „Verband deutscher Damen- und Mädchenmäntelfabrikanten" gegründet[16]. Diesem ersten, organisatorischen Zusammenschluss folgten nach und nach auch die übrigen Gruppen der Damen-Oberbekleidung. 1920 schließlich finden sich alle im „Verband der deutschen Modeindustrie" zusammen. Man will die „Durchreise" abschaffen und stattdessen eine „Modewoche" einführen, verbunden mit Ausstellungen wie „Kunst und Mode" sowie verschiedenen geselligen Veranstaltungen. Die „Modewoche" soll jeweils am zweiten Montag im Februar für die Sommer- und am zweiten Montag im August für die Wintersaison beginnen.

Auch hatte man die Idee, in Berlin – nach Leipziger Vorbild – eine „Konfektionsmesse" mit Verkaufsständen ins Leben zu rufen. Mit einem Empfang im Marmorsaal des Zoo fand die Gründerversammlung der „Berliner Modewoche" statt, an der unter vielen prominenten Gästen auch Reichs-

16 Die Konfektion hatte sich nämlich am längsten von Absprachen aller Art frei gehalten. Es war der „Verband deutscher Damen- und Mädchenmäntelfabrikanten", der als erste Gruppe den Missständen bei der Regulierung der Zahlungen und den Retouren entgegenwirkte und einheitliche Verkaufs- und Lieferungsbedingungen festsetzte, also die ersten Konditionen schuf – zunächst noch einseitig – ohne Mitwirkung der Abnehmerkreise. Auf Ersuchen der Abnehmer, die sich inzwischen in Hamburg zum „Verband deutscher Detailgeschäfte der Textilbranche" zusammengeschlossen hatten, fand man sich jedoch schon bald zu gemeinsamen Verhandlungen bereit. Die „Mantelkonvention" trat am 1. Dezember 1907 in Kraft. Wie die Handelskammer Berlin berichtete, kam es schon bald danach, nämlich am 1. Januar 1908, auch in den übrigen Branchen zu ähnlichen Abmachungen. Die Blusen- und Kostümfabrikanten vereinigten sich in dem „Verband für Blusen, Kostüme und verwandte Artikel" und schlossen unter Verständigung mit den Abnehmern gleichfalls eine Konvention ab, die sich unter Berücksichtigung der Spezialverhältnisse der Branche eng an die Konventionen der Mantelhersteller anschloss.

kanzler Bauer, der Berliner Polizeipräsident Ernst, sowie Dr. von Bülow als künstlerischer Beirat anwesend waren.

Aus der ganzen Sache ist dann nichts geworden. Die Berliner Konfektion blieb bei ihrer „Durchreise", und sie ist es bis heute geblieben. Lediglich im Februar 1925 fand in den Ausstellungshallen am Kaiserdamm eine Konfektions-Messe statt. Sie wurde allerdings nicht wiederholt.

Was aber, so fragt man sich angesichts so bemerkenswerter Resultate, die Berlins Konfektion nun seit beinahe einem Jahrhundert vorzuweisen hatte, was wäre aus ihr geworden, hätte nicht gerade zur rechten Zeit ein Mann mit Namen Elias Howe die Nähmaschine erfunden? Er war zwar nicht der Einzige – wie wir im nachfolgenden Kapitel hören werden – aber der einzige Erfolgreiche bei dieser umwälzenden Erfindung, der „Eisernen Hand". 1853 wird sie erstmalig in Berlin eingesetzt, bei der preußischen Armee!

300 STICHE IN DER MINUTE …

300 Stiche in der Minute! – Das ist eine der Sensationen der Weltausstellung von 1851 im Londoner Kristallpalast. 300 Stiche in der Minute vermag ein Apparat auszuführen, den man Näh-Maschine nennt. Bestaunt, bewundert und – belächelt von den 6 390 000 Besuchern aus aller Welt, die zu diesem Ereignis an die Themse kamen.

Belächelt auch von uns – mehr als hundert Jahre danach – da doch die Tourenzahl von 5000 Stichen in der Minute einer elektrisch arbeitenden Nähmaschine eines modernen Bekleidungsbetriebes etwas ganz Alltägliches geworden ist. Belächelt aber wird auch die Anzeige, die an einem Märzmorgen des

Jahres 1845 in dem Ein-Cent-Massenblatt „New York Herald“ erscheint[17].

„Einladung zum Wettnähen“, heißt es da in fetter Antiqua und „an die verehrliche Damenwelt gerichtet“ fährt der Text fort: „… rufe ich die tüchtigsten Näherinnen auf, in einen Wettstreit zu treten mit mir und meinem Nähapparat. Jede Dame, die bereit ist, mit mir um die Wette zu nähen, erhält eine Fünf-Dollar-Prämie und eine jede, die mich zu übertrumpfen vermag, eine goldene Uhr an einer zierlichen Kette …“

Damen, die diese Anzeige im Aushang des „New York Herald“ lesen, lächeln maliziös, zupfen ihre Umschlagtücher zurecht und trippeln mit wippenden Krinolinen von dannen.

„Haben Sie das gelesen, meine Liebe? Ein Mann will mit uns um die Wette nähen? Mit einem Näh-Apparat? Ein ulkiger Kauz muss das sein. Den möchte ich mir mal ansehen. Aus Neugierde, versteht sich.“

„Gewiss Madame“, nickt ihre Begleiterin beifällig, „und den Mann möchte ich kennenlernen, der mir in der Näherei etwas vormachen will …“ Und dabei denkt sie insgeheim an die angezeigte Uhr, am zierlichen Goldkettchen um den Hals zu tragen. Diese Mode war vor gar nicht langer Zeit aus Paris herüber gekommen …

Der Mann, der diese Annonce aufgegeben hat, heißt Elias Howe. Er hat sich diesen originellen Plan ausgedacht, um mit diesem Näh-Wettstreit die Aufmerksamkeit der Öffentlichkeit auf seine Erfindung zu lenken.

Die „verehrliche Damenwelt“, die der junge Erfinder zum Wett-Nähen geladen hatte, verfolgt amüsiert kichernd das kuriose Schauspiel, das sich ihr bietet. Immerhin haben sich einige Damen bereit erklärt, mit Nadel, Faden und Fingerhut auf herkömmliche Art den Wettkampf mit Howes „Eiserner Hand“ aufzunehmen.

17 Ein-Cent-Massenblatt „New York Herald“ v. James Gordon Bennett, 1835 gegr.

Mit 60 Stichen in der Minute liegt die flinkste der Handnäherinnen an der Spitze. Aber Elias Howe übertrumpft sie mit seiner Maschine, die immerhin das Fünffache, nämlich 300 Stiche in der Minute, ausführen kann.

So ungleich uns dieser Wettkampf auch heute erscheinen mag, so überrascht, fassungslos und erstaunt erschien dieses Ergebnis den anwesenden Damen. Der junge Erfinder aber hatte erreicht, was er erreichen wollte: New Yorks Zeitungen berichteten über seinen „Wunder-Apparat", und er kam ins Gespräch.

Auf diese Weise wurde auch ein Mann auf ihn aufmerksam, der ein ausgeprägtes Gefühl für Dinge hatte, für die die Zeit gerade reif war: Isaak Merrit Singer! 1811 in Oswego im Staate New York geboren, entstammte er einer Familie, die um die Wende zum 19. Jahrhundert aus der Gegend von Heidelberg nach Amerika eingewandert war.

Er traf diesen Mann auf einer Gesellschaft, wo Howe mit seinem Freund und Geldgeber Fisher erschienen war, dem er mit seiner Maschine einen Anzug genäht hatte. Der Anzug wurde allerseits bewundert, aber auch das Für und Wider, notwendige Verbesserungen und mögliche Verwendung in der gerade aufstrebenden Industrie wurden erörtert.

Singer ließ sich Howes „Wunder-Apparat", wie er fortan in den New Yorker Kaffeekränzchen genannt wurde, vorführen und erkannte sofort den Wert, der in dieser Erfindung steckte. Er ließ die Maschine durch zusätzliche Erfindungen noch weiter entwickeln, verbesserte vor allem ihr Äußeres und schickte sie zur Londoner Weltausstellung.

Enttäuschungen blieben jedoch auch Howe nicht erspart. Der englische Fabrikant Thomas, der Koffer, Regenschirme und Schuhe damit nähen wollte, suchte ihn zu übervorteilen, und auch Singer erhob Anspruch auf diese Erfindung, an der er lediglich zweitrangige Rechte hatte. Erst nach einem Monstre-Prozess, der sich jahrelang hinzog, wurde Elias Howe das Recht an seiner Erfindung zugesprochen.

Singer übernahm die Fabrikation der Nähmaschine und zahlte Howe die ihm zukommenden Anteile, eine Art „Lizenzgebühr". Howe wurde ein solch vermögender Mann, dass er sogar mit eigenen Mitteln eine Brigade ausrüsten konnte, die im amerikanischen Bürgerkrieg kämpfte. Frankreich verlieh ihm das Kreuz der Ehrenlegion, aber allzu lange hat er seinen Reichtum nicht mehr genießen können. Er starb mit 48 Jahren am 3. Oktober 1867.

„Es gibt Dinge, die liegen in der Luft. Wenn ihre Zeit gekommen ist, drängen sie durch offene Fenster herein", sagt Reinhard Göring in seiner bekannten „Seeschlacht". So war es auch mit der Nähmaschine. Singer, im freiheitlichen Amerika, hatte ihre Bedeutung schnell erkannt, aber im alten Europa war man mit allzu vielen Vorurteilen belastet.

Howe war nämlich keineswegs der Einzige, der sich über die Mechanisierung des Nähvorgangs Gedanken gemacht hatte. Schon 1755 – also rund 100 Jahre früher – hatte der Deutsche Frederic Weisenthal, in England lebend, die ersten Nähversuche mit Hilfe einer Maschine gemacht. Leider blieb dieses Instrument nicht erhalten, so dass wir keine Vorstellung haben, wie es funktionierte.

Ein anderer Erfinder war Thomas Saint, ein Engländer, der 1790 eine Nähmaschine konstruierte. Im Gegensatz zu Weisenthals Nähapparat blieb sie erhalten und ist im englischen Nationalmuseum zu sehen. Sie ist ganz aus Holz gefertigt, in der Ausführung noch sehr unvollkommen und praktisch kaum verwendbar.

Beim Zipfelmützennähen hatte sich Balthasar Krems aus Mayen in der Eifel überlegt, dass er sehr viel schneller vorwärts kommen und weitaus mehr Mützen am Tage anfertigen könne, wenn er den Rand mit einer nähenden Maschine absteppte. Am 27. November 1760 geboren, beschäftigte er sich etwa seit 1790 mit dieser Erfindung. Er baute seine „Eiserne Hand" zuerst als Modell aus Holz und fertigte sie dann aus Metall.

Die Konstruktion des Balthasar Krems war vor allem schon weiter vorangetrieben als die seiner Vorgänger, weil seine Maschine bereits den Kettenstich mit endlosem Faden auszuführen vermochte, ein Element, das später nochmals und unabhängig von Krems Erfindung entwickelt wurde. Auch hatte die Nadel seiner Nähmaschine das Öhr an der Spitze, während die vorangegangenen Modelle das Öhr am Ende – wie bei der Handnähnadel – hatten. (Andere Erfinder hatten auch Hakennadeln verwendet.)

Krems trachtet nicht nach Erfinderruhm und Reichtum. Auch die politischen Verhältnisse – das Rheinland ist zu dieser Zeit von Napoleons Truppen besetzt – sind nicht gerade günstig, eine solche Erfindung an die Öffentlichkeit zu tragen. Ihm genügte es, wenn er deutsche Schlaf- und französische Jacobinermützen mit 100 Stichen in der Minute mindestens doppelt so schnell herstellen konnte wie seine handwerkliche Konkurrenz. Die Methode seiner Maschine hat sich bis heute im Prinzip noch in den sogenannten „Nassnähmaschinen" der Textil-Stückfärbereien erhalten. Die Nähmaschine selbst wird im Museum des Eifelvereins aufbewahrt, in der Genoveva-Burg, hoch über dem idyllischen Mayen.

Balthasar Krems starb 1813 als wohlhabender Mützenwirker. Seine Mitbürger setzten ihm ein Denkmal, zu dem der letzte seines Geschlechtes – ein Strumpfwirker, der 1940 starb – Modell gestanden hat.

Dass die Männer, die beruflich mit Nadel und Faden umgingen, sich bei ihrer Arbeit Gedanken darüber machten, wie diese zu vereinfachen oder zu erleichtern sei, liegt nahe. Ist es in Mayen der Mützenwirker Krems, so ist es in Kufstein der Schneidermeister Joseph Madersperger, der sich an die Konstruktion einer Nähmaschine macht. In der Zeit von 1807 bis 1830 arbeitet er an seiner Erfindung, die bereits einen ähnlichen Stich wie unsere heutigen Haushaltsnähmaschinen näht. Sie kommt damit dem Prinzip der Konstruktion von Elias Howe sehr nahe.

Älteste deutsche Nähmaschine des Balthasar Krems, aufbewahrt im Heimatmuseum Mayen/Eifel.

Leider aber findet der Konstrukteur bei seinen Zeit- und noch weniger bei seinen Zunftgenossen Verständnis für seine Idee. Sie befürchten nämlich, die Maschine würde die Handwerker brotlos machen. Deshalb ist kein Fabrikant bereit, das von Madersperger entwickelte Instrument zu bauen. Jahrelang muss er warten, bis ihm sein Patent erteilt wird, denn in Österreichs Hauptstadt tagt der „Wiener Kongress“, dem die Neuverteilung Europas seit Napoleons Verbannung nach Elba und die „gottgewollten“ Machtansprüche der Fürsten mehr am Herzen liegen als irgendeine zukunftsträchtige Erfindung.

Als er das Patent 1814 endlich erhält, ist er so arm, dass er es nicht einmal bezahlen kann. Er stirbt im Alter von 83 Jahren am 2. Oktober 1850. Da er seinen gesamten Besitz in seine Konstruktion gesteckt hatte, bleibt nicht einmal Geld für seine Begräbnisstätte, so dass er in einem Massengrab beigesetzt werden muss.

Aber noch ein anderer Schneidermeister hatte sich Gedanken darüber gemacht, wie seine Näherei zu mechanisieren sei. Der Franzose Bartholomäus Thimonnier hatte sich nämlich – ungefähr zur gleichen Zeit wie Howe und Madersperger – an einer nähenden Maschine versucht. Er hatte zunächst sogar mehr Erfolg als sein armer Kollege aus Kufstein, denn er konstruierte bereits 80 Nähmaschinen, die in seiner Militär-Kleiderfabrik arbeiteten. Dann aber ereilte ihn das gleiche Schicksal wie Madersperger, das übrigens auch Charles-Maria Jacquard traf, der den Jacquard-Webstuhl erfand und deshalb – etwa zur gleichen Zeit – von den Lyoner Webern hart attackiert wurde. Die Schneider befürchteten den Verlust ihrer Arbeitsstätten und zerschlugen alle Nähmaschinen.

Während jedoch Jacquard trotz der Zerstörungswut der Lyoner Weber seine Erfindung durchsetzen und sich behaupten konnte, haben die berühmten Schneider der französischen Metropole es fertig gebracht, eine Erfindung zunichte zu machen, die doch gerade ihnen zugutekommen sollte. Thimonnier, der 1845 sein Patent erhält, muss fliehen. Sein Besitz ist vernichtet und die einzige Lebensmöglichkeit, die ihm bleibt, besteht darin, seine Nähmaschine als „Mechanische Kuriosität“ auf den Jahrmärkten gegen einen Sou Eintrittsgeld vorzuführen.

Einzige Hoffnung blieb noch die Londoner Weltausstellung. Doch Thimonnier kam zu spät in die Themse-Metropole und musste zusehen, wie Howe den Lorbeer erhielt. Thimonnier starb 64jährig am 5. August 1857, zu einer Zeit, als in Deutschland bereits die Fabrikation von Nähmaschinen in vollem Gange war.

Die Erfindung einer nähenden Maschine kommt gerade zur rechten Zeit, als sich die Konfektion in Berlin zu einem maßgeblichen Gewerbe entwickelt.

Christian Mansfeld begann 1853 als erster mit ihrer serienmäßigen Herstellung. Viele inzwischen bekannte Namen entstanden, die uns zu einem großen Teil bis heute geläufig sind[18]. Die deutschen Fabrikanten hatten es zunächst nicht leicht, sich gegen die amerikanische Konkurrenz zu behaupten, die inzwischen schon auf dem deutschen Markt eingeführt war. Es waren vor allem die laufenden Verbesserungen,

18 Christian Mansfeld (1853) und Clemens Müller (1855), Dresden, Karl Baer und Heinrich Koch (1859) Adler-Werke in Bielefeld, Georg Haid und Karl Neu (1860) „Nähmaschinenfabrik Karlsruhe", Adolf Knoch AG (1860) Saalfeld/Sachsen, Pfaff-Werke, Kaiserslautern, von G.M. Pfaff gegr. (1862), Mundlos AG., Magdeburg (1863). Im gleichen Jahr wurde auch die Victoria-Nähmaschinenfabrik GmbH von Richard Knoch in Saalfeld/Sachsen und die Titan-Nähmaschinenfabrik Gustav Winselmann GmbH in Altenburg/Thüringen gegründet. 1865 errichteten Baer und Rempel die Phoenix-Werke in Bielefeld, 1867 begann die Dürrkopp AG. Bielefeld ihre Produktion unter der Leitung von Nikolaus Dürrkopp und Karl Schmidt. – In Österreich stellte 1868 die Firma Rast & Gasser, Wien, als „Oesterreichische Nähmaschinen-Fabrikationsgesellschaft mbH" erstmalig Nähmaschinen her, im gleichen Jahr Seidel & Naumann in Dresden und Singer AG in Wittenberge bei Potsdam, als Zweigwerk der amerikanischen Singer-Werke. 1871 entstanden in Altenburg/Thüringen die Firmen Hermann Kochler und die Vesta-Nähmaschinenwerke L.O. Dietrich. 1872 sanierte sich die Gritzner-Kayser AG. in Durlach, die bereits 1864 von Joh. und Friedrich Kayser gegründet worden war. 1876 errichtete Carl Schmidt, bereits Mitinhaber von Dürrkopp, die Anker-Werke in Bielefeld. Es sei noch erwähnt, dass eine Nähmaschine mit Fußantrieb um 1938 rund 1800 Stiche in der Minute ausführen konnte, während heute eine moderne Nähmaschine mit Kraftantrieb bei einer Höchstleistung von etwa 5000 Stichen liegt.

mit denen sich die deutschen Fabrikate schließlich durchzusetzen wussten[19].

„S. Pappenheims Wwe., Berliner Hauptagentur zum Verkauf von Nähmaschinen in der Königlichen Bauakademie, Laden Nr. 4", verspricht ihren Kunden: „… daß jeder Käufer eine bewährte Gebrauchsanweisung zur Selbstbelehrung erhält". Außerdem verlangte die Handhabung dieser Maschine nicht nur technischen Sachverstand, sondern auch körperliche Kräfte in hohem Maße.

Frauen konnten diese Apparaturen zunächst überhaupt nicht bedienen. Sie wurden, im Anfang wenigstens, auch nur für die gröberen Näharbeiten verwendet. In größeren Bekleidungsbetrieben hatte man für diese Arbeiten einen besonders kräftigen Mann, der für seine Maschinennäherei von seinen handwerklichen Kollegen mit einem Teil ihres Lohnes bezahlt wurde.

Der „Phoenix", eine „Modenzeitung für Herrenbekleidung", berichtet im September 1853 über die „neuzeitlichen Nähapparate":

„Die patentierte, amerikanische Nähmaschine nimmt fortwährend das Interesse der beteiligten Gewerbetreibenden in Anspruch. Zugleich hat sich das oekonomische Departement des königlichen Kriegsministeriums veranlasst gefunden, ein Exemplar dieser Maschine anzukaufen und zu diesem Zweck drei Mann kommandiert, um dieselbe in der Maschinenbauanstalt des Herrn Baermann, Berlin, Koepenickerstraße 71, einzuüben."

19 So konstruierte der Nähmaschinenfabrikant John Kayser 1882 die erste deutsche Langschiff-Nähmaschine mit „seitlich bewegbarer Nadelstangenführung", sowie die Zick-Zack-Nähmaschine, die beide patentiert wurden. Johann Neidlinger aus Hamburg brachte schließlich ein Patent heraus, das vor allem solchen Maschinen zugutekam, die in der Bekleidungsindustrie verwendet wurden. 1884 wurde auch diese Konstruktion patentiert, deren Grundidee heute noch in der Zick-Zack-Nähmaschine moderner Ausführung zu erkennen ist. Das Patent gelangte über Singer nach den USA.

Es ist die erste Nähmaschine, die in Berlin betrieben wird. „Die Resultate, welche auf diese Weise erzielt worden sind", heißt es im „Phoenix" weiter, „haben den königlichen Oberstlieutnant Herrn von Ilyner bewogen, dieselbe der Armee zur allgemeinen Anwendung anzuempfehlen."

Mit Annoncen in Fach- und Tageszeitungen wirbt S. Pappenheims Wwe.s Agentur für die von ihr vertriebene Nähmaschine und klärt die Interessenten über deren verschiedene Einsatzmöglichkeiten auf. So heißt es hier:

„Sie (die Nähmaschinen) werden hiernach benutzt: In Kleiderfabriken für Damen- und Militärbekleidung, in Fabriken für fertige Wäsche zu den feinsten und gröbsten Arbeiten, in Corsett-Fabriken, in Schuh- und Stiefelfabriken, zu Gummistoffen, Leder und gewebten Stoffen jeder Art, in Taschner- und Riemerwerkstätten zu den verschiedenen Zwecken, z. B. auch zum Durchnähen der starken Maschinentreibriemen mit Riemenfäden und runden Nadeln. Ferner wird die Maschine in Mützenschirmfabriken zum Einfassen der Mützenschirme aus Leder, Tuch und Pappe benutzt, in Kattunfabriken und Färbereien zum Zusammenheften der Stoffbahnen, in Strumpfwirkereien zum Zusammennähen der Strümpfe, in Schirm- und Handschuhfabriken."

Zu diesen weitläufigen Ausführungen heißt es dann abschließend: „Den Reflectanten werden beliebig ausgedehnte Versuche vorgeführt und die nötige Anweisung in Gebrauch und Instandhaltung der Maschine mitgegeben."

Die Nähmaschine führte sich schnell ein. Die bösen Prophezeiungen ihrer Gegner wurden nicht wahr, die Schneider blieben in Arbeit und Brot. Karl Marx hat übrigens deren kurzsichtige Auffassungen nie geteilt. Er schreibt in seinem „Kapital" zur Einführung der Nähmaschine: „Die entscheidend revolutionäre Maschine, welche die sämtlichen zahllosen Zweige dieser Produktionssphäre (Hausbetrieb) wie Putzmacherei, Schneiderei, Schusterei usw. gleichmäßig ergreift, ist die Nähmaschine! … Kinder im unreifsten Alter wurden entfernt! Der Lohn der Maschinenarbeiter steigt verhältnismäßig zu dem der Handarbeiter, wovon viele zu den Ärmsten der Armen gehören …"

Allerdings ist die Nähmaschine nicht bei Elias Howes Erfindung stehen geblieben. Wir erwähnten bereits Detailverbesserungen durch verschiedene deutsche Konstrukteure. Einen sehr wertvollen Verbesserungsvorschlag machte aber auch der Amerikaner A. B. Wilson. Er erfand schon 1852 die „Umlauf-Greifernähmaschine mit Brille". Mit dieser Entwicklung lassen sich zugleich wieder weitere Konstruktionsideen vorantreiben. Ihre äußere Form aber erhält die Nähmaschine 1888 durch den Amerikaner House und den Deutschen Schlaicher. Singer und Neidlinger waren es letztlich, die sich betont für die Verbreitung und den Absatz der Nähmaschinen einsetzen.

1875 zählt man in deutschen Schneiderwerkstätten bereits 141 764 Nähmaschinen, die mit Trittbewegung angetrieben wurden. Ihr Preis liegt 1894 zwischen 115 und 135 Mark. Kleingewerbetreibende kaufen sie meist auf „Abschlag" mit 75 Mark Anzahlung und 5 Mark Wochenraten. Vielfach aber werden sie auch von den Agenturen gegen entsprechende Gebühren entliehen.

Die Londoner Weltausstellung hatte aber nicht nur die Nähmaschine, sondern auch eine Zuschneide- und eine Knopflochmaschine der Öffentlichkeit vorgestellt. 10 bis 15 Lagen konnte eine Zuschneidemaschine zurechtschneiden, für die damals noch vier bis fünf Zuschneider nötig waren. Großbetriebe, die sich eine solche „Rationalisierung" leisten konnten, waren in der Lage, wöchentlich 1000 bis 1300 Anzüge anzufertigen.

Den Zwischenmeistern und Heimarbeiterinnen der Berliner Konfektion kann sie zu dieser Zeit noch ebenso wenig nützen wie die Knopflochmaschine, die 25 bis 30 Sekunden für ein Knopfloch brauchte, für das eine geschickte Näherin zehn Minuten aufwenden muss. Die teuren Maschinen – Anschaffungspreis zwischen 450 bis 500 Mark – lohnen einen Einsatz nur in einem größeren Betrieb, wo ihre Leistungen weitgehend ausgeschöpft werden können. Sie sind ihrer Zeit voraus, denn noch sind Arbeitskräfte billig. Daran ändert allerdings das nunmehr beginnende Wirtschaftswunder anno 1871 einiges.

WIRTSCHAFTSWUNDER 1871

Sie wollten nicht unverrichteter Dinge nach New York zurückkehren, die Einkäufer der großen Warenhäuser nämlich, die im Spätsommer 1870 auf dem Weg nach Europa waren, um in Paris modische Fertigkleidung einzukaufen. In Frankreich wird gerade der deutsch-französische Krieg ausgetragen, Paris ist belagert, und so entschließt man sich kurzerhand, geradewegs nach Berlin zu fahren. Es hatte sich nämlich herumgesprochen, dass in Berlin modische, tragfähige und preiswürdige Konfektion angefertigt wird. Die amerikanischen Kaufleute finden diesen Ruf nicht nur bestätigt, ihre Erwartungen werden sogar weit übertroffen.

Ein großes New Yorker Warenhaus „stieg sogar ganz groß ein“, wie es branchenüblich heißt, und erteilte einem Berliner Konfektionshaus einen geschlossenen Auftrag in Mänteln über 154 000 Mark. Das war noch nicht dagewesen! Man hatte an eine Übergangslösung gedacht, als man 1870 zum Einkauf nach Berlin fährt – entschlossen, wieder auf Paris zurückzukommen, sobald die politische Lage bereinigt ist. Aber man fährt auch künftig nach Berlin, und Paris verliert seitdem einen großen Teil seines Mantelexportes an die deutsche Hauptstadt.

Die Blütezeit der Berliner Konfektion beginnt. Nicht nur die USA, auch England wird ein bedeutender Kunde, so dass die Exportziffern im Jahresdurchschnitt bei rund 100 Millionen Mark liegen. Etwa 90 Prozent davon sind Mäntel. Zu den Mänteln gesellen sich auch bald andere Kleidungsstücke, als Generalpostminister Stephan – „Post-Bismarck“ und „Vater der Postkarte“ genannt – nun den Fernsprecher einführt. Das Telefon macht weibliches Bedienungspersonal notwendig, und so kommt es, dass Frauen und Mädchen – bisher lediglich in Krankenpflege, Erziehung und hauswirtschaftlichen Berufen geduldet – erstmalig in einem gänzlich neuen Arbeitskreis tätig werden: Als Vermittlerin im Fernsprechdienst der Post!

Die „Klingelfee“ wird zu einem beliebten Beruf, der vielerlei „Verbindungen“ verspricht, und alle Welt trällert:

Hallo, Du süße Klingelfee,
hallo, wenn ich so lang hier steh’,
dann fasst mich der Kummer,
ich komm auf keine Nummer …“

Die Klingelfee wird zum festen Personalbestand der Deutschen Reichspost, als man am 1. April 1881 in Berlin mit 48 Teilnehmern das erste deutsche Fernsprechnetz eröffnet. Die neuartige Berufstätigkeit verlangt von den Frauen und Mädchen praktische Kleidung. Mehrteilige Kleidungsstücke – Separates sagen wir heute – wurden beliebt. Zum fußlangen Rock trägt man nun die Tricottaille. Sie wird zwischen 1880 und 1909 große Mode, denn sie ist unerhört praktisch. Es handelte sich bei diesem beliebten Kleidungsstück um ein feinmaschiges Gewirk, das an den späteren „Sweater“ amerikanischer Herkunft erinnert und über den Kopf gezogen wird.

Die Tricottaille ist außerdem eine Original-Berliner Modellschöpfung. Daher nimmt die Konfektion sich ihrer auch mit besonderer Sorgfalt an, ziert Tricotaille mit Soutache, Borten, Perlen und macht sie mit Hilfe von Strass – jener Schmucksteine, die der Straßburger Juwelier Pierre de Strass entwickelt hatte – sogar „salonfähig“ im wahrsten Sinne des Wortes.

Eine ungeheure Nachfrage nach diesen praktischen Jersey-Taillen, wie sie auch genannt werden, setzt ein. Jahr für Jahr werden damit Millionen-Umsätze, insbesondere nach den USA, getätigt.

Während dieser Zeit gibt der Inhaber eines großen New Yorker Konfektionshauses der Firma V. Manheimer einen Auftrag in Tricottaillen im Werte von einer Million Mark! Es ist in der Konfektion der größte geschlossene Exportauftrag aller Zeiten! Der Mann, der ihn erteilte, ist David L. Einstein, weitläufig verwandt mit dem damals noch völlig unbekannten Vater der Relativitätstheorie, der in den 20er Jahren an Berlins Friedrich-Wilhelm-Universität lehrte und wirkte. Als David L. Einstein am 13. Mai 1909 mit 70 Jahren in London stirbt, widmen ihm die Zeitungen rühmende Nachrufe, denn er ist nicht nur wegen dieses außergewöhnlichen Auftrages zu Berühmt-

Fernsprechvermittlungsamt Berlin um die Jahrhundertwende, als der Schlager von der „süßen Klingelfee“ entstand.

(Aus: Berliner Illustrierte Jgg. bis 1908)

heit gelangt, sondern auch bekannt ob seiner großen Wohltätigkeit und Menschenfreundlichkeit in New York und darüber hinaus.

Die Konfektion hatte dann auch für diese Tricottaillen-Welle einen passenden Schlager zur Hand und man sang:

„Eine Trico-Trico-Trico-Tricottaille hat' Se an
Stiefel ohne Sohlen und kein Absatz dran …"

Die Bluse ist es, die die Tricottaille schließlich ablöst. Sie bringt der Konfektion neue Impulse nach vielen Richtungen. Das Kostüm – aus Jacke und Jupon entwickelt – kommt auf, der Jupon wird immer reicher ausstaffiert. Die Bluse vor allem bedarf der Rüschen, Spitzen, Knöpfe, Bänder und ruft damit eine ganze Serie neuer Herstellungszweige auf den Plan.

Und wieder hat die Berliner Konfektion einen „Schlager" parat: Die „Oberlichtbluse". Sie ist eine Original-Berliner Modeschöpfung wie die Tricottaille, festlichen Gelegenheiten zugedacht, mit Dekollete, das durch Tüll, Spitzen oder Chiffon dezent überspielt wird. Wie ihre Vorgängerin, die Tricottaille, erreicht die „Oberlichtbluse" alle Schichten der Bevölkerung. Für die kleinen Leute von Berlin ist sie die „Sonntags-Ausgehbluse", die Sigmar Mehring besingt:

„Se wohnt im Kellerloche,
De Tochter vom Pochtjeh –,
Se schufft de janze Woche,
De Taille jing entzwee.
De janze Woche feit se,
Doch Sonntach macht se Schicht,
Am Sonntag nämlich träjt se
De Bluse mit Oberlicht!
Denn spielt se nu de Feine!
Denn sieht se beinah aus
Wie'n Schlächtermeester seine
Mamsell von's Vorderhaus.
Denn muß se imponieren,
Wenn ihr der Maxe spricht, –

Am Sonntach führt se spazieren
De Bluse mit Oberlicht.
Er paßt vorm Haustor nämlich
Uff ihr de janze Zeit
Und kiekt nach ihr – zu dämlich!
Er jlubscht wie nich gescheit!
Nun sahch, wat woll der Mann hat,
Det er son Rappel kricht
Am Sonntach, wenn se anhat
De Bluse mit Oberlicht!"

1879 gibt es in Berlin 71 Blusenhersteller, 1896 sind es bereits 151. Im gleichen Zeitraum wächst die Zahl der Weißwarenkonfektionäre von 46 auf 75, die der Fertiger von Kostümen von 23 auf 68. Die Blusenfabrikation wird so spezialisiert, dass sie mit der bisher führenden „Wiener Bluse" durchaus Schritt halten kann. Nicht zuletzt wird durch die modische Bluse auch die Plauener Spitzenindustrie stark gefördert, ebenso wie die Wäscheindustrie. Aus Bluse und Jupon entsteht schließlich das Kleid, und im ersten Jahrzehnt unseres Jahrhunderts beginnt dann auch in Berlin die Kleider-Konfektion, jüngstes Kind der Branche.

Wirtschaftliche Prosperität und Wohlstand nach dem 70er Krieg hat insbesondere auch die Wäscheindustrie gefördert. Erste Ansätze zu einer serienmäßigen Wäsche-Fabrikation gibt es in Berlin schon 1857, als sich die Firma H. Sternberg jr. mit 500 Talern Kapital in der Spandauer Straße niederlässt. Wäsche-Näherei ist damit keine Angelegenheit häuslichen Handarbeitsfleißes allein mehr. Sie wurde in sogenannten „Nähschulen" betrieben, von denen es in Berlin 1820 eine, 1850 schon 55 und 1855 bereits 70 gibt. 1870 waren nur noch 34 dieser Institutionen vorhanden, 1888 waren sie gänzlich verschwunden. An ihre Stelle traten immer mehr kleine Werkstattbetriebe.

Frau Maltner, Schwiegermutter des bekannten Milchhändlers Bolle, beschäftigte um die Jahrhundertwende durchschnittlich 20 Wäschenäherinnen in 10- bis 11stündiger Arbeitszeit und belieferte u. a. das Metznersche Weißwarengeschäft Mohren- Ecke Markgrafenstraße.

1871 aber hatten die Berliner das englische Vorbild in der Wäschenäherei längst überflügelt, denn 1879 gibt es in der Reichshauptstadt 42 Firmen, die Damen-, und 35, die Herrenwäsche herstellen. 1896 sind es sogar schon 55 Damen- und 45 Herrenwäsche-Fabrikanten geworden, die ihre Artikel in Serie herstellen. Beim Herrenoberhemd werden nun Kragen, Manschetten, Serviteurs und Chemisettes im geteilten Arbeitsgang hergestellt. Nun kommt die 1851 auf der Londoner Weltausstellung gezeigte Knopflochmaschine endlich zum Zuge. Da sie allerdings immer noch verhältnismäßig teuer ist, wird sie an kleinere Betriebe gegen Gebühr ausgeliehen.

Um diese Zeit ist das „zerlegbare Hemd“ in der textilen Fachpresse heftiger Diskussionsgegenstand: „Die Mode hat sich gegen das zerlegbare Hemd erklärt“, heißt es in Bertuchs „Journal des Luxus und der Moden“ und fährt fort: „Derjenige Herr, der wirklich mit der Mode gehen will, darf nur Hemden tragen, an denen Kragen und Manschetten gleich befestigt sind …“

„Diese Mode mag vielleicht sehr vornehm sein“, entgegnete darauf die „Textil-Zeitung“, „sie wird aber nie Allgemeingut werden, und zwar aus finanziellen Gründen, solange das Waschen und Plätten eines Oberhemdes allein noch 60 Pfennig kostet …“

Dabei hatte die praktische Frau Hannah Montague bereits 1827 in Amerika den abknöpfbaren Herrenkragen erfunden! Aber sie war so unvorsichtig gewesen, sich diese „Erfindung“ nicht patentieren zu lassen. Und so griff der Reverend Ebenezer Brown ihre Idee auf, eröffnete eine Fabrik, die Hemden mit abknöpfbaren Kragen herstellte, und konnte seinen Beruf als Methodisten-Prediger an den Nagel hängen.

Immerhin hat die große Nachfrage nach Weißwäsche für Damen und Herren nach 1870 dazu geführt, dass auch außerhalb Berlins – in Sachsen und Westfalen – Herstellungszentren entstanden, da die Berliner Industrie den wachsenden Konsum nicht mehr zu befriedigen vermochte. Auch in diesen Artikeln nimmt der Export so zu, dass es in Berlin vor der Jahrhundertwende allein 25 Engros-Geschäfte für Weißwaren gibt, die jedes für sich einen durchschnittlichen Jahresumsatz von 10 Millionen Mark aufzuweisen haben.

Dieser rasche Aufschwung der Berliner Konfektion wird jäh unterbrochen, als 1890 mit der MacKinley-Bill[20] ein hoher Einfuhrzoll für Fertigkleidung nach den USA wirksam wird und die Ausfuhren sogleich um ein Drittel absinken. 1904 betragen sie nur noch 34,8 Mill. Mark. Selbst Modellstücke für USA, die zum Kopieren gekauft werden, gehen mehr und mehr zurück, so dass der Umsatzausfall bei einem ersten Berliner Modellhaus mit rund 300 000 Mark jährlich beziffert wird.

Aber die Berliner lassen sich nicht entmutigen. Sie suchen andere Absatzmärkte und finden diese auch in den verschiedenen europäischen Ländern. Holland wird ein bedeutender Kunde, dann die Schweiz, Skandinavien, Belgien, Frankreich, Italien und die Balkanstaaten viele Länder in Übersee, darunter Kanada und Südamerika.

Gibt es 1879 in Berlin noch 55 Mantelhersteller, so sind es trotz der Einfuhrbeschränkungen nach den USA bis 1906 schon wieder 200 geworden. Ihre Umsätze steigen von 22,5 Mill. Mark in 1872 auf über 200 Mill. Mark in 1906. Man schätzte am Anfang des Jahrhunderts den Wert der in Deutschland hergestellten Konfektion auf 400 Mill. Mark, den

20 William MacKinley, amerikanischer Präsident (1897–1901) erließ als Wirtschaftsminister 1890 das nach ihm benannte Hochschutzzollgesetz, die MacKinley-Bill. Die Berliner Konfektion wurde durch diese Zollsperre erheblich betroffen.

der Berliner Mantelkonfektion allein auf 120 bis 130 Millionen. Zur gleichen Zeit existieren in Berlin einige hundert Blusenfirmen. Zwischen 1888 und 1913 entstehen im Zuge dieser Entwicklung im Deutschen Reichsgebiet rund 400 000 neue Detailgeschäfte, die Konfektion führen[21].

„Preußen besitzt heute 31 zehnfache Talermillionäre", schreibt 1910 der „Confectionair". „In Berlin können die Millionäre mit Nullen gezählt werden … 1256 bilden in Berlin die „oberen Zwölfhundert". Einer davon ist 43-facher Millionär, zwei besitzen je 40 Millionen, einer 35,5 Millionen und „lumpige einfache" Millionäre gibt es sogar 800 an der Zahl! Ein Berliner zahlte 1910 sogar 3¼ Millionen Mark Einkommensteuer. Es ist Ernst von Mendelssohn-Bartholdy, ein Verwandter des bekannten Komponisten.

21 Einem Bericht der Industrie- und Handelskammer zu Berlin aus dem Jahre 1906 sind folgende Umsatz- und Lohnziffern entnommen: „Die Damen- und Mädchen-Engroskonfektion zählt etwa 200 Betriebe und setzt jährlich etwa 200 Millionen Mark um. Sie beschäftigt insgesamt 40 000 Heim- und Werkstattarbeiter und 3000 bis 4000 Zwischenmeister. Unter den Heimarbeitern befinden sich 36 000 weibliche und 4000 männliche Personen. Diese Arbeitskräfte insgesamt erhalten jährlich eine Lohnsumme von rund 40 Mill. Mark.

Die Kostüm-, Rock- und Blusenkonfektion ist in Berlin durch etwa 200 Firmen vertreten. Diese setzen etwa 75 Mill. Mark jährlich um und zahlen ungefähr 15 Mill. Mark Löhne. In diesen Konfektionsbetrieben sind 2000 bis 3000 Zwischenmeister und etwa 12 000 Heim- und Werkstattarbeiter beschäftigt, fast durchweg solche weiblichen Geschlechts.

In der Schürzen- und Juponkonfektion sind 100 Engrosbetriebe zu verzeichnen, die rund 50 Mill. Mark umsetzen und 10 Mill. Mark an Löhnen zahlen. Die Heimarbeit liegt ebenfalls fast ganz in weiblichen Händen. Die Zahl der Heimarbeiter wird mit 13 000 angegeben.

In der Herrenkonfektion gibt es 70, in der Knabenkonfektion etwa 40 Betriebe, die jährlich ca. 75-80 Mill. Mark umsetzen und 20 Mill. Mark Löhne zahlen…

Die Herrenkonfektion beschäftigt im ganzen ca. 7000 Arbeiter, davon arbeiten 3500 direkt mit den Firmen, 3500 durch Vermittlung von Zwischenmeistern. Hier stellt sich das Verhältnis so, daß von den 7000 Heimarbeitern etwa ⅔ Männer und ⅓ Frauen sind. In der Knabenkonfektion gibt es 15 000 Heimarbeiter und 800 Zwischenmeister. Hier erfolgt die Beschäftigung vorwiegend durch Zwischenmeister; das direkte System spielt demgegenüber keine erhebliche Rolle. Das weibliche Geschlecht überwiegt bei den Heimarbeitern ganz bedeutend."

Die MacKinley-Bill brachte zwar einen fühlbaren Rückschlag. Aber es stellte sich bald heraus, dass sie auch den Amerikanern keine bemerkenswerten Vorteile bescherte. Die Zolleinnahmen waren nämlich fühlbar abgesunken. Sie betragen 1892 nur noch 52 415 767 Dollar und liegen damit erheblich unter den Zolleinnahmen aus dem Jahre 1890, vor Anwendung der Bill. „Nach drei Jahren war man von den erhofften Resultaten enttäuscht", heißt es in den Berichten der „Ältesten der Kaufmannschaft von Berlin". „Weder die europäischen Lieferanten noch die amerikanischen Empfänger sind über diese Reglementierung glücklich und gehen gemeinsam dagegen vor." Bald darauf wird sie auch schon merklich gelockert.

1910 errichten zwei amerikanische Firmen Einkaufshäuser in Berlin. Es sind Macy & Co., die in die Wilhelmstraße 45 ziehen, und Abraham & Strauss. Beide machen mit Berlins Konfektion jährlich rund 100 Mill. Mark Umsätze. Etwas später kommen Sears, Roebuck & Co. dazu, die sich in der Jerusalemer Str. 5/6, und Gimbel Brothers, die sich Unter den Linden 14 einrichten. Zur gleichen Zeit haben Berliner Konfektionäre, u.a. L. S. Mayer, Gebr. Bing, Haberland und Liebert & Co., Verkaufslager am Broadway.

1871, als Berlin die Hauptstadt des geeinten Deutschen Reiches geworden ist, zählt es 932 000 Einwohner. Aufgrund seiner politischen Zentralstellung wird es nun schnell zu einem wirtschaftlichen und kulturellen Mittelpunkt, erhält 1876 eine Technische Hochschule, und als 1878 unter Bismarcks Leitung der „Berliner Kongress" die politischen Verhältnisse auf dem Balkan neu regelt, ist Deutschland ein weltpolitischer Faktor geworden, Berlin eine Weltstadt, die um die Jahrhundertwende schon 2,7 Millionen Einwohner zählt, die sich in weiteren zehn Jahren – also am Anfang des Jahrhunderts – auf 3,7 Millionen erhöht.

Um diese Zeit werden zwischen Friedrichstraße, Alexander- und Potsdamer Platz täglich rund 400 000 Passanten registriert. (Am Place d'Opera in Paris 450 000, am Madison House in London 500 000 und am Broadway 450 000, dazu 750 000 Tram- und andere Wagen.)

Über den Berliner Straßenverkehr witzelt respektvoll der „Confectionair“: „Auf der Leipzigerstraße gibt es eine Tietz- und eine Wertheim-Seite“. Herr von Jagow – Berlins rühriger Polizeipräsident – hat alles so vortrefflich geregelt, dass in Berlin keiner es nötig hat, nach dem Arm des Verkehrsschutzmannes zu greifen. Die erstaunliche Verkehrssicherheit, die in Berlins Straßen herrscht, ist umso bewunderungswürdiger, als man nicht vergessen darf, dass der eigentliche Straßenverkehr sich kein Gesetz und keine Regeln aufzwingen lässt, sondern als Produkt der Gewohnheit anzusehen ist.“

Diese betriebsame Atmosphäre ist geradezu Humusboden für ein Gewerbe, das der Mode verhaftet ist. Die riesigen Aufträge und die weltweiten Beziehungen, die der Konfektion nach dem 70er Krieg den Auftrieb geben, machen es notwendig, noch systematischer als bisher zu arbeiten. Regelmäßige „Kollektionen“ bieten zweimal im Jahr modische Neuheiten an.

1911 kommt übrigens auch Christoph von Drecoll aus Wien nach Berlin und eröffnet ein Konfektionshaus, das ebenfalls hochmodischen Genre führt und diese Gruppe der Berliner Konfektion interessant bereichert.

Aber das Wirtschaftswunder von 1871 ist auch keineswegs frei von jenen unliebsamen Begleiterscheinungen, die wir aus den 50er/60er Jahren unseres Jahrhunderts kennen. Das gilt insbesondere auch für die Überbewertung des Materiellen. Man schwelgt im Luxus- und Wohlstandsdenken, man sucht sich gegenseitig in der Repräsentation äußerer Wohlhabenheit und Besitzes zu übertrumpfen. Wer nicht mithalten kann, tut es wenigstens zum Schein. Man lässt sich die Garderobe für den „Empfang“, für das „Stiftungsfest“, für die Abendgesellschaft, für den Ball usw. einfach „zur Probe“ ins Haus kommen, um sie nach einmaligem Gebrauch wieder als „nicht gefallend“ an die Geschäfte zurückzugeben. Nicht nur ganze

Hochzeitsgesellschaften wurden auf diese hochstaplerische Weise ausstaffiert, man scheute sich sogar keineswegs, auch Wohnungseinrichtungen „zur Probe“ anrollen zu lassen, um sie nach wenigen Tagen, wenn die „Gesellschaft“, die man gegeben hatte, vorüber war, als „nicht gefallend“ wieder zurückzuschicken.

Warenhäuser vermieteten zu dieser Zeit für einmaligen oder zeitweiligen Gebrauch Droschken verschiedenster Güte und später auch Automobile. Diese an sich praktische Einrichtung wurde ebenfalls häufig benutzt, um bei Bekannten, bei Geldgebern wegen des Kredits vor allem, eine soziale Stellung vorzutäuschen, die man in Wirklichkeit gar nicht besaß.

Solche und ähnliche Zustände beklagt die Schriftstellerin Isidora Kaulbach, Tochter des Kunstmalers und bekannten Fürsten-Porträtisten Friedrich Kaulbach (1822-1903), in ihren „Erinnerungen an mein Vaterhaus“: „... meine Tischgesellschaft besteht aus lauter Schachergesellen“, heißt es darin in einem Brief an ihren Vater. „Dieses berührt mich doppelt peinlich in diesen ernsten Zeiten (gemeint ist die Kriegszeit 1870/71) ... sie sprechen nur vom Geschäftemachen, jegliches Ideal ist verpönt ...“

In der „Komischen Oper“ „Der süße Fratz“ von Arthur Lokesch und Müller-Förster, mit der Musik von Handschuhmacher Harry Hauptmann, wird ein Berliner Neureicher, der durch Grundstücks-Spekulation im Zuge der baulichen Ausdehnung der jungen Reichshauptstadt zu beträchtlichem Reichtum gelangte, scharf aufs Korn genommen:

„Der Alte ist zum Piepen. Seit er die sieben-zackige Krone gekriegt hat, denkt er, er ist der Kaiser von Wilmersdorf.“

„Was is er denn nu eijentlich?“

„Drechsler.“

„Aber so viel Geld kann ein Mensch doch gar nicht zusammendrechseln.“

„Nee, hat er ooch nich. Er hatte ein großes Stück Land, das war eine Wüste, so wüst daß die Wüste Sahara wie das Tiergarten-Rosarium dagegen war. Und wie sie nun da draußen begannen zu bauen, da wurde aus der Sandwüste eine Goldwüste …“

„Und das Wüstenschiff ist dasselbe geblieben …“

Geschäftstüchtige Manager wie der im Stück vorkommende Herr Bimsstein verstehen es, solchen Leuten gewissermaßen und in nicht ganz uneigennütziger Form unter die Arme zu greifen.

„Und dieser Herr Bimsstein macht den Alten noch ganz plem-plem. Nu hat er dem armen Mann noch eine Bibliothek eingeredet … lauter schöne, eingebundene Bücher. Da hat er einmal Meyers Lexikon, einmal Brockhaus-Lexikon und einmal das Berliner Adressbuch … und nun sitzt er den janzen Tag über't Adressbuch un will durchaus ein gebildeter Mann werden …“

Der geschäftstüchtige Bimsstein aber hat Herrn Neureich nicht nur eine Bibliothek eingerichtet, er hat ihm auch zu einer Ahnen-Galerie verholfen. Bimsstein weiß die Sache ins rechte Licht zu rücken:

Bimsstein: „Die janze Jeschichte kostet sie doch nur 5000 Emm. 12 Ahnen müssen Sie mindestens haben, das Stück zu 600 Emm, aber im Dutzend sind se billiger …“

Herr Neureich: „Wat sind denn det für Leute, meine Ahnen?“

Bimsstein: „Die Leutchen sehen janz nett aus … Ich begreife janicht wie Sie überhaupt ohne Ahnen leben konnten …“

Herr Neureich: „Können Sie die da nicht umtauschen? Die hat ja rote Haare …“

Bimsstein: „Wir können ja die Haare färben …“

Herr Neureich: „Welches ist nun mein Vater?“

Bimsstein: „Jott Se können sich ja einen aussuchen. Einer is so jut wie der andere …“

Herr Neureich (besieht die Bilder) „Vater, wie haste Dir verändert …“

Bimsstein, Hans Dampf in allen Gassen, hat Herrn Neureich geadelt, ihm eine Ahnengalerie und eine Bibliothek verschafft. Nun will er dem Witwer auch noch eine neue Braut zuführen:

Bimsstein: „Durch Ihre Heirat mit einer Aristokratin bekommt Ihr junger Adel erst die rich'je Weihe", klärt er den Alten auf. „... oder gefällt Ihnen Ihre Braut nicht? Bei mir brauchen Sie nur anzutippen: Ich mache alles. Wünschen Sie eine andere Frau? Beispielsweise eine noch gut erhaltene russische Fürstin, ohne Vermögen, aber doch

„Die teure Frau": „Die Perlen, die Schuhe etcetera – das schafft schließlich nur eine GmbH."
(„Lustige Blätter", Berlin 1926. Entn. dem Band von Friedrich Wendel, „Die Mode in der Karikatur", Dresden 1928)

noch rüstig … oder lieber eine französische Marquise, heiratet nicht unterm Grafen …“

„Wollen Sie Graf werden? Bei mir brauchen Sie bloß anzutippen, schon sind sie Graf. Wollen Sie Hofrat werden? Mache ich alles. Kennen Sie Herrn Moritz Lewinsohn, Konfektion engros? Wissen Sie, was Herr Moritz Lewinsohn durch mich geworden ist?

Päpstlicher Kammerherr is er jeworden! Dat soll mir mal eener nachmachen! Oder wollen Sie das Ritterkreuz von Sanbalbino?“

Herr Neureich (vollkommen erschöpft): „Den Staat gibt es ja gar nicht.“

„Den Staat nicht, aber den Orden …“

„Die Leute haben sich gebogen vor Lachen“, schreibt eine Berliner Zeitung, als das Stück zum ersten Mal im Theater an der Weidendammer Brücke über die Bretter ging.

Aber das Wirtschaftswunder trieb noch allerlei merkwürdige Blüten. Die Pelzmode feierte Triumphe, mit ihr kamen die „Sommerpelze“ auf.

„Im Smoking sehn’ se all wie Jungens aus“

Einen Panther an der Leine, spazierte Cleo de Merode, Modedame und Freundin Leopolds von Belgien, über die Champs Elysées. Das war das Signal einer schnell um sich greifenden Pelzmode. Pelze gehörten zum Wohlstandsbürger, damals wie heute. Man trug sie nicht wie früher, hauptsächlich als Gebrauchsartikel, als Muffs oder Kragen – wie in Hauptmanns „Biberpelz“ – nun wurden sie zu kostbaren Mänteln, Jacken, Kostümen, Hüten, Capes und zum Innenfutter für Herrenpaletots verarbeitet. Man trug sie im Winter, aber auch im Sommer, Sommerpelze waren auf Norderney letzter Schrei der Saison von 1909.

Große Konfektionsfirmen in Berlin hatten eigene Pelzateliers. Verarbeitet wurden vor allem Zobel, Nerz, Persianer, Marder und Chinchilla. In Amerika wurde Chinchilla sogar so beliebt, dass man in New York einen „Chinchilla-Club" gründete, in dem sich die Züchter kostbarer Pelztiere zusammenfanden.

Vor allem Gerson war wegen seiner Pelzkonfektion berühmt. Es gab Pelzmäntel von 100 000 bis 120 000 Mark. 1912 erreichte die Pelzmode ihren Höhepunkt. In Kanada und Russland wurden in diesem Jahr 12 250 Zobel, 200 000 Hermeline, 180 000 Skunkse, 16 500 Wölfe, 1500 Braunbären, 1½ Mill. weiße Hasen und 4½ Mill. Eichhörnchen zum Zwecke der Pelzverarbeitung erlegt. In Berlin richtete man Gefrierhäuser zur besseren Aufbewahrung dieser Pelze ein. Luxusartikel in Pelzen – neben kostbaren Kleidern und Mänteln – zog vor allem die russische Aristokratie an, die von nun an regelmäßig in Berlin eintraf.

Es gab aus diesem Grunde nicht nur bei Gerson, sondern auch in vielen anderen Berliner Konfektionshäusern Verkäuferinnen, die russisch sprachen. Interieurs russischen Lebens belebten die Auslagen der Schaufenster mit dem Hinweis: „Man spricht russisch".

Teure Toiletten wurden immer mehr gefragt. Keine „Gesellschaft", ob privat oder öffentlich, ob Garten- oder Winterfest, wäre ohne große Toilette der Damen denkbar gewesen. Für die Herren war der Frack obligatorisch. Zwei Fräcke gehörten zur Durchschnittsgarderobe eines „Mannes von Welt". Zum alljährlich stattfindenden „Winterfest der Damen- und Mädchenmäntelfabrikanten" wäre es völlig unmöglich gewesen, dass einer der Herren ohne Frack erschienen wäre. Um diese Zeit trat neben dem strengen Frack der legere Smoking ins gesellschaftliche Parkett. Aber die „Gesellschaft war nicht so ohne weiteres bereit, diesen Emporkömmling der Abendgarderobe zu akzeptieren. Ein Modejournal hielt bei prominenten Berliner Damen eine Umfrage:

Winterfest des „Verbandes Deutscher Damen- und Mädchenmäntelfabrikanten" im Hotel „Kaiserhof" am 7. Dezember 1910. Von links: Kommerz.Rat Bamberg v. d. Fa. Gebr. Manheimer, daneben Julius Markwald, daneben stehend Geh. Kommerz.Rat Emil Jacob, Kommerz.Rat Louis Levin (Sohn des Mitbegründers der Konfektion, David Levin), Kommerz. Rat Gerson Simon, ganz rechts Siegfried Karo, Chefredakteur des „Confectionair".

(Aus: „Confectionair", 1910)

„In welchem Kostüm sehen Sie den eleganten Herrn am liebsten?" „Im roten Frack!" erklärte dazu Lya de Putti, „weil Rot eine Abwechslung in das Einerlei von Schwarz bringt!"

Claire Waldoff plädierte ebenfalls für Frack und Cutaway, fügte aber spitzzüngig hinzu: „Im Smoking sehn se alle wie Jungens aus!" Der Ausspruch wandelte sich zum Chanson, das die bordellmütterliche Kirschblüte im „Schwarzen Kater" zum Besten gab.

Die erste Herrenmodenschau Berlins, die am 1. August 1912 stattfindet, stellt als Neuheit nicht nur den „Herrn in der Bluse", eine Art Freizeithemd vor, sondern auch den farbigen, den goldbraunen Frack, den Caruso bereits zwei Jahre zuvor bei einem Auftritt getragen hatte. Schließlich gibt es den Smoking in Schwarz wie auch in Weiß, als letzten Schrei.

Die Herrenwelt trennt sich ungern vom Frack. „... man trägt ihn immer noch zu Begräbnissen, Denkmalseinweihungen und Gratulationscouren", belehrt der „Confectionair" seine Leserschaft. „Der Frack gehört zum Examen, zur Tanzstunde, zur Silberhochzeit, wenn der Kaiser oder ein Mitglied der kaiserlichen Familie an einer Veranstaltung teilnehmen ...selbst morgens um 10 Uhr gehen 90% aller Herren bei solchen Anlässen im Frack. Manche kommen mit einem Frack ihr Leben lang aus, manche vererben ihn sogar ..."

Zum Frack trägt man schließlich auch die Orden, die in mannigfaltiger Zahl reichlich verteilt, aber trotzdem sparsam gehandhabt werden. 1911 kostete den Preußischen Staat allein sein Ordenssegen runde 300 000 Mark. Diese Orden wurden zwar auf Lebenszeit verliehen, mussten aber nach dem Tode des Trägers wieder zurückgegeben werden. Sie wurden aufpoliert, um dann aufs Neue eine frackbewehrte Männerbrust zieren zu können.

Als dann jedoch amerikanische Austauschprofessoren zu einer Feier an der Berliner Universität im Gehrock erschienen, legte auch der Rektor der Alma Mater, Prof. Erich Schmidt, das praktische Kleidungsstück an und eine Berliner Tageszeitung schrieb: „Man sehe doch endlich ein, dass der Frack nur zu künstlicher Beleuchtung getragen werden soll. Am Tage herrschen Gehrock und Cutaway."

Die Garderobenfrage wurde im Zeichen wirtschaftlicher Prosperität immer wieder erörtert ...

„Wie kleiden sich unsere Reichstagsabgeordneten?" fragt 1911 der „Confectionair", stets auf der Höhe modischen Geschehens. Aber die Volksvertreter kommen nicht allzu gut dabei weg. „Riesige rote Taschentücher kennzeichnen die Abgeordneten aus dem bayrischen Hinterwald, einer trat sogar mit einer merkwürdig gestrickten Joppe in den Reichstag. Den Promenadenanzug bevorzugen die Rheinländer, scharfe

Bügelfalten die Ostelbier während der Millionen-Genosse Dr. Südekum", so fährt das Blatt fort, „überrascht durch die farbige Pracht seiner Krawatten …"

1912 kann man den ersten Eisenbahnzug von Berlin nach London benutzen, ohne umzusteigen, mit Schlafwagen, versteht sich. 1913 wird in Berlin der „Zoo, sowie der Luna-Park mit echter Berg- und Talbahn, Teufelsfelsen und Wurstküche", wie eine Berliner Tageszeitung schreibt, eröffnet. 1913 findet auch die „Hochzeit des Jahres" statt, als Luise-Victoria von Preußen, einzige Kaisertochter, den Braunschweigischen Herzog von Cumberland heiratet, und 1913 wird schließlich auch das erste Berliner Freibad, der Wannsee, eröffnet.

„… macht er doch als großer Zaubrer
50 000 Menschen saubrer,
denen meist es nicht geschadet,
hätten längst sie mal gebadet …"

Chanson und Schlager begleiten stets die Berliner Ereignisse und auch das modische Geschehen, das schließlich das Programm der Konfektion mit neuen Ideen bereichert, wird häufig von der „Muse mit der spitzen Zunge" apostrophiert.

Der „Mode-Five-o'clock-Tea" an manchen Sonnabenden von V. Manheimer in der „Philharmonie" veranstaltet, bringt zwar manche Neuheiten an den Tag, nicht aber das, „was drunter ist". Und da gibt es schon allerlei Neuigkeiten: 1913 kommt der Pyjama auf, der so praktisch ist für die Reise im Schlafwagen. Er hat seinen Platz neben dem Negligé erobert, das aber noch keineswegs zurücktritt.

Mit der „Hochzeit des Jahres" erhält es neuerlichen Auftrieb, ebenso wie die gesamte Damenwäscheindustrie. Aber alle diese Neuheiten blühen noch im Verborgenen, diskret „im letzten Lager ganz hinten". Albert Obersky ist der erste, der es wagt, 1912 in Berlin eine Korsett-Modenschau vorzuführen, so wie er es ein Jahr zuvor in Kanada gesehen hat.

Badebekanntschaft: „Na, werden Sie denn nun meine Töchter in Berlin wieder erkennen, Herr Baron?“
„Auf der Straße, weiß ich nicht – auf Hofbällen gewiss!“
(„Lustige Blätter“, F. Heilemann)

Das Badekorsett, ein Tricotgewebe aus Seide und Baumwolle mit „Schenkelschluss“ findet sofort lebhaften Zuspruch. Man trägt es fortan sowohl am Wannsee, als auch in Norderney.

Aber was ist mit dem Bikini? Gibt es ihn noch nicht?

O ja, es gibt ihn schon. Aber man trägt ihn heimlich.

Kempinskis weibliche Angestellte ziehen ihn an, wenn sie in der Mittagspause auf dem Dache des Hauses sonnenbaden. Sie sind allerdings sehr fortschrittlich, diese Damen, die sich mit der Sonnenschminke „Braunolin“ einreiben und auf seidene Sonnenschirmchen pfeifen, mit denen noch die ältere Generation ängstlich ihren Teint vor Sonnenstrahlen schützt. Neue Lebensformen werfen schon ihre Schatten voraus.

Neue Lebensgewohnheiten bringen neue Bekleidungswünsche mit sich, und diese wiederum erweitern das Angebot der Konfektion. „Letzter Schrei“ der Kinderkleidung war der „Kieler Anzug“, das heißt, eigentlich war er ein Restbestand einer ungemein phantasievollen Kinderbekleidung, die im 18. Jahrhundert zu hoher Blüte gelangt war. Damals unterschied sich Kinder- von Erwachsenenkleidung dadurch, dass man die Sprösslinge als Holländer, Indianer, Chinesen kostümierte, in Volks- oder Berufstrachten steckte.

Da war der Steppke ein possierlicher Tiroler oder abenteuerlustiger Seemann. Die deutsche Seefahrt schließlich brachte mit der „Kieler Woche" auch den „Kieler Anzug" auf, der damit zur Standardgarderobe unserer Jüngsten wurde.

Ein Pariser in Berlin

Als Paul Poiret – der Dior der Jahrhundertwende, Schüler des Modeschöpfers und Hofschneiders der Kaiserin Eugenie, Worth, 1910 nach Berlin kommt, bringt er als große Überraschung seine Mannequins mit. In einer Modenschau bei Herrmann Gerson sollen sie Kleider vorführen. Das ist eine „Sensation erster Jüte", denn so etwas hatte es bisher in Berlin noch nicht gegeben. Natürlich war tout Berlin von diesen hübschen Mannequins begeistert. In Paris war man schon längst daran gewöhnt, dass Kleider von „Probierdamen" vorgeführt wurden, die Mannequins hießen. Meister Worth hatte diese Art der Modendarstellung bereits 1858 in seinem Atelier in der Rue de la Paix Nr. 7 erfolgreich durchgeführt.

Für Berlin aber ist das etwas ganz Neues. Die Zeitungen berichten spaltenlang darüber, wann die attraktiven Damen bei Josty oder Kranzler konditerten, im Adlon oder bei Kempinski speisten, dass man sie beim Spaziergang Unter den Linden getroffen, bei Besichtigungen oder in einem der vielen Berliner Theater gesehen hätte.

Diese engen deutsch-französischen Beziehungen sind unmittelbar nach dem Krieg von 1870/71 entstanden, der der Berliner Konfektion solch gewaltigen Auftrieb gegeben hatte. Sie ist seitdem zu einem bedeutenden Kunden der Pariser Schneiderei geworden, die jetzt „Haute Couture" heißt. Diese wirtschaftliche Abhängigkeit führte dazu, dass Berlins Konfektion immer stärkeren Einfluss auf die Gestaltung und die modische Richtung der Pariser Kollektionen nahm.

Die patriotischen Wogen schlugen damals hoch, und man verlangte allenthalben nach einer „deutschen Mode". Künstler, vor allem Kunstmaler, wurden bemüht, sich dem Entwurf von Damenkleidern zu widmen. Es entstanden die sogenannten „Künstlerkleider", an denen u. a. der Berliner Kunstmaler Alfred Mohrbutter und der Brüsseler Henry van de Velde als Entwerfer beträchtlichen Anteil hatten.

Gertrud Bäumer schreibt zu dieser Zeit: „Die Konfektion ist eines der Hauptgebiete, auf dem Deutschland die Fähigkeit seines Volkes zur Qualitätsarbeit auf dem Weltmarkt verwerten kann." Sie schlägt dann vor, dass es die Forderung des deutschen Modegewerbes sein muss, neben einer „französischen" auch eine „deutsche" Prägung in der Weltmode zu schaffen.

Aber die Berliner Konfektionäre wussten um den Wert des Pariser Modeprimats. Sie wollten keine spezifisch deutsche Mode, sie wollten vielmehr – und wie es auch vernünftig war – Paris in ihre Pläne und Ziele einbeziehen. Einige trugen sich damals mit dem Gedanken, eigene Modellhäuser in Paris zu gründen, aber den meisten schien der Weg einer unauffälligen Einflussnahme auf die Pariser Schneider über sogenannte Kommissionshäuser weitaus wirksamer. Über diese Kommissäre konnten sie ihre Käufe konzentrieren, leiten und der Nachfrage damit bestimmte Tendenzen geben. Eine solche Kommissions-Aufgabe hatte z. B. auch Georg Tietz übernommen, Enkel des Warenhausgründers Hermann Tietz, der 1910 sein Kaufhaus an der Leipziger Straße bis zum Dönhoffplatz ausbaute. Knapp ein Jahr später als Poiret veranstaltete Georg Tietz in Berlin, später auch in Hamburg, München und Stuttgart jeweils eine Modenschau mit Pariser Modellen und Mannequins.

Seitdem gestalten sich die Beziehungen zwischen Paris und Berlin immer enger. Poiret ist häufig bei Herrmann Gerson und V. Manheimer zu Gast, desgleichen Madame Paquin, eine Deutsche und geborene Beckers. Sie wurde in Paris sogar um ihrer modischen Verdienste willen mit dem Kreuz der Ehrenlegion ausgezeichnet, und der „Confectionair“ schreibt anlässlich eines Berliner Besuches über sie: „… Madame sieht gut aus, scheint so zwischen 30 und 40 zu sein, aber sie muss älter sein, weil sie schon so lange in der Modebranche tätig ist …“

Auch der Direktor des Warenhauses „Bon marché“ war hin und wieder zu Gast in Berlin, wo ihn Rudolph Hertzogs mustergültige Warenhaus-Organisation am meisten interessierte.

Poiret, der stets behauptete, dass er in Berlin für seine modischen Ideen weitaus größeres Verständnis fände als in Paris, hat sich auch einmal als „Raumkünstler“ bei Herrmann Gerson betätigt. Im November 1913 dekorierte er in der Möbelabteilung Wohnungseinrichtungen so vortrefflich, dass

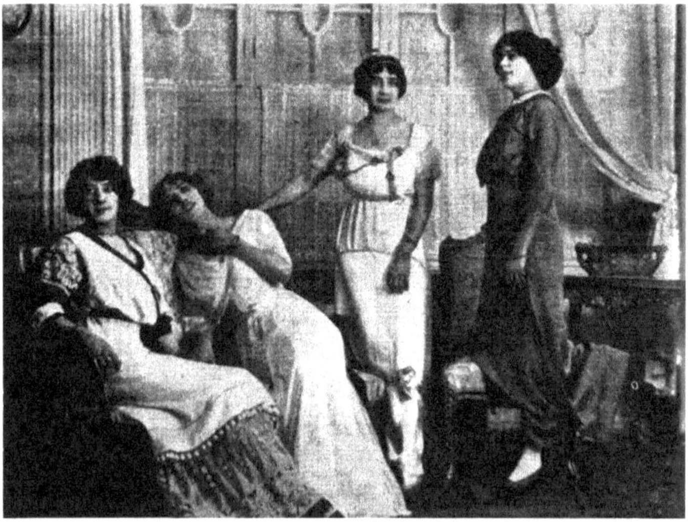

Poiret brachte zur Demonstration seiner „korsettlosen“ Mode seine Mannequins mit nach Berlin. Es waren die ersten Mannequins, die in öffentlicher Modenschau auftraten und deren „Überschlankheit“ ganz Berlin bewunderte. *(Aus: „Confectionair“, 1910)*

der „Confectionair" schrieb: „Diese Zimmer werden gekauft wie die Bilder französischer Impressionisten".

Frankreich tritt übrigens auch als direkter Abnehmer von Berliner Konfektion auf, aber das wird sozusagen immer nur „hinter vorgehaltener Hand" erzählt. Ein zeitgenössischer Chronist erklärt dazu: „Es soll aber darüber nicht in der Öffentlichkeit gesprochen werden, um die Eitelkeit der Franzosen nicht zu verletzen einerseits, um aber andererseits auch das Geschäft nicht zu verderben …"

Aber die Pariser holten sich auch Konfektionäre – also Modellentwerfer – aus Berlin. „Der Konfektionär einer hiesigen Konfektions-Firma", so heißt es im „Confectionair", „wurde zu einem hohen Salär von einem sehr bekannten Pariser Konfektionshaus engagiert, um in Paris nach Berliner Art zu konfektionieren. Es handelt sich um einen Herrn Schulmeister, bisher Konfektionär bei der Firma Hermann Heinemann. Er wurde von L. Blum, Successeur, früher Blum & Gerson, Paris, engagiert.

Solche Hinweise erscheinen immer wieder in den textilen Fachzeitungen und werfen ein bezeichnendes Licht auf die deutsch-französische Zusammenarbeit. Im Übrigen holten sich auch die Amerikaner zuweilen Berliner Konfektionäre, vor allem, als sie nach den Zollerhöhungen von 1890 in New York gezwungen waren, eine eigene Konfektion größeren Stils ins Leben zu rufen. Sie taten dies nach Berliner Muster. Auch entstand nun eine Bekleidungsindustrie, die ebenfalls als bedeutender Kunde der Pariser Haute Couture auf diese Einfluss zu nehmen begann.

Die reiche Privatkundschaft der Haute Couture ging immer mehr zurück, deutsche und später auch amerikanische Einflüsse traten an ihre Stelle. Die industrielle Fertigung verlangte einen schnelleren Modewechsel und stärkere Effekte, die den Absatz fördern. Aus diesem Motiv heraus entstand etwa 1912/13 auch der Hosenrock. Er war eine der modischen Sensationen nach der Jahrhundertwende und spielt in den

Paul Poiret (im weißen Schal) der Schöpfer der korsettlosen und späteren Kurzmode auf einem Spaziergang in Berlin Unter den Linden zusammen mit Hermann Freudenberg aus der Firma Herrmann Gerson. Hermann Freudenberg hatte die revolutionäre Modeidee des Pariser Couturiers als logische Folge modischer Entwicklungen mit weitsichtigem Blick sofort erkannt, während man in Paris diesen weit ausgreifenden Entwicklungen noch verständnislos gegenüberstand.

(Aus: „Confectionair", 1910)

deutsch-französischen Beziehungen, infolge einiger amüsanter Ereignisse, eine heitere Rolle.

Madame David nämlich, von der Pariser Couture-Firma Béschoff, David & Cie, ging in solchem Jupe-Culotte angeblich unbehelligt Unter den Linden spazieren. Andere „weibliche Personen", wie es in einem Polizeibericht des Jahres 1913 heißt, erregten dagegen so großes Aufsehen mit ihrer modischen Gewandung, dass sie ins Adlon flüchten mussten, von wo sie mit polizeilicher Begleitung in einer Droschke nach Hause gebracht wurden.

Berlins Polizeipräsident Traugott von Jagow wetterte wieder einmal über die um sich greifende Unmoral. Er verbot nicht nur, den Jupe-Culotte öffentlich zu tragen, auch Cake Walk und Foxtrott untersagte er. Er verbot auch den Damen, im Theater große Hüte zu tragen, und er gab eine Vorschrift für die Länge der damals hochmodernen, aber gefährlichen Hutnadeln heraus, deren Spitze mit einer Schutzkapsel versehen sein musste. „Jagowator" nannte der Volksmund diese Kapseln, und die anschließend aufkommenden, kleinen Hüte fürs Theater „Jagowkappen". Aber Herr von Jagow verbot auch farbigen Anstrich bei Automobilen, weil sie den Fahrer irritieren, und er erlaubte auch aus dem gleichen Grund keine farbig auf- und abflammende Leuchtreklame. Er ließ sogar Herren, die „oben ohne", also mit einer heute üblichen Badehose badeten, aus dem Wasser holen und donnerte: „Wir leben in Berlin und nicht im Paradies!"

Worauf einer mit kess Berliner Schnauze parierte: „Dett is nur Traugotts Schuld ...!"

Der „Herrscher vom Alex", wie Berlins Polizeipräsident genannt wurde, vermochte sich allerdings in modischen Fragen ebenso wenig durchzusetzen, wie in allen Jahrhunderten vor ihm die Sittenprediger und Reformisten.

108 Namen gab es für den Hosenrock, dieses neumodische, immerhin originelle Bekleidungsstück, das u. a. „Pumprock", „Humpelrock", „Palatine" und „Favoritrock" hieß, obwohl es

gar kein Rock, sondern eine Hose war. Die „Unbeschreiblichen“, damals mit „Beinkleider“ dezent umschrieben, aber brachten einmal einen unerwarteten Heiterkeitserfolg in eine Debatte des Deutschen Reichstages. Dort befasste man sich gerade mit deutsch-französischer Zusammenarbeit, und Scheidemann hatte das Wort.

Während seiner Rede schlichen sich heimlich immer einige Abgeordnete hinaus, um nach kurzer Zeit wieder hereinzukommen und hinter vorgehaltener Hand mit den Nachbarn zu feixen. Daraufhin verließen diese wiederum auf gleiche Weise das Plenum. Anlass dieser parlamentarischen Heiterkeit waren zwei Damen, Pariserinnen, wie sich herausstellte, die angetan mit dem modischen, vielumstrittenen Hosenrock den Wallot-Bau besichtigten.

Der Spaß der Abgeordneten erreichte seinen Höhepunkt, als Scheidemann, die Notwendigkeit eines Bündnisses mit Frankreich betonend, vom Abgeordneten Erzberger einen Zwischenruf erhielt:

„Haben wir soeben draußen geschlossen !“

Die Zusammenarbeit zwischen der Berliner und der Pariser Schneiderei funktionierte jedenfalls vorzüglich. Aber auch die Beziehungen zu den Vereinigten Staaten von Nordamerika wurden sehr gepflegt, obwohl der „Große Teich“ dazwischen lag und noch keine Jetklipper die Kontinente auf Stundenentfernungen aneinanderrückten. Man sprach sogar von deutsch-amerikanischen Wahlverwandtschaften.

„Warum gibt es in New York keine Mannequins?“ fragt einmal ein Berliner Konfektionär einen amerikanischen Geschäftsfreund. Daran sei, so erklärt dieser, ein Mangel an geselligen Treffpunkten schuld, wie es in Europa Biarritz, Longchamps[22] oder die glanzvollen Theatereröffnungen seien.

„Man geht in New York zur Horse Show in Madisons Garden“, erklärt dieser, aber Veranstaltungen solcher Art seien nun auch in Misskredit geraten. Nun schicke man die Probierdamen einfach zur Vormittags-Promenade auf die Fifth Avenue oder den Broadway, aber auch das habe sich nicht bewährt.

Immerhin hatten die New Yorker Modeleute von den Berlinern gelernt und gaben das auch bereitwillig zu. Dazu gehörte auch die Werbung durch Musicals oder Theaterstücke, wie es in Berlin schon lange vor der Jahrhundertwende üblich war[23]. So lief 1913 am Broadway mit großem Erfolg die „Tango-Prinzessin“, sowie „Potasch & Perlmutter“, ein im Konfektions-Milieu spielendes Musical.

Immer mehr amerikanische Einkäufer finden sich zu den „Durchreisen“ in Berlin ein. Im Januar 1913 meldet der „Confectionair“ 95 an der Zahl. Viele von ihnen kamen zwei-, ja manche sogar viermal im Jahr nach Europa und nach Berlin. Unter ihnen befand sich auch Lady Duff-Gordon, die erste

22 Longchamps war ein französisches Nonnenkloster, 1269 durch Isabella, eine Schwester Ludwigs IX., gegründet. Es wurde berühmt durch seine Musikfeste, die alljährlich während der Osterwoche stattfanden. Dorthin strömte das elegante Paris und veranstaltete damit zugleich einen Corso, um zu sehen und gesehen zu werden. Das Kloster wurde zwar während der Französischen Revolution aufgelöst, aber der Corso hat sich bis 1848 erhalten. Danach wurde Longchamps zum Rennplatz und ist damit erneut zum Treffpunkt des eleganten Paris geworden.

23 Siehe auch das Kapitel „Die Dame mit den 1000 Toiletten“.

Frau, die als Einkäuferin am Hausvogteiplatz erschien. Sie unterhielt in New York ein eigenes Atelier und kaufte vor allem sogenannte „Modelle“ zum Kopieren. Sie ging 1912 auf der Heimreise mit der „Titanic“ unter, ein Schicksal, das leider eine ganze Reihe amerikanischer Einkäufer und anderer Reisender teilten.

„Ob nicht doch mancher vom Tode des Ertrinkens hätte gerettet werden können?“ fragt bei dieser Katastrophenmeldung der „Confectionair“, „wenn die Reisenden das Schwimmkostüm „Rettung“ für die Seereise mitgeführt haben würden, das zwei Jahre zuvor in der Fach- und Tagespresse Furore machte und auch bei Hertzog im Schaufenster angeboten worden war. Der Berliner Karl Hartwig aus der Naugardersstraße, hatte die „Fütterung mit rettungbringendem Stoff, der auch bei normaler Kleidung eingearbeitet werden kann“ auf der Hamburger Innenalster überzeugend demonstriert. Soldaten und Zivilisten waren bereitwillig ins Wasser gesprungen, um das Schwimmkostüm „Rettung“ zu erproben, das lange noch durch die Spalten der Tages- und Illustrierten-Presse geisterte, um dann – wie so vieles – wieder in Vergessenheit zu versinken.

Deutsch-amerikanische Geschäftspartnerschaft entwickelte sich zu dieser Zeit zu ungemein liebenswürdigen, beinahe freundschaftlichen Beziehungen. Als ein bekanntes amerikanisches Kaufhaus bei Gerson einen Auftrag sehr kurzfristig erteilt, setzt man alle Hebel in Bewegung, diesen trotz Schwierigkeiten termingerecht zu erfüllen. 25 Näherinnen stellten in Überstunden die gewünschten Kleidungsstücke her, die dann per Auto nach Le Havre gebracht wurden. Zehn Minuten vor dem Auslaufen des Dampfers kam auch tatsächlich die Sendung dort an und wurde noch übernommen. Diese „Gefälligkeit“ kostete Gerson 1450 Mark Spesen, die er nicht berechnete. Aber man kaufte nicht nur fertige Kleider, sondern man hatte sich seit der MacKinley-Bill mehr auf Modell-Verkauf

Modelle von Herrmann Gerson aus dem Jahre 1911. *(Aus „Gerson-Brevier")*

eingerichtet, obgleich die Bill zu diesem Zeitpunkt schon weitgehend entschärft worden war.

Diese Muster wurden dann in New York konfektioniert. 1911 veranstaltete das New Yorker Warenhaus Gimbel Brothers eine „Berliner Woche", die großen Zuspruch fand. Gesellschaftlicher Mittelpunkt dieses Ereignisses war der „Ball der Konfektion", an dem die prominenteste amerikanische Finanz-Aristokratie und auch zahlreiche Berliner „Mantelkönige" teilnahmen. Vorbild dieser Veranstaltung war die seit 1909 in Berlin regelmäßig im Oktober-November stattfindende Veranstaltung gleichen Namens, die zu den glanzvollsten gesellschaftlichen Ereignissen der Reichshauptstadt gehörte.

Die deutsch-amerikanischen Wahlverwandtschaften währten bis weit in den Ersten Weltkrieg hinein, und es gibt rührende Beweise gegenseitiger Hilfsbereitschaft. Als einmal eine wichtige Sendung von Spezial-Farbstoffen zum Einfärben von Kleiderstoffen und anderen Geweben ausblieb, charterte der Ingenieur Alfred Lohmann, Inhaber der Bremer Export-Import-Firma Lohmann & Co. ein Privat-U-Boot und brachte die heißersehnte Ladung im Juli 1916 wohlbehalten nach Baltimore. Einem jungen New Yorker Kaufmann, Karl N. Lliewellyn überreichte man sogar wegen ausdrücklicher Sympathieerklärungen für Deutschland das „Eiserne Kreuz“, und der Gründer des Chicagoer Warenhauses Sears, Roebuck & Cie., Julius Rosenwald, gebürtiger Deutscher aus Bünde in Westfalen, übergab dem Deutschen Roten Kreuz 1915 rund sieben Millionen Mark für wohltätige Zwecke.

Alle diese gegenseitigen Sympathieerklärungen, deren Niederschlag wir immer wieder in den Zeitungen der Kriegsjahre finden, halten sogar noch an, als die USA 1917 doch noch in den Weltkrieg eingreifen. Sie wurden sogar nach dem Ende des Krieges erstaunlich schnell wieder angeknüpft. Die deutsch-amerikanischen Beziehungen hatten nicht unwesentlich zu jenem wirtschaftlichen Aufschwung nach dem 70er Krieg beigetragen. Dieses „Wirtschaftswunder“ aber hatte auch seine Schattenseite, und auf dieser Schattenseite vegetierten die fleißigen Näherinnen sowie die Arbeiter der Konfektion.

„Von den Palästen am Hausvogteiplatz“, so berichtet wiederum Moritz Loeb, „strahlt ein fein verästeltes Geäder aus, bis in die Hinterhöfe des Nordens, Ostens und Südens von Berlin …“ Dort nämlich sind die Zwischenmeister zu Hause, ein Stand, der für die Arbeitsweise der Berliner Konfektion typisch ist. Sie bilden eine Art Konjunktur-Puffer, mit dem das Risiko der Konfektion weitgehend aufgefangen wird, ein Risiko, das durch Wetter und Modelaunen in gleicher Weise bedingt ist. Der Zwischenmeister vermag im Bedarfsfall schier unbegrenzte Reserven an Arbeitskräften aus dem Heer der Heimarbeiterinnen zu mobilisieren, wenn es die Konjunktur erfordert, und gleichzeitig auch wieder abzubauen, wenn die Nachfrage zurückgeht.

Der Zwischenmeister arbeitet nämlich mit Klein- und Kleinstbetrieben in Heimarbeit. Ein solcher „Betrieb besteht durchweg aus Stube und Küche“. Angestellte sind sämtliche Familienmitglieder. Um die Jahrhundertwende sieht das etwa so aus:

„Die „Linden“, Berlins „Via Triumphalis“ entlang trottet eine Lieferdroschke „zweiter Güte“, versteht sich, mit schweren Tuchballen beladen. Am Schloss vorbei geht es in gemächlichem Trab über den Hackeschen Markt durchs Rosenthaler Tor immer weiter nach Berlin-N. hinein. Hier dehnen sich die Straßen in schnurgerader Langeweile nordwärts. Inmitten seiner Tuchballen hockt der „Meister“, genießt die frische Morgenluft und döst vor sich hin. Hier hat jedes Gebäude seine Individualität verloren.

Die Hausnummern bleiben das einzige Unterscheidungsmerkmal. In engen Räumen zusammengepfercht wohnen hier die vielen Namenlosen, die Nähmädchen, deren unermüdlicher Fleiß die Mode von der Stange schuf.

Dort, wo die Droschke des Zwischenmeisters hält, enden die Häuserzeilen und aus dem Dunst des Morgens wird bereits die Silhouette eines Vorortes sichtbar – Pankow oder Weißensee. Heute sind sie längst mit dem Stadtkern zusammengewachsen, mit der U-Bahn verbunden.

Aber um diese Zeit verbinden lediglich die Droschken oder die Sechser-Omnibusse die Bewohner von Berlin-N mit dem Stadtzentrum um das Königliche Schloss. Um diese Zeit ist hier noch Neuland, Aufbruch. Mietskaserne reiht sich an Mietskaserne. Viele Wohnungen stehen noch leer oder werden von „Trockenwohnern" für einige Monate kostenlos bewohnt, bis nach etwa drei oder vier Monaten die regulären Mieter einziehen. Immer mehr Menschen drängen in die wachsende Hauptstadt. 1899 z. B. hatte Berlin einen Zuwachs von 56 957 Einwohnern zu verzeichnen. In den voraufgegangenen und nachfolgenden Jahren war es nicht viel anders.

„Morgen früh um Acht!" ruft der Meister dem Droschkenkutscher noch zu, als die Ballen abgeladen sind, denn er muss sich sein Fuhrwerk vorher bestellen, weil hier draußen keine Droschken zu haben sind. Im zweiten Stock hat der Meister seinen „Betrieb". Der größte Raum der Wohnung ist von einem langen Zuschneidetisch fast völlig ausgefüllt. In den angrenzenden Stuben hocken zwischen Schneiderbüsten und Regalen etwa 40 Näherinnen. Zwei Bügler hantieren mit Holzkohle-Bügeleisen, die die ohnehin muffige Luft noch mehr verpesten.

Kaufmännisch ungeschult ist der Meister der Ansicht, dass er nur dann mehr verdient, je geringer die Löhne sind, die er zu zahlen hat, er selbst kann bei guter Geschäftslage ein Jahreseinkommen von 5000 bis 6000 Mark erzielen. Außerdem fällt für ihn bei geschicktem Zuschnitt „Schmu" ab. Einem ungeschriebenen, aber umso strenger befolgten Brauch folgend, darf der Meister die beim Zuschnitt erübrigten Stoffreste auf eigene Rechnung verarbeiten, was ihm mitunter nicht unbeträchtliche Nebeneinnahmen bringt.

Einen gelernten Zwischenmeister gibt es nicht. Mitunter sind es ehemalige Schneidermeister, die, nicht ausreichend beschäftigt, in der Konfektion wieder bessere Verdienstmöglichkeiten finden. Häufig aber sind es auch Berufsfremde, die von der Ehefrau in ihr Metier eingewiesen wurden und mit Hilfe eines Zuschneidekurses – der 200 Mark kostet – in einen neuen Erwerbszweig übersiedelten. Manche von ihnen bringen es zu einem bescheidenen Wohlstand, viele aber vegetieren nur so dahin.

Das gilt in weitaus größerem Maße noch für die Kleinbetriebe, aus Stube und Küche bestehend. In der „Stube" steht der Meister selbst am Zuschneidetisch, während seine Frau mit zwei Arbeiterinnen die halbfertigen Sachen „ausfertigt", d. h. Knöpfe, Besätze, Haken und Ösen annäht. In der Küche wird geplättet, außerdem arbeitet dort noch eine Knopflochnäherin.

Am schlechtesten gestellt sind die Näherinnen, die im „Betrieb" des Meisters arbeiten, ebenso, wie diejenigen, die für ihn zu Hause tätig sind. Ihr Stücklohn beträgt 45 bis 75 Pfennig, „bessere" Sachen, mit Tressen z. B., werfen 1,50 Mark ab. Ihr durchschnittliches Jahreseinkommen liegt zwischen 300 und 400 Mark. Für ein Dutzend Knopflöcher in Oberhemden gibt es 15 Pfennig. In einer guten Saison können es besonders tüchtige Näherinnen zu einem Wochenlohn zwischen 20 und 24 Mark bringen, bei unbegrenzter Arbeitszeit, versteht sich. Dabei müssen sie häufig das Nähgarn noch selber kaufen.

Auf solche Stücklöhne aber kann man nur kommen, wenn man fix ist, und es kommt sehr darauf an, ob man eine Bluse in einer halben oder in eineinhalb Stunden, ob man an einem Tag fünf oder fünfzehn Westen nähen kann.

15 bis 18 Arbeitsstunden sind während der „Saison" beinahe selbstverständlich. Wer es nicht schafft, wird entlassen, denn das Reservoir an Arbeitskräften ist fast unerschöpflich. Dabei kostet ein Zentner Kohlen um diese Zeit 1,25 Mark,

Berliner Konfektionsnäherin bei der Arbeit.

(Privataufnahme)

der Nahrungsmittelbedarf für eine vierköpfige Familie wird mit 15 Mark pro Woche veranschlagt.

Brot, Leinöl, Kartoffeln und Zichorienkaffee sind Hauptnahrungsmittel. Margarine ist zu teuer, denn sie kostet 50 Pfg. das halbe Pfund (1906). Die arbeitende Bevölkerung jedenfalls hat am „Wirtschaftswunder“ der Nachkriegszeit von 1871 keinen Anteil. Erst nach und nach gelingt es der sozialistischen Bewegung, deren Rechte durchzusetzen.

Dazu kommen die ziemlich hohen Mieten, die die Wohnungsnot der schnell emporschießenden Städte mit sich bringt. Aus einer amtlichen Statistik der Stadt Berlin im Jahre 1910 geht hervor, dass sich 45 000 Berliner Familien nur mit einem einzigen Raum begnügen müssen – bei einer durchschnittlichen Kopfzahl von fünf Personen. Die größten damals erstellten Wohnungseinheiten bestanden aus zwei Zimmern mit Küche. 218 000 Wohnungen hatten zwei Zimmer und Küche, 253 000 bestanden aus einem Zimmer mit Küche, 40 000 aus einem einzigen Zimmer und 5000 aus einer Küche allein. Etwa zur gleichen Zeit standen im Berliner Westen 16 226 Wohnungen leer mit einem Mietwert von insgesamt 17 757 316 Mark. In Charlottenburg, das damals schon 304 000 Einwohner hatte, wurden 1904 allein 1240 leer stehende Wohnungen notiert, davon 403 Neubauten.

In Berlin N und O aber werkelte oft die ganze Familie in unvorstellbarer räumlicher Enge. Vater trat gewöhnlich die Nähmaschine, denn ihre Bedienung verlangte körperliche Kräfte, die eine Frau nicht besaß. „Die schwere Maschine wurde meist mit nackten Füßen getreten" schreibt ein zeitgenössischer Beobachter. „Ich sah einen Konfektionsarbeiter, dem vom Treten der schweren Maschine die Füße bis zu den Knien geschwollen waren …"

„Diese Nähmaschinenarbeit", so heißt es in dem Bericht weiter, „schwächt Magen und Nerven … die typischen Schneiderkrankheiten sind Erkrankung der Atmungsorgane, vor allem der Lungen …" Von 1885 bis 1893 starben von den Schneiderinnen und Schneidern der Berliner Krankenkasse 56,34 Prozent an Lungenschwindsucht, im ganzen 62,62 Prozent an Lungenleiden. Zu Beginn des Jahrhunderts aber war die Nähmaschine schon soweit verbessert, dass sie auch von Frauen bedient werden konnte.

Dagegen blieb das Bügeln noch lange eine schwere körperliche Arbeit. „Ein Bügler eines größeren Betriebes", so heißt es in einem Bericht aus der zweiten Hälfte des 19. Jahrhunderts, „der täglich 9000 Säume zu bügeln habe, müsse das 14 bis 22 Pfd. schwere Eisen 36.000 mal heben und senken, abgesehen vom Tragen vom und zum Feuer. In größeren Werkstätten hatte man schon bald die „wohltätige, automatische Bügelmaschine" eingeführt, die nur einen Mann zur Handhabung des Hebels erforderte."

Solche technischen Neuerungen, die nach und nach aufkamen und weiter verbessert wurden, konnten sich Kleinstbetriebe wie sie in der Berliner Konfektion allgemein üblich waren, natürlich nicht leisten.

Der Unmut der Schneider über ihre soziale Lage flammte daher immer wieder auf. Zuerst schon 1830, als sie sich gegen das Eindringen weiblicher Arbeitskräfte in ihr Gewerbe auflehnten. „Sie sammelten sich In den Zelten", berichtet ein zeitgenössischer Chronist, „zogen dann Unter die Linden und warfen dem König die Fensterscheiben ein. Dem König geschah bei dieser Gelegenheit nichts, wohl aber seinem völlig unbeteiligten Feldmarschall Graf Diebitsch, der in Zivil unter die Zuschauer geriet und von der Polizei Prügel einstecken musste.

Aber dieser Aufstand verlief im Sande. Frauenarbeit wurde vor allem deshalb immer begehrter, weil sie billiger war. Die Mutter August Bebels verdiente beispielsweise mit dem Nähen von Militärhandschuhen täglich 20 Pfg., weil sie am Tage auch nur ein einziges Paar herstellen konnte. Weißnäherinnen verdienten im Berlin der 40er und 50er Jahre etwa 2½ bis 4 Groschen täglich. Plätterinnen und Wäscherinnen 10 bis 15 Gr. Bei beginnender Industrialisierung bekamen junge Fabrikarbeiterinnen 5 bis 6 Gr. Tagelohn, Kinder, deren Arbeit damals ganz selbstverständlich war, verdienten nur 15 Groschen die Woche. Dagegen bekam um diese Zeit in Berlin ein ungelernter Fabrikarbeiter schon 3½ bis 4 Taler die Woche, während eine 4- bis 5köpfige Arbeiterfamilie etwa 3½ Taler für Lebensmittel ausgeben musste.

Die tägliche Arbeitszeit war sehr lang. Berliner Handwerker arbeiteten im Sommer 12, im Winter 11 Stunden, Bäckergesellen sogar 18 Stunden, auch sonntags. In der Konfektion schwankte die Arbeitszeit der Heimarbeiter je nach Konjunktur und Nachfrage. War sie gut, dann gab es für die Konfektionsarbeiterinnen und -arbeiter keinen Sonn- und Feiertag, ja kaum noch Nachtruhe. War sie weniger gut, dann gab es natürlich weniger zu tun, was mit Lohnausfall verbunden war. Selbst die stets einer Hochkonjunktur folgende ruhige Zeit bedeutete für die Heimarbeiter Verdienstausfall und eine weitere Einschränkung ihrer ohnehin ärmlichen Lebensweise[24].

In solchen Zeiten versuchten sich die Zwischenmeister mit „Schmu“ in etwa über die Runden zu bringen. Man traf sich in einer der vielen Berliner Kaffeeklappen[25], um solche Geschäfte abzuschließen, die zwar nicht „janz koscher“, aber durchaus gang und gäbe waren. Ein zeitgenössischer Chronist überliefert uns nachfolgenden Dialog:

„Na, dies Jahr lohnt es sich doch! Alles mit Pelz. Da bleibt doch mal'n Sticke über ... Bisam, siehste, dat reicht für ne Mütze. Willste nich Deinem Jungen zu Weihnachten 'ne Mütze schenken?“

„Ja, Ihr von der Mantelkonfektion – Ihr habt doch wenigstens Schmu, aber wir – Mensch, mit Schürzen is jetzt nischt mehr los. Bis auf's Zentimeter berechnen Se Dir dat, bis auf's Zentimeter ...“

Die breiten Finger des Zwischenmeisters streichen über das weiche Fell.

„Na – det is von eene Woche – 40 Emm hol ich dafor raus.“

Einige Jahre später inserierte man, allerdings versteckt unter Offerte: „Damen-Confection“. „Junge Leute der Branche, welche durch Schneiderbekanntschaft fertige Damenpaletots

24 Ländliche Tagelöhner waren noch viel schlechter gestellt. In Westfalen bekamen sie durchweg drei Silbergroschen täglich, eine Frau nur die Hälfte, nämlich 1½ Silbergroschen. In Mecklenburg bekam ein Tagelöhner – vorausgesetzt, dass er ständig beschäftigt war – im Jahr 375 Mark. Dabei wird um diese Zeit der Lebensunterhalt für eine vierköpfige Familie mit rund 300 Mark im Jahr als Mindestgrenze angegeben.

25 Kleine Kellerlokale.

einkaufen können, ist lohnender Verdienst, resp. Selbständigkeit geboten. Offerte unter …"

Und noch ein paar Jahre darauf, nahm man gar kein Blatt mehr vor den Mund und bot mit vollem Namen und Adresse seine Schmu-Ware an:

„Damen-Schmu-Kostüme, ständig große Auswahl. Reste für Kindersachen, Anfertigung nach Maß unter Garantie tadellosen Sitzes und guter Verarbeitung, bei billigster Preisstellung. Paul Z., N. 65, Brüsseler Str. 49 I."

Für die vielen Näherinnen, vor allem für diejenigen, die nicht nur „zuverdienten", sondern die sich auf eigene Faust durchs Leben schlagen mussten, Witwen, die unversorgt ihre Kinder zu betreuen hatten, gab es kein „Schmu". Ihnen blieb häufig nichts anderes als die Prostitution.

Man zählte um die Zeit der Jahrhundertwende in Berlin 20 000 bis 50 000 Frauen und Mädchen, die sich der käuflichen Liebe hingaben. „Maison de Rendez-vous" und „Petit-Berlin" waren weithin bekannte Etablissements. Aber es gab auch weit weniger anspruchsvolle Lokale, z. B. „Tante Bünsch" in der Jägerstraße, gleich neben dem „Königlichen Leihhaus", wo man tanzen konnte, ohne Sekt trinken zu müssen. Hier war noch ein Stück altes, simples Berlin, inmitten der großen Weinlokale, Bars und Kabaretts. Hier tanzte man nach Geige, Flöte und Piston[26] oder dem neumodischen Phonographen. Hierher kamen die Mädchen in Maskenkostümen, teils, um sich einen Mann zu angeln, teils um nach einem Galan Ausschau zu halten, der ihnen für eine Nacht sechs, zehn oder gar 20 Mark zahlte. Manche bettelten auch „nur einen Fuffziger für die Garderobe …"

Aber sie tun es mit Berliner Scharm:

„Na, Du kleener Piepmatz, wat sacht denn Deine Olle zu de kleene Jeschäftsreise nach Berlin?"

26 Kleine Trompete.

„Wat soll se sagen? Berlin is'n Sündenpfuhl, en richt'jer Sündenpfuhl ..."

„Aber schön is er doch, der Sündenpfuhl? Wie?"

Und schon schwebt sie mit ihrem Provinziellen davon. Nicht alle Provinzler, oder solche, die „etwas erleben wollen", sind so schnell zu haben. Tippt ein junges Mädchen, das abgeblitzt ist, einem älteren Semester im Weggehen auf die Schulter:

„Dann eben nich, dann lass Dir mal uff Deine Jlatze Tugendrosen säen ...!"

Manche resignieren auch: „Aber det sage ick Dir, wenn ick mal alt und hässlich bin un ick soll nach da draußen, nach't Bullenviertel am Schlesischen Bahnhof ..., also nee, weeßte, dann nehm ick lieba Jift!"

Ähnliche Lokale gab es im Osten und Norden Berlins eine ganze Reihe. „Die Räuberhöhle" beim Oranienburger Tor, der „Kuhstall", der 1890 als erstes Berliner Lokal eine Damenkapelle hatte, oder der „Kretin", ein Cafe chantant mit Klavier und Gesangbegleitung.

Der Streik von 1870 hatte die oft diskutierten „Hungerlöhne" zwar nicht abschaffen, aber doch etwas aufbessern können. Er währte neun Wochen und endete mit einem teilweisen Sieg der Arbeiter. Sie verlangten 25 Prozent Lohnerhöhung, Beseitigung der Sonntagsarbeit und Festsetzung der Arbeitszeit auf 11 Stunden täglich. In den Genuss dieser Errungenschaften aber kamen lediglich die Werkstattarbeiter. In der Hausindustrie waren sie einfach nicht durchzuführen. Mit Bismarcks Arbeiterschutzgesetz von 1881 konnte aus gleichem Grund für die Heimarbeiter so gut wie nichts erreicht werden. Sie galten eben als „selbständige Gewerbetreibende", sozusagen als „Unternehmer", die Krankenkasse und Invalidenversicherung selbst zu tragen hatten.

Die Sozialdemokraten forderten daher Abschaffung der Heimarbeit, Minimallohn und Betriebswerkstätten, die es „ermöglichen sollten, den öffentlichen Stellen Einblick zu gewähren". Das forderte u. a. auch der Internationale Sozialistenkongress in Zürich, der außerdem den 8-Stunden-Tag verlangte, eine Forderung, die sogar Henry Ford für berechtigt hielt, weil er damit nachweislich die größtmögliche Arbeitsleistung erreicht hatte.

Aber die Heimarbeit hatte auch für die Heimarbeiterinnen einiges für sich. Vor allem Hausfrauen konnten neben ihrer Näherei ihren Haushalt versorgen und ihre Kinder beaufsichtigen. Berlins Konfektion aber stand und fiel mit der Heimarbeit, im Gegensatz zu Münchens Bekleidungsgewerbe, das mehr auf Werkstattarbeit aufgebaut war.

"MIR PASST DIE JANZE RICHTUNG NICHT …"

Gerhard Hauptmann war der Erste, der die soziale Frage auf die Bühne brachte. Als seine „Weber" 1892 in Berlin uraufgeführt wurden, kündigte Wilhelm II. – von der Berliner Arbeiterbevölkerung schlicht und respektlos „Lehmann" genannt – die kaiserliche Loge, sekundiert von Berlins Polizeipräsidenten Richthofen: „Mir passt die janze Richtung nicht …"

Wenige Jahre später sang Guido Thielscher im „Metropol" das „Lied des Elends". Der Kampf um die Hungerlöhne ging weiter. „Berlin hat die schlechtesten Zustände", heißt es in einem Aufruf während des Berliner Schneiderstreiks von 1870. „Die Arbeitsstätten sind oft nur Küche, Wohn- und Schlafraum, Krankenstube, Geburts- und Sterbezimmer … Aber auch da, wo Werkstätten gehalten werden, liegen die Verhältnisse fast ebenso. Alle möglichen Räume, die sich zu weiter nichts eignen, werden als Schneiderwerkstätten eingerichtet: Kellerräume, Dachkammern, Badestuben und sonstige dunkle Räume finden hierzu Verwendung …"

Für eine Konfektionsfirma, deren Ruf weit über Deutschland hinausreicht, arbeitet ein Schneider, ein außerordentlich ge-schickter, gründlich durchgebildeter Mann. Nach der Modellzeichnung fertigt er den Schnitt selbständig an und schneidet ihn auch zu. Er liefert die Ware gebügelt und vollkommen verkaufsfertig ab. Die Lieferungsbücher dieses Schneiders weisen für 10 Monate des Jahres 1895 eine Gesamteinnahme von 1139,90 Mark auf. Dieser Verdienst wurde erzielt bei einer durchschnittlichen Arbeitszeit von täglich 14 Stunden und sieben Stunden am Sonntag. Volle acht Monate hat die Frau dieses Schneiders etwa sechs Stunden täglich mitgeholfen.

Von dieser Einnahme gehen ab: Werkstattmiete, Kosten für Zutaten, Lohn für zeitweilig beschäftigte Hilfskräfte, Heizung und Licht, die mit rund 25 % des Brutto-Einkommens veranschlagt werden, in diesem Falle genau 291,36. Es bleiben also 848,54 Mk als Einkommen für eine Familie mit fünf Kindern!

An der untersten Sprosse der sozialen Stufenleiter aber stehen die Konfektionsnäherinnen, vor allem solche, die ganz allein auf sich gestellt sind. Zeitgenössische Untersuchungen ergaben u. a. folgendes Beispiel:

Für Schlafstelle und Kaffee	0,20 Mk
Zweites Frühstück (Butterbrot)	0,15 „
Mittagessen	0,30 „
Vesperbrot	0,15 „
Abendessen	0,20 „
zwei Flaschen Bier	0,20 „
sind zusammen	1,20 Mk tägl. Ausgaben

Für Ernährung und Wohnung hatte also ein alleinstehendes Mädchen wöchentlich 8,40 Mk auszugeben, bei allerbescheidensten Ansprüchen. Kleidung, Körperpflege, Wäsche und dergleichen sind nicht einmal eingerechnet. Der Berliner Gewerberat von Stülpnagel, der diese Untersuchungen anstellte, setzte ein wöchentliches Einkommen von 12 bis 15 Mk an, womit sich zur Not schon auskommen ließe.

Ein Zwischenmeister am Wedding – so berichtet er weiter – beschäftigt während der Saison 15 Näherinnen, die Rumpfstücke für Jacketts zu je 40 Pf das Stück liefern. Sie sind in der Lage, täglich zwei Jackettrümpfe fertigzustellen, erhalten also einen Taglohn von 80 Pf und einen Wochenlohn von 4,80 Mk. – Eine weitere Gruppe von ebenfalls 15 Näherinnen bekommt für das Garnieren dieser Rümpfe 50 Pf pro Stück, einen Taglohn von einer Mark und einen Wochenlohn von sechs Mark. Das entspräche einem Monatseinkommen von etwa 20 bis 25 Mark[27]!

Um diese Zeit kosten: 1 kg Kartoffeln 5-7 Pf; 1 Pfd. Schweinefleisch 70-85 Pf; 1 Pfd. Kalbfleisch 90 Pf bis 1 Mk; 1 kg Roggenbrot 25-35 Pf; 1 kg Weißbrot 40– 65 Pf; 1 Pfd. Schweineschmalz 70-90 Pf; und 1000 „Salonbriketts“ 10-11 Mk frei Haus.

Auch die Zahl der Arbeitssuchenden war beträchtlich. Im Januar 1910 z.B. kamen in Berlin, auf je 100 offene Stellen, für Arbeiter 149 Bewerber, 113 kaufmännische Angestellte, 103 weibliche Angestellte und 190 Kommis. Mit einer „Heimarbeiter-Ausstellung“ versuchte man im September 1905 die Öffentlichkeit auf das Heimarbeiter-Elend aufmerksam zu machen, so wie es im 8. Jahrhundert die persischen Armen und Unterdrückten taten, indem sie in roten Gewändern auftraten, damit man ihrer besser ansichtig wurde. Rot wurde dadurch zum Farbensinnbild des Sozialismus. Die Sozialdemokraten brach-

27 Moritz Loeb, Chronist der Berliner Konfektion der Jahrhundertwende, veranschlagt das durchschnittliche Einkommen einer Konfektionsnäherin auf jährlich 300 bis 400 Mark, was Monatseinkommen von 25 bis 33 Mark gleichkäme.

ten im Reichstag einen Gesetzentwurf zum Schutz der Heimarbeiter ein. Streikwelle folgte nun auf Streikwelle[28].

Zwar hatte es zu allen Zeiten öffentliche und private Armenpflege gegeben, um die härteste Not zu lindern. In Berlin war der Etat der Armenverwaltung um 1840 innerhalb von zehn Jahren von 104 000 auf 374 000 Taler gestiegen. Moritz-August von Bethmann-Hollweg gab schon als Professor in Bonn von seinem jährlichen Einkommen von 70 000 Talern den zehnten Teil für die Armen. Das war mehr als das Gehalt des Berliner Oberbürgermeisters, der damals 5000 Taler bezog. Aufopfernd wirkten auch Bettina von Arnim sowie Frau von Boguslawska, die in Berlin den ersten Wohltätigkeitsbazar ins Leben gerufen hatte. Von ihnen bis zu der tatkräftigen Wohltätigkeit Dr. Karl Sonnenscheins in den 20er Jahren unseres Jahrhunderts spannt sich ein weiter Bogen hilfsbereiter Menschlichkeit für die Ärmsten der Armen, vor allem für die Kranken und Arbeitsunfähigen.

Auch die Prinzipale der Konfektion haben sich um ihre Untergebenen gekümmert. Nicht nur Mary Leineweber veranstaltete vor der Jahrhundertwende schon „Betriebsausflüge“ in den Grunewald (siehe auch das Kapitel „Mary Leineweber“), auch Rudolph Hertzog (siehe auch Kapitel „So wie ich es will …“) und Valentin Manheimer (siehe auch das Kapitel „Valentin Manheimer“) und viele andere hatten stets ein offenes Ohr und menschliche Anteilnahme für die Not der arbeitenden Bevölkerung. Fortschrittlich in sozialer Hinsicht waren u. a. auch die Firmen Herz & Meyer sowie Meyer & Co., die schon kurz nach der Jahrhundertwende ein Erholungsheim für ihre Betriebsangehörigen eingerichtet hatten. Das „Club-

28 Die freien Gewerkschaften registrierten 1910 in Berlin 233 060 Mitglieder, die christlichen Gewerkschaften 5073 und der Gewerkverein Hirsch-Duncker 16 694. 1907 hatten die Gewerkschaften sogar zu einem Boykott gegen diejenigen Firmen aufgerufen, die sich weigerten, Betriebswerkstätten einzurichten. Der Boykott wurde gerichtlich verurteilt und blieb daher ergebnislos. Der Heimarbeiterschutz aber wurde immer nachdrücklicher gefordert.

haus Neumühle“ bei Königswusterhausen hatte eine Kegelbahn, Turngerät, einen Spielplatz und später sogar ein Motorboot. „Neumühle“ stand in erster Linie Erholungsbedürftigen zu, aber auch das übrige Personal durfte hier jeweils im Jahr 14 bezahlte Urlaubstage verbringen, wenn das betreffende Betriebsmitglied mindestens vier Jahre bei einer der beiden Firmen beschäftigt war.

Von solchen Einrichtungen profitierten allerdings nur die Angestellten, die Angehörigen einer Firma. Die Masse der Heimarbeiterinnen, der Konfektionsarbeiter und Zwischenmeister hatte daran keinen Anteil. Sie galten ja als „selbständige Unternehmer“. Für sie war höchstens die private Armenpflege zuständig.

Es gab zu dieser Zeit in Berlin eine ganze Reihe von Verbänden, die sich der Armenfürsorge widmeten, darunter die verschiedenen „Armenverbände der Kaufmannschaft“, von den Ältesten der Berliner Kaufmannschaft eingerichtet und unterhalten. Da halfen ferner die „Deutsche Gesellschaft zur Versorgung verschämter Armer mit freiem Brennmaterial“, der „Verein gegen Verarmung“ sowie der „Zentralverein für das Wohl der arbeitenden Klassen“ manche Not lindern.

Aber die Arbeiter im Zeitalter der Industrialisierung wollten und konnten sich nicht mit Almosen abfinden, auch waren sie nicht bereit, ihr Schicksal dem Gutdünken ihrer Arbeitgeber auszuliefern. Immer hartnäckiger verfocht daher die sozialistische Bewegung ihre Forderungen. 1911 werden sogenannte „Lohnämter“ eingerichtet, die Mindestlöhne vorschreiben. Seitdem erhält ein Bügler im Tageslohn einen Mindestumsatz von 5 bis 5,50 Mark, bei 7- bis 9stündiger Arbeitszeit. Im Allgemeinen werden die Wochenlöhne um 4 bis 6 Mark erhöht. 1913 wird ein „Bureau für Sozialpolitik“, Nollendorfer Straße 29-30, eingerichtet. Hier befindet sich von nun an eine Auskunftsstelle für Heimarbeiter, die in Berlin örtliche Ausschüsse gebildet haben. Auskünfte werden von Lehrern, Pfarrern, Frauen und Männern, die ehrenamtlich zur Verfügung stehen, erteilt. Sie wollen vor allem den Heimarbeiterinnen und Heimarbeitern mit Rat und Tat zu Hilfe kommen.

1913 kommt es in der Berliner Herrenkonfektion zum Generalstreik. Die Arbeitgeber drohen mit Aussperrung. Sie argumentieren damit, dass der Jahresverdienst eines Schneiders mit 2500 bis 2800 Mark „sogar das Einkommen der Schutzleute übersteigt.“ 32 Firmen mit rund 4000 Schneidern sind an diesem Ausstand beteiligt, 45 Prozent davon organisiert. Es kommt zu Aussperrungen. Man holt sich Arbeitskräfte aus Schweden, aber es zeigt sich, dass sie für die auf Konfektionsarbeit eingefuchsten Berliner Schneider keinen vollwertigen Ersatz darstellen. Arbeiter und Prinzipale kommen also wieder überein, die Löhne werden erhöht. Um 5 bis 8 Prozent, behaupten die Schneider, um 40 Prozent, sagen die Arbeitgeber. Wer von beiden recht hat, lässt sich aus den zeitgenössischen Darstellungen nicht klar ersehen. Wahrscheinlich kommt es auf den Standpunkt an.

Jedenfalls werden um diese Zeit mit einem Mal Arbeitskräfte rar, zumindest in der Berliner Herrenkonfektion. Ausländische Arbeiter einzustellen wird dringend notwendig. Aus Russisch-Polen, Österreich-Ungarn, vor allem aus Böhmen und Schweden, holt sich die Berliner Konfektion ihre Schneider. Das bringt wiederum neue Zwistigkeiten, vor allem dann, wenn stille Wochen vorübergehend wieder Arbeitskräfte freimachen. Die Auseinandersetzungen sind hier häufig so heftig, dass viele Russisch-Polen, die den Hauptbestandteil der ausländischen Konfektionsarbeiter bilden, nach England und den USA auswandern. Sie haben erheblich mit dazu beigetragen, dass die junge Konfektion, die sich nach Berliner Vorbild seit Ende des 19. Jahrhunderts dort entwickelte, schon bald zu einer ernstzunehmenden Konkurrenz für Berlin wird.

Aber nicht nur Lohnforderungen, auch Arbeitszeitfragen stehen auf dem Programm der Sozialisten. Man verlangt, dass sonntags die Geschäfte geschlossen bleiben und an Wochentagen um 19 Uhr spätestens schließen sollten.

Die Schwestern.
„So, uff enmal is dir die Schlafstelle bei uns zu theier! Hast'n Hausschlüssel, warme Stube, und dein Jungen still ich ooch noch -

(Aus: H. Zille, „Kinder der Straße", Fackelträger-Verlag)

„Völlige Sonntagsruhe – Ruin für den Mittelstand", schreibt noch im Januar 1914 eine Berliner Tageszeitung. Mit Beginn des Ersten Weltkrieges aber, als Arbeitskräfte immer knapper werden, ist man schon eher bereit, dem Drängen der Sozialisten nachzugeben. Nach den Reichstagswahlen von 1912, als die Sozialdemokraten als stärkste Partei in den Reichstag einziehen, wird schon manches besser. Der „7 Uhr-Ladenschluss" gehört dazu.

Im Kriegsjahr 1914 setzte die „Vereinigung der Heimarbeiterinnen der Konfektion“ auch eine „Kaiserin-Jubiläums-Sammlung“ durch, die 25 506,91 Mark zusammenbrachte. Sie wurde zum Bau eines Altersheimes für Heimarbeiterinnen bestimmt. Kaiserin Auguste Victoria empfängt am 24. Januar 1914 eine Delegation Berliner Konfektions-Heimarbeiterinnen unter der Führung von Margarete Behm und „lässt sich über den Fortschritt der Heimarbeiterinnen-Bewegung berichten“, wie es im „Confectionair“ heißt. Immerhin zählte dieser Verein damals rund 8000 Mitglieder.

Diese Vereinigung hatte u. a. vor, eine ähnliche wohltätige Stiftung für ihre Mitglieder einzurichten, wie sie im Mai als „Jardin Jenny“ für die Pariser Midinetten alljährlich veranstaltet wird. „Privatleute und Zeitungsverlage, darunter der „Matin“, unterstützen diese Veranstaltung, die im Rahmen eines „Frühlingsfestes“ durchgeführt wird. 100 000 bis 120 000 Bons werden gewöhnlich dabei verlost, und jeder „Bon“ bedeutet ein kleines Geschenk: Blumen, Blattpflanzen oder nur einfach Blumensamen sollen den Heimarbeiterinnen ein wenig Freude in ihre dunklen Stübchen bringen“, heißt es in einem Bericht. „Mancher „Bon“ bedeutet auch ein Theaterbillet, ein Buch oder ein kleiner Kunstgegenstand, der ein wenig Abwechslung vermitteln soll. Außerdem gibt es Gratis-Reisen für Erholungsbedürftige.“ Diese Einrichtung wollte man auch in Berlin einführen. Leider kamen die Berliner Heimarbeiterinnen nicht mehr in den Genuss dieser liebenswerten Gewohnheit. Der Erste Weltkrieg brach darüber aus.

Wenn auch der „Jardin Jenny“ nicht mehr in Berlin verwirklicht werden konnte, so hat doch eine andere pariserische Gepflogenheit Schule gemacht. Mode wirkungsvoll zu präsentieren ist in Paris so alt wie die Mode selbst, die dort geschaffen wurde. Wenn auch die „Geburtsstunde der Mannequins“, wie wir sie heute kennen, auf das Jahr 1858 datiert wird (s. Seite 116), so haben diese Vorführdamen doch eine Reihe recht interessanter Vorfahren. Die kleine und die große Pandora sind schließlich auch die Ahnen unserer „Gelbsterne".

GELBSTERN UND IHRE SCHWESTERN

Die vornehme Kutsche, die an einem frühen Morgen des Sommers 1718 Paris in Richtung Le Havre verlässt, ist dicht verhangen. Die Bauern, die um diese Zeit auf den Feldern arbeiten, machen sich keine Gedanken darüber, wer wohl in dieser Kutsche sitzen könnte. Ein reicher Nichtstuer, ein Ausbeuter, einer jener Parasiten, die auf Kosten der anderen das „dolce vita" ihrer Zeit genießen?

„Merde!"

Ein junger Mann in zerschlissenen Kleidern spuckt hinter ihr drein.

„Hast du sie gesehen, die feine Kutsche?"

Der Bauer, der am Wegrand arbeitet, schüttelt den Kopf.

„Was interessiert dich daran?"

Der junge Mann lächelt abgründig. „Irgendetwas ist mit dieser Kutsche. Immer um die Monatsmitte fährt sie nach Le Havre, von dort geht es mit dem Schiff nach England. Ich möchte wissen, was mit dieser Kutsche ist."

„Was soll schon damit sein? Vielleicht sitzt ein Günstling des neuen Königs darin, der in geheimer Mission nach England reist. Das sollte uns wenig kümmern …"

Der junge Mann schnippt mit den Fingerspitzen.

„Soll ich dir mal was sagen? Es sitzen zwei Damen in dieser Kutsche, eine jüngere und eine ältere. Sie sind behangen mit Schmuck und – sie reisen ohne jeglichen Schutz …"

Der Bauer sieht den Zerlumpten scharf an. „Was willst du damit sagen?"

„Diese Frauen haben Geld, ach was, steinreich sind sie, sage ich dir." Er wippt auf den Zehenspitzen und schwenkt seinen mageren Brotbeutel.

„Der Kutscher kann nicht viel ausrichten, wenn wir zu zweit sind …"

Erschrocken blickt der Bauer auf den jungen Mann, der da so verbittert und zu allem entschlossen vor ihm steht.

„Nein! – Damit will ich nichts zu tun haben. Da ist uns die Bastille sicher …"

Er griff nach seiner Hacke und machte sich an seinem Acker zu schaffen.

„Was quälst du dich damit ab, dein Land zu bestellen? Im nächsten Jahr nehmen sie dir deinen sauer erworbenen Ertrag ja doch wieder weg."

Breitbeinig baut sich der junge Mann vor dem Alten auf.

„Weißt du, was sie mit deinem Weizen machen? … Puder machen sie daraus, mit dem sie ihre Gesichter und ihre Perücken bestäuben! Denk dir nur, Puder aus dem feinsten Weizenmehl, aus dem du deinen Kindern einen Brei kochen wolltest! 50 000 Zentner Weizenmehl haben sie allein im letzten Jahr nach Versailles geschafft, um Puder daraus zu machen."

Der Bauer hält erschrocken in seiner Arbeit inne und sieht den jungen Mann mit finsteren Blicken an. Der aber redet unentwegt weiter …

„Es gibt keine bessere Gelegenheit, um ihnen etwas von dem abzunehmen, was sie uns gestohlen haben …"

Als die vornehme Kutsche genau nach vier Wochen wieder auf dem gewohnten Weg Le Havre zustrebt, wird sie plötzlich unweit von Rouen angehalten. Zwei Männer stellen sich ihr in den Weg. Einer von ihnen fesselt den völlig überraschten Kutscher, der vergebens um Hilfe ruft. Kein Mensch ist in der Nähe, der ihn hören könnte.

Aber auch die Damen in der Kutsche regen sich nicht. Ist es Angst oder Schrecken, dass sie so unbeweglich auf ihren Plätzen sitzenbleiben? Schließlich reißt einer der beiden Räuber die Türe auf und hält ihnen die Pistole entgegen:

„Geld oder Leben!"

Er ruft es so laut, als wolle er sich selbst Mut machen, denn er hat noch nie jemandem etwas zuleide getan.

Aber auch jetzt gibt keine der beiden Damen ein Lebenszeichen von sich. Steif und starr sitzen sie in ihren kostbaren Roben. Ihre Häupter mit den hochgetürmten Fontangen sind in zarte Spitzenschleier gehüllt. Fassungslos starren die beiden Männer sie an. Schließlich schiebt der jüngere den Spitzenschleier ein wenig zurück und blickt in zwei helle, aber ausdruckslose Glasaugen!

Vorsichtig tippt er mit dem Finger gegen die sitzende Person. Sie kippt ein wenig nach vorn und wäre wahrscheinlich ganz umgefallen, wenn sie nicht von kleinen Kettchen gehalten worden wäre.

„Was ist?", fragt der andere Kumpan.

Der aber antwortet mit einer Stimme, in der Enttäuschung, Zorn und – maßloses Erstaunen mitschwingen:

„Sie sind aus Holz!"

Die beiden Gesellen sind über diese Entdeckung so erbost, dass sie daran gehen, den beiden „Damen" ihren ganzen Putz abzureißen. Wie sollten sie auch wissen, dass diese Figuren aus Holz nichts anderes sind als Modepuppen, die „große Pandora" genannt, der sich die „kleine Pandora" seit einigen Jahren beigesellt hatte.

Beide reisen allmonatlich von Paris über den Kanal nach England, um dort kraft ihrer Erscheinung und Ausstattung über die neuesten Modeschöpfungen der Pariser Meister zu berichten. Die „große Pandora" trägt die neuesten Staatstoiletten, wie sie bei Hofe üblich sind, während die „kleine Pandora“ stets die modernen Negligés anhat[29]. Beide „Botschafterinnen“ der Mode, vom ancien régime später Mannequins genannt, ein Wort, das aus dem deutschen „Männeken“, nämlich „Gliederpuppe“ entlehnt ist, wurden stets mit großer Ungeduld von den Damen bei Hofe und dem Adel erwartet. Sechs Louisdor kostete solch eine Holzpuppe. Wer ihre kostspieligen Reisen finanzierte, wurde nicht bekannt.

Aber sie reisten nicht nur nach England. Auf gleiche Weise gelangten sie auch nach Italien, Wien und Petersburg.

„Wir Franzosen müssen uns die Welt durch Mode erobern“, hatte der tatkräftige Colbert gesagt, von Ludwig XIV. beauftragt, eine „aktive Handelsbilanz“ zu schaffen. Wie sollte dies aber möglich sein in einer Zeit, da Reisen umständlich, kostspielig und abenteuerlich waren. Modejournale gab es noch nicht, sie steckten schon in den Anfängen, mussten sich aber hauptsächlich auf die Beschreibung der Modelle beschränken und kostspielige „Modekupfer“ verwenden. 120 Jahre später erst hätten sie „daguerreotypiert“ werden können.

Seit 1672 reiste daher die „große Pandora“ als Modebotschafterin durch Europa und warb so für einen Wirtschaftszweig, der für Frankreich von so großer Bedeutung werden sollte. Wie eng sich dieser Wirtschaftszweig mit den Unternehmungen, die rund 150 Jahre später am Hausvogteiplatz begonnen wurden, verband, haben wir ja bereits erfahren.

Zwar bringt schon im Jahre 1672 die Pariser Zeitschrift „mercure galant“ ausführliche Nachrichten darüber, was man in Paris und Versailles trägt, aber was nützt der ausführliche Bericht, wenn man die Mode nicht in Augenschein nehmen kann. So erfüllen die beiden Modepuppen im 17. Jahrhundert bereits die Aufgaben, die ihnen sehr viel später die Modenschau auf dem Laufsteg abnimmt.

29 Negligé bedeutet hier häusliche Kleidung.

Ungehindert gelangen sie durch alle Zollschranken, von denen es zu dieser Zeit weiß Gott genug in Europa gibt. Selbst Kriege vermögen sie nicht aufzuhalten, bis endlich Napoleon sie verbietet. Er hatte nämlich herausgefunden, dass im preußischen Krieg von 1806/7 diese Puppen zu Spionagezwecken verwendet worden waren. Von da ab mussten die Modejournale allein die modischen Informationen übernehmen.

Fürst Potemkins Überraschung oder der falsche Duprez

Aber noch bevor Napoleon die Reisen der Pandora verbieten konnte, erfuhr man von einem lebenden Mannequin, das von Paris auf abenteuerliche Weise an den Hof von Petersburg gelangte und dort vor Katharina der Großen und ihrem Hofstaat französische Modelle vorführte. Es war eine Art Modenschau der Frühzeit.

Fürst Potemkin, einst Favorit der großen Zarin Katharina, wollte seiner hohen Freundin eine besondere Freude bereiten. Er hatte nämlich von einem gewissen Pariser Schneider mit Namen Duprez erfahren, der unter den Meistern der hohen Schneiderei einen klangvollen Namen besaß. Er befahl seinem Adjutanten, diesen Herrn Duprez mitsamt seinen neuesten Kreationen an den Zarenhof zu bringen. Der Adjutant reiste also nach Paris und suchte den bekannten Meister auf.

„Ich habe einen ehrenvollen Auftrag für Sie, Meister Duprez“, sagte er, „und ein fürstliches Honorar zugleich.“ Duprez, der zunächst mit Interesse den Vorschlägen des Abgesandten aus Petersburg zugehört hatte, versank in nachdenkliches Schweigen.

„Nun, wollen Sie nicht mitkommen?", fragte schließlich der Adjutant Potemkins, als er seine Schilderungen vom glanzvollen Leben am Zarenhof beendet hatte.

„Sie werden die Zarin kennen lernen, Sie werden die russische Hauptstadt sehen und werden schließlich als weitgereister Mann bewundert." Aber Duprez blieb nachdenklich.

„Monsieur", sagte er endlich, um den hohen Besucher nicht zu kränken, „ich muss mir die Sache überlegen. Eine Reise nach Russland ist eine abenteuerliche Unternehmung."

Der Abgesandte versprach wiederzukommen. Aber so oft er auch vorsprach, Duprez wollte nicht. Eine tiefe Furcht hatte ihn vor einer Reise nach Russland befallen. Schließlich erklärte er dem völlig sprachlosen Adjutanten:

„Wie kann ich in eine Stadt reisen, wo noch Wölfe und Bären auf den Straßen umher spazieren?"

Der verzweifelte Adjutant vermochte gegen so viel Naivität und Voreingenommenheit nichts auszurichten, aber er wollte auch nicht unverrichteter Dinge zurückkehren. Das brachte ihn auf einen Gedanken. Er ging zu Duprez und erklärte:

„Also gut, wenn Sie absolut nicht mitkommen wollen, kann ich es zwar nicht ändern, aber einen Gefallen müssen Sie mir tun. Nennen Sie mir einen anderen Meister Ihres Fachs, der bereit wäre, mit mir nach Petersburg zu kommen. Er soll sich als Meister Duprez ausgeben. Denn", so schloss der Abgesandte überzeugend, „wenn ich ohne Sie nach Petersburg komme, schlägt man mir den Kopf ab."

Sofort war Duprez bereit, ihm zu helfen. Er schickte ihn zu einem Kollegen, von dem er wusste, dass es ihm nicht besonders gut ging und der sicherlich bereit war, die Reise nach Russland zu unternehmen.

Er tat es sofort, aber er hatte eine Bedingung. Seine Freundin, ein bildhübsches, junges Mädchen, sollte mitkommen, denn er wollte sich auf keinen Fall von ihr trennen. Die Bitte wurde ihm gewährt. So erreichten die drei nach tagelangen Reisen endlich die zaristische Hauptstadt. Der falsche Duprez wurde mit Ehren überschüttet und verwöhnt. Seine weniger raffiniert aber gut geschnittenen Kreationen wusste die junge Dame seiner Begleitung mit so viel Charme und Grazie vorzuführen, dass man die Einfallslosigkeit übersah. Diese junge Dame war damit wohl das erste lebende Vorführmodell geworden. Es sollte noch eine lange Zeit vergehen, bis ihre Kunst Nachahmung fand.

DIE ZEIT DER GROSSEN KOKOTTEN

Ob nun die Geschichte des falschen Duprez nach Paris gelangte oder nicht, sicher ist, dass sie Schule machte. Die Idee, Kleider von hübschen Mädchen vorführen zu lassen, die nicht aus Holz, sondern aus Fleisch und Blut sind, liegt auf der Hand.

Die Wirksamkeit einer Demonstration am lebenden Modell hatten schließlich zu allen Zeiten die Mätressen der Fürsten und Könige, die großen Kokotten der Geschichte nachhaltig gezeigt: Maria von Medici, die als Erste ein Panzer-Korsett trug, Madame de Maintenon kreierte sogar die Einschnürung des Busens bis zum Halse, Madame Fontange machte die nach ihr benannte Turmfrisur populär, die Pompadour nicht nur ihre bekannte Beuteltasche, sondern sie war auch sonst für modischen „dernier cri" am Hofe Ludwigs XV. ebenso zuständig wie die Dubarry beim XVI. Ludwig von Frankreich. Als sie unter der Guillotine endete, starb auch die von ihr lancierte Mode.

Schauspielerinnen und Bühnenkünstlerinnen – darunter Sarah Bernhardt – treten an ihre Stelle, Madame Bartet und Madame Réjane sind die Ersten, die nicht nur neueste Modeschöpfungen auf der Bühne zeigen, sondern auch zu den Rennen nach Auteuil und Longchamps fahren, wo man im Frühjahr und Herbst mit dem „Grand Prix" zugleich die Mode von morgen populär macht.

Die erste Modenschau in der heutigen Form – wenngleich noch ohne Laufsteg – fand auf der Pariser Weltausstellung von 1867 statt. Sie war damals mindestens so sensationell wie die größte Kanone, die „Dicke Berta" der Firma Krupp, die es dort zu sehen gab. Die Modenschau war die erste größere Repräsentation der Pariser Schneider, mit strenger Etikette und selbstverständlich in „geschlossener Gesellschaft" durchgeführt. An ihr nahmen unter vielen gekrönten Häuptern der europäischen Aristokratie und den ungekrönten der aufstrebenden Industrie auch die Königin Victoria und Zar Alexander II. als Zuschauer teil.

In Berlin rümpfte man darüber die Nase, man sprach von „welschen Sitten" und „Halbwelt-Atmosphäre", und es dauerte noch einige Jahrzehnte, ehe man sich entschloss die neumodischen „Künstlerkleider" der Jahrhundertwende von „Damen der Gesellschaft im Tanzschritt bei Klavierbegleitung" vorzuführen (so wie es bei Gimbel & Brothers in New York schon lange üblich war), natürlich nur in geschlossenen Räumen, vor geladenem Publikum.

Trotzdem musste auch die „Gesellschaft" zugeben, dass der Sitz eines Kleides erst am lebenden Modell richtig zur Geltung kommen konnte. Das Haus Gerson, das ja Hoflieferant des deutschen Kaiserhauses war, besaß zwar eine Büste mit den Maßen der Kaiserin Auguste Victoria, doch gab es dort auch eine „Probierdame", Charlotte Krüger, die als „Kaiser-Mannequin"[30] speziell für die „Schlossvisite" ausersehen war. Sie gehörte zu den Erwählten unter ihren Kolleginnen, die Ihrer Majestät die neuesten Kreationen vorführen durfte. Ein guter Wuchs, Bescheidenheit und tadellose Manieren waren unab-

30 Siehe auch „Herrmann Gerson".

dingbare Voraussetzungen für die „Probierdamen“ der Firma Gerson. Doch auch dies genügte mitunter manchen der verwöhnten Kundinnen nicht. Dazu gehörte auch eine Nichte Bismarcks, die in den 20er Jahren bei Gerson kaufte. Da sie „Probierdamen“ rundweg ablehnte, musste eine junge Dame bemüht werden – Kat Hussong, eine Großnichte des Malers Lenbach – die in Gersons Atelier volontierte. Sie allein schien der hochbetagten Aristokratin gesellschaftlich ebenbürtig. – Selbstverständlich gab es unter den „Probiermamsells“ auch solche, die ihre Reize unverhohlen feilzubieten wussten und mit Equipagen und Droschken „erster Güte“ am Hausvogteiplatz vorfuhren, was mit einem Gehalt von 30 bis 60 RM monatlich kaum möglich gewesen sein konnte.

Während des zweiten Kaiserreiches galt es immerhin für eine „Dame erster Kreise“ als unzumutbar, sich zu einer Schneiderin zu begeben. Man bestellte die Modistin ins Haus und ließ sich dort von ihr beraten. Nur die größten und exklusivsten Häuser konnten es sich leisten, ihre Kundschaft zu sich zu bitten.

Das ändert sich in Deutschland grundsätzlich erst nach dem Ersten Weltkrieg. Im Ausland dagegen hatte man die werblichen Chancen einer Modenvorführung mit lebenden Modellen viel früher erkannt. Vor 1914 findet in der „Albert-Hall“ in London bereits eine Modenschau vor 10 000 Zuschauern statt. Der „Daily Mirror“ hatte sie veranstaltet. In Paris sind Modenschauen ohnehin längst an der Tagesordnung. Es gibt sogar zehnjährige „Vorführdamen“, mit deren Hilfe man Kindermode lanciert.

Um diese Zeit – vor 1914 – sind die Pariser Schneider sogar auf die originelle Idee verfallen, Modenschauen auf Ozeandampfern zu arrangieren. Außerdem erscheinen die Mannequins zum Lunch, zum Souper, zum Cocktail in der Bar oder zum Spaziergang auf dem Promenadendeck in stets neuer, modischer Gewandung. Fanden die reichen Touristinnen an dem einen oder anderen Modell Gefallen, kabelten die „Vorführdamen“ die Bestellung gleich an ihre Pariser Häuser. Traf die Kundin dann in Paris ein, fand sie die gewünschte Toilette bereits nach Maß gefertigt vor. Mlle. Forzane und Monna Delza – bekannte Mannequins jener Zeit – erhielten für jedes verkaufte Modell einen Franc Provision, womit sie ihre Monatsgehälter, zwischen 150 und 200 Franc liegend, mitunter recht beträchtlich aufbessern konnten, das Erlebnis einer Seereise eingeschlossen.

Solche „Bestellungen“, die mit dem neu aufgekommenen „Ozeanbrief“ 1912 weitergeleitet wurden, beschränkten sich keineswegs auf eine oder zwei Roben. Als sich die Sache herumgesprochen hatte, richteten sich sogar manche Väter und Mütter darauf ein, ihre flügge gewordenen „Dollarprinzesschen“ erst während der Überfahrt nach Europa einzukleiden und sie nicht nur mit den verschiedenen Toiletten, sondern sogar häufig noch mit einem kompletten Wäschetrousseau auszustaffieren. Hier nämlich hatten sie Zeit und Ruhe dazu. Eine solche „Bestellung“ sah 1912 etwa folgendermaßen aus:

1 Straßenkleid	400,– Franc
1 Amazonenkleid	500,– „
2 Besuchskleider	1100,– „
3 Tea-gowns	1800,– „
4 Soiree-Roben	2400,– „
2 Mäntel	1000,– „
2 Pelze	4000,– „
1 Federboa	50,– „
1 Peignoir (Spitzenhauskleid)	900,– „
10 Hüte 500,– „	
1 Wäschetrousseau	5000,– „
Handschuhe u.	
Taschentücher 1500,–– „	
insgesamt	16 000,– Franc

Um diese Zeit ging in Berlin eine Mode-Revue über die Bretter, in deren Refrain man nach der Lektüre obiger „Schneiderrechnung" nur einstimmen konnte:

„Ja, Kleider machen Leute
und eine Frau von Welt,
so eine Frau von Welt
geht kolossal ins Geld ..."

Nach dem Stand von 1912 – dem Datum dieser Rechnung – hat die Entdeckung Amerikas weit weniger gekostet. Columbus gab nämlich für die Ausrüstung seiner Flotte, umgerechnet auf den Wert der Goldmark von 1912, nur 14 000 Mark aus!

In Berlin findet die erste Modenschau mit Mannequins aus Paris im Frühjahr 1910 statt. Poiret hat sie mitgebracht, um hier seine neue Linie der Directoire-Kleider zu kreieren. „Kein Ehemann in unseren Kreisen würde seiner Frau erlauben, in einem so indezenten Kleid in Gesellschaft zu erscheinen", lautete ein empörter „Leserbrief" an den „Confectionair", und ein anderer: „Die Frau, die so etwas trägt, bietet ihre Reize freiwillig feil ..."

Aber Poiret kam und siegte – dank seiner ausgezeichneten Mannequins. Man redete sich die Köpfe heiß, die Damen der Gesellschaft empörten sich, aber die Herren fanden die Mannequins hübsch, obgleich „für unsere Begriffe ungewöhnlich schlank." (s. Foto S. 118).

Poirets Mannequins waren das Tagesgespräch von Berlin. Vor allem ging es um die Frage, ob die Damen nun mit oder ganz ohne Korsett ausgestattet seien, denn das war das Neue, die „korsettlose" Mode! Sie wohnten im „Bristol" Unter den Linden und trafen eines Tages im Frühstückszimmer einen berühmten Gast: Caruso! Der charmante Sänger wollte nun seinerseits die hübschen Pariserinnen einmal in Aktion sehen und erschien zu ihrer Modenschau – im goldbraunen Frack!

Poiret hatte in Berlin übrigens mehr Erfolg als in Paris, dank der Einsicht der Berliner Modeschöpfer, dass diese Mode Zukunft habe. Ein wenig lag es wohl auch an den charmanten Vorführdamen. Immerhin wurden die gefeierten Schönen immer rarer. Klagte der Pariser Couturier Beer: „Früher suchten sich die Aristokraten ihre Geliebten unter den Mannequins, heute sind Theaterdamen mehr in Mode. Das schreckt viele hoffnungsvolle Mädchen ab …“

Die „hoffnungsvollen Mädchen“ holte sich neben dem Theater nun auch der gerade seinen Kinderschuhen entwachsene Stummfilm. Grete Sorg, Vorführdame bei Kraft & Lewin, debütierte im „Modernen Theater“, und als 1914 der Film „Berliner Midinetten“ gedreht wird, findet er seine Darstellerinnen in der Konfektion. Seitdem sind Modenschau und

“Berliner Vorführraum“. (*Aus: „Illustrierte Textil-Zeitung“, Berlin 1929*)

„Einem Theater-Saal glichen die Vorführräume der Berliner Konfektion noch am Anfang des Jahrhunderts.“

Mannequins nicht mehr aus dem Leben der Konfektion fortzudenken. Am 1. August 1912 treten sogar die Herren in einer „Herrenmodenschau mit lebenden Modellen“ auf den Plan!

Nach dem Ersten Weltkrieg sind aus bescheidenen „Probiermamsells“ selbstbewusste Mannequins mit Starallüren und Filmträumen geworden. Von nun ab gibt es regelmäßig Modenschauen, mit denen die Konfektion aller Genres ihre neuesten Schöpfungen präsentiert, beklatscht von modebegeisterten Damen und bewundernden Herren, die nicht nur ihren Modellen, sondern auch dem Charme ihrer Trägerinnen Beifall zollen.

Gab es auch Mannequins, so war der Laufsteg noch lange nicht erfunden. Die Kollektions-Vorführungen fanden in einem theaterähnlichen Saal statt, mit Stuhlreihen wie dort und einer bühnenähnlichen Empore. Stufen führten zu ihr hinauf, wo zwischen Säulen eine Portiere angebracht war. Ein Stift bediente eine Zugvorrichtung, der Vorhang raffte sich und die Probierdame trat hervor. Sie wandelte ein wenig zwischen den Säulen auf dem Halbrund der in den Saal hineinragenden Empore und verschwand dann wieder hinter der Portiere. Berlins Vorführräume waren übrigens als mustergültig bekannt, sie waren jedenfalls weitaus moderner und übersichtlicher als diejenigen der Haute Couture in Paris.

„DURCHREISE" ANNO DAZUMAL

„Na Emmy, nu steh mal'n bisken stille …"

Fräulein „Gelbstern" reckt ihren weißen, makellosen Hals und schaut verstohlen in den Spiegel. Der Konfektionär, der das Modell entworfen hat, zupft hier und da und versucht, es ins rechte Licht zu rücken. Wohlgefällig ruht schließlich sein Blick auf diesem eleganten Kleid.

Fräulein „Gelbstern" weiß, wenn er Emmy sagt, dann ist er guter Laune. Trotzdem liegt Spannung in der Luft.

Der Reisende Bräseke, der dabei steht, zieht die Unterlippe breit und wiegt den Kopf bedächtig hin und her.

„Meine Kunden bekommen den Mumpitz jedenfalls nicht zu sehen", erklärt er, die Hände in den Hosentaschen vergraben, „darauf könn' Se Jift nehmen!"

Fräulein „Gelbstern" reckt ihr Stupsnäschen in die Höhe und blickt unbeteiligt über Herrn Bräsekes Schulter hinweg. Konfektionär Schulze, gerade noch dabei, am Rocksaum von Fräulein „Gelbsterns" Kleid herumzuzurren, richtet sich in seiner ganzen Größe auf.

„Na, wat vasteh'n denn Sie von sowat. Bild'n Se sich man janich ein, dat der Jeschmack Ihrer Kaffern maßjebend is für dat wat jeht …"

Bräseke lehnt sich gegen den Türpfosten, pafft dicke Rauchschwaden in die Gegend und blinzelt Fräulein „Gelbstern" zu.

„Dat Schönste von dem janzen Zinnober, det is doch Frollein Emmy, wat Kleenet?"

Schulze setzt eine beleidigte Miene auf. Emmy dagegen betrachtet abschätzend, aber nicht ohne Wohlwollen den Reisenden.

„Sie ham woll'ne jute Tour jehabt?" fragt sie und denkt dabei: „Vielleicht lässt er was springen." Immerhin, die Hochsaison steht vor der Tür. Im Lagerraum stehen Ständer dicht bei Ständer, alle mit Mänteln und Jacketts voll behangen. Um möglichst viele Kunden bedienen zu können, hat man die Mantelständer in Karrées zusammengeschoben. So bilden sie Kojen, in denen man ungestört mit den Kunden verhandeln kann. Es herrscht viel Aufregung und Nervösität, bis die ersten Kunden endlich „am Platz" sind." So schildert Moritz Loeb die „Durchreise".

In den 50er Jahren des vorigen Jahrhunderts fuhr man bereits zur Messe nach Leipzig oder Magdeburg. Dadurch wurde die Berliner Konfektionsware schon sehr früh bekannt. Detaillisten, die sich besonders für das Konfektionsangebot interessierten, machten daher häufig Abstecher nach Berlin, um sich an Ort und Stelle umzusehen, und auch, um sich über modische Neuheiten zu informieren. Sie kamen sozusagen auf „Durchreise“ nach Berlin. Das tat etwas später dann auch die russische Aristokratie, wenn sie zu ihren winterlichen Amüsements nach Paris oder in die deutschen Bäder fuhr.

Auf „Durchreise“ verbrachten sie etliche Tage in Berlin und kauften bei Gerson, Manheimer, Levin oder in einem der vielen anderen Modegeschäfte. So entstand der Begriff der „Durchreise“. Sie entwickelte sich allmählich als Verkaufsveranstaltung mit festen Terminen. Zweimal jährlich wurden „Durchreisen“ veranstaltet, jeweils für die bevorstehende „Saison“. Im Februar–März für die Sommer- und im August-September für die Wintersaison. Es wurde nicht – wie heute üblich – ein halbes Jahr vordisponiert, „gemustert“. Der Kunde kaufte gleich ein und nahm mit, was er bekommen konnte, bzw. es wurde ihm geschickt. Am Abend eines jeden Verkaufstages stapelten sich dann die Postpakete bis auf die Bürgersteige, und die Postbeamten hatten in diesen Wochen mindestens ebenso viel zu tun, wie die Leute von der Konfektion.

Es gibt Reise- und Platzgeschäfte. Die großen Kunden kaufen durchweg „am Platz“, die mittleren ordern einen Teil ihrer Ware beim Reisenden und kommen dann nach Berlin, um besonders modische Neuheiten noch dazu zu kaufen. Die kleinen Einzelhändler kennen nur das Reisegeschäft. Zum „Platzgeschäft“ kommen auch die ausländischen Einkäufer aus Holland, der Schweiz, dem Balkan, Skandinavien, Russland, Spanien, Italien und Amerika. Die Engländer, die Berliner Konfektion für ihr Dominion einkaufen, erscheinen 4 bis 6 Wochen früher und füllen damit die „stille Zeit“. Die Kunden von jenseits des Äquators, also aus Südamerika, Südafrika

(Deutsche Kolonien) und China kommen zwischen Juli und September zum Einkauf nach Berlin.

Der Produktions-Prozess beginnt mit dem Mustern, dem Entwurf der Modelle, dann werden zunächst die Muster-Kollektionen für die Reisenden zusammengestellt, darauf die „Schaufensterstücke“ und die Bestellungen der ausländischen Kundschaft (die ja noch verschickt werden mussten und einen weiteren Weg hatten). Anschließend setzt die eigentliche Produktion ein. Sie gliedert sich in Stapel- und Lieferware. Der Begriff „Stapelware“ entstand dadurch, dass diese Artikel oft über Monate am Lager „gestapelt“ wurden, also „zweiter Güte“ und modisch nicht sonderlich aktuell sind, während die „Lieferware“ kurzfristig hergestellt wird und daher das Neueste vom Neuen zeigt.

„Durchreise“, das bedeutet Spannung, Nervosität, Turbulenz – mindestens vier Wochen lang. „Durchreisefieber“, schreibt unter dem 2. Februar 1910 der „Confectionair“, „ist eine weniger gefährliche als ansteckende Krankheit, die vor allem in der Nähe des Hausvogteiplatzes grassiert. Verschont wird niemand von ihr, vom Chef bis zum jüngsten Stift. Sollte aber einer wirklich verschont bleiben, so kann er sich das Zeugnis ausstellen, dauernd untauglich für die Konfektion zu sein.“

„Die Symptome des Durchreisefiebers sind verschiedener Art“, fährt das Blatt fort, „ein allgemeines Zeichen ist erhöhte Körpertemperatur, leichtes Schaudern, wenn Kunden mit unangenehmen Monierungen kommen, Kopfschmerzen, wo man nur genügend Ware herbekommt, und starkes Reißen um die neuesten Modelle … Erhöhte Umsätze sollen als Beruhigungspillen gut sein!“

Und so setzt dann auch sogleich der Kampf um den Kunden ein. Der „Confectionair“ veröffentlicht während der Durchreise täglich zweimal „Fremdenlisten“ der in Berlin eingetroffenen Einkäufer mit Angabe von Hotel und Privatquartier. Diese „Fremdenlisten“ konnten von den Konfektionsfirmen im Abonnement zum Preis von 20 Mark bezogen werden.

Diejenigen Einkäufer, die bis 10 Uhr angekommen waren, wurden bereits um 12.30 Uhr bekanntgegeben, die bis 14 Uhr eintrafen, veröffentlichte die zweite „Fremdenliste" um 17.30 Uhr.

Eine solche Liste vom Februar 1892 sieht folgendermaßen aus:

„Amerikanische Einkäufer in Berlin eingetroffen"
Mr. Cowen von Arnold, Constabler & Co., New York, (Kaiserhof),
Mr. Marks von A. Friedländer & Co., New York, (Zentralhotel),
Mr. S. Oppenheim von Sam. Oppenheim & Co., (Bristol) usw.

Für Chefs, Reisende und Kommis bilden diese Angaben die Ausgangspunkte zu einer ausgeklügelten, sorgsam durchdachten strategischen „Offensive", unter dem Motto, „seinem" Kunden den Aufenthalt in Berlin so angenehm und das Angebot seiner Firma so schmackhaft wie möglich zu machen.

Und so trifft man sich „zufällig" im Vestibül des „Kaiserhof" oder des „Zentralhotels" oder einer der vielen anderen Berliner Luxus-Karawansereien. Man hat hier Gelegenheit, die Einkäufer, häufig in Begleitung ihrer Gattin oder Directrice, mit Beschlag zu belegen, immer eifersüchtig darauf bedacht, dass sie ja nicht der Konkurrenz zuvor in die Hände fallen.

„Zufällig" hat man verschiedene Theaterkarten in der Westentasche, „zufällig" speist man nachher bei Kempinski und „zufällig" trifft man dort auch den Chef, der „zufällig" einen Tisch für eine Gesellschaft reserviert hat, die „zufällig" nicht gekommen ist. Jeder kennt diese Spiele und spielt sie mit.

Aber auch die Einkäufer haben ihre Tricks. Sie haben den „Sicherheits-Kommis", der zunächst alle möglichen Firmen abklappert, sich mehr oder weniger unauffällig unter die Einkäufer mischt, um auszukundschaften, was „geht" und „wie die Preise sind". „Viele Einzelhändler besuchen fast immer die gleichen Firmen und meist auch in der gleichen Reihenfolge", schreibt der „Confectionair". „Noch am gleichen Tage des Einkaufs wird die Ware verpackt und auf den Weg gebracht."

Die Verkaufsgespräche werden dann auch mit Berliner Witz geführt:

„Hahnentrittmuster möchten Sie sehen? Aber da liejen wir ja mal wieder joldrichtig, Hahnentritt, dett kann nie 'n Fehltritt sein!"

Oder:

„Die janze Welt wird preußisch – alles schwört auf Schwarz-Weiß!"

Die Berliner und ganz besonders die Konfektionäre sind nicht auf den Mund gefallen. Argwöhnt ein Kunde:

„Ihre Auswahl scheint aber hierin nicht sehr groß zu sein ...?" Prompt kommt die Antwort:

„Da ham'se recht! Augenblicklich nicht. Da ist jestern ein Herr X. von der Firma Y. janz jroß einjestiejen, mächtig einjestiejen, sare ick Ihnen ..."

„Und Sie denken jetzt, man steigt nach?"

Der „Confectionair" hat Stimmung, Milieu und Verkaufsgespräche während der „Durchreise" festgehalten. So berichtet er unter dem 18. August 1910:

„Die Hauptschreier sind die Herren Reisenden. Sie bewachen die belebtesten Ecken und halten Ausschau nach neuen Ankömmlingen. Zu Zweien und zu Dreien stehen sie herum, wobei sich folgende Unterhaltung entspinnt: „Das ist hier überhaupt kein Geschäft", erklärt der eine wegwerfend, „in Norderney waren mehr Kunden als hier. Da war z. B. der B. aus Hamburg. Wir machten eine Segelfahrt. Es war sehr stürmisch. Das Boot neigte sich stark."

„Sie liegen ja jetzt schon schief", sagte er, „bevor das Geschäft überhaupt angefangen hat." Ich darauf: „Ich werde also sehr billig sein, wenn Sie zu mir kommen ..."

„Auf solche Versprechungen ist gar nichts zu geben", erklärte ein anderer. „Da hat mir neulich in Karlsbad der D. versprochen, ich solle sein Hauptlieferant werden ..."

„Dem gab ich den guten Rat, er möchte früher aufstehen …"

„Noch früher?", sagte er, „wo ich doch wejen der Kur schon um halb sechs jeden Morgen auf muss!"

Das Gespräch wird jäh unterbrochen, als einer der Reisenden seinen ersten Kunden erwischt hat. Er führt ihn ins Geschäftslokal. Fräulein Gelbstern muss ihr Frühstücksbrot beiseitelegen. Ständer um Ständer rollt heran. Unser Reisender lässt sein Mundwerk brillieren:

„Hier unser Modell Dr. Crippen – ist nämlich von keinem Menschen einzuholen! – Was, der Stoff gefällt nicht? Nepp – pardon Noppstoff ist doch das Neueste, wo man hat. Und dann Samtkostüme!!!

Nichts für Ihren Platz? Aber Mann, ich bitte Sie, die ganze Welt kauft samt und sonders heute Samt, sogar nach Samter haben wir größere Lieferungen darin …"

„Warum so viel Schlösser an unseren Mänteln?"

„Ja, wissen Sie denn jarnich, dass bei uns in Preußen kürzlich verschiedene Schlösser billig verkauft worden sind …?"

Der Kampf um den Kunden wird meist mit Witz und Charme, manchmal auch hart mit Hilfe sogenannter „Schlepper" geführt. Eine Anzeige im „Confectionair" vom April 1912 unter dem Titel „Schlepper-Unfug" weist auf solche gelegentlichen Auswüchse hin: „50 Mark Belohnung erhält derjenige, welcher mir nachweist, wer meine Kunden von meinen Schaufenstern nach kleineren Konkurrenzgeschäften verschleppt." Schließlich werden auch die Geschäfte an der Leipziger- und Friedrichstraße genau studiert. Sie wissen, was sie ihrem Ruf schuldig sind und dekorieren mit erlesenem Geschmack.

Aber im Allgemeinen wird der Kampf um den Kunden mit Charme und Höflichkeit geführt. In diesen Tagen und Wochen machen die Theater, Cafés, Varietés und die „besseren" Restaurants glänzende Geschäfte. Schließlich wollen die Einkäufer sich in Berlin amüsieren, sie wollen was „erleben".

Eine besondere Attraktion war 1912 die „Kunden-Einladung zu Luftschifferfahrten, zur sogenannten „Fala“ (Fritz Adams Luft-Aufstieg) mit „Parsival IV.“ vom Flugplatz Johannisthal, Abfahrt mit Luxus Auto-Omnibus von der Leipziger- Ecke Friedrichstraße.“

Luftfahrt war damals „letzter Schrei“, und die ersten „Luftschiffer-Kostüme“ tauchten in den Kollektionen auf. Aber noch größere Anziehungskraft übten die neueröffneten Kabaretts und Varietés auf die einkaufende Herrenwelt aus. Schreibt der „Bazar“ aus zeitgenössischer Sicht: „Selbst die neueste Verirrung berlinischen Nachtlebens, die Kabaretts, wollen die Einkäufer kennenlernen. Hier eröffnen sich dem Liebesleben unbeweibter Herren neue Perspektiven. Manche erscheinen sogar alle paar Wochen wieder in Berlin, was sie nicht unbedingt mit den Lücken in ihrem Mantellager begründen können …“

Natürlich unternimmt man solche Berlin-Reisen ohne Frau Gemahlin. Man sucht und findet stets Gründe, sie zu Hause zu lassen, wie ein im „Confectionair“ veröffentlichtes „Stammtischgespräch“ zeigt:

„Ich überlege mir, wie ich das bisschen Zeit in Berlin einteilen soll …, und nun immer diese neumodischen Verbandssitzungen …“

„Ich finde diese Einrichtung sehr nett“, antwortet ein anderer Einkäufer, „ich habe meiner ‚Alten‘ erklärt, dass ich jetzt keine Zeit mehr habe, die vielen Besorgungen und privaten Einkäufe zu erledigen. Als Geschäftsmann muss man seine Zeit genau einteilen …“

Und ein dritter: „Ich habe meiner Frau erklärt, dass ich ein paar Tage länger in Berlin bleiben muss, der verschiedenen Verbandssitzungen wegen, da kann man sich doch wenigstens in Ruhe amüsieren …“

Meint der erste: „Sie haben es gut, Sie haben kein Amt, Sie können sich amüsieren. Das einzige Vergnügen, das ich mir wirklich gönnen konnte, war, dass ich ins Marionetten-Theater ging …“

„Marionetten-Theater?“, fragt erstaunt der dritte: „Kenne ich ja noch gar nicht. Treten wohl hübsche Mädels auf, was?“

In den späten Abendstunden findet man die Einkäufer im „Viktoria-Café“, im „Café Monopol“, bei „Bauer“ oder im „Kaiser- Café“. Hier kommen auch die Reisenden hin, um zu sehen, wer da ist, um „ihre“ Kunden zu begrüßen und über die neuesten Kollektionen zu plaudern. Man erfährt interne Details über die Kollektionen der verschiedenen Häuser und auch, was „geht“ und was sich als „Renner“ herausgebildet und auch wer sich „injebowelt“ hat.

Aber nicht nur die Großen von der Hausvogtei machen während der Durchreise ihre Geschäfte. Wer besonders billig kaufen will, „lässt sich herab, in die Arbeiterviertel zu gehen“, schreibt der „Confectionair“. „Da gibt es die „Stubenkonfektionäre“, Kleinstbetriebe der Konfektion, die mit ihrer Familie in Stube und Küche werkeln. Auch sie sind bereit, an den Einzelhandel direkt zu verkaufen, und mancher Detaillist hat auch mit dieser Methode schöne Umsätze erzielt.“ Das gilt auch für die Zwischenmeister, von denen mancher mit großem Geschick interessierte Einkäufer heranzuziehen weiß, die ihm manch preiswertes Kleidungsstück „unter der Hand“ abkaufen.

„Ein richtiger Reisender hat die Fahrzeiten sämtlicher Schnellzüge Deutschlands und der umliegenden Rittergüter im Kopf", hieß einmal ein geflügeltes Wort in der Konfektion. Der „Reisende" ist eine wichtige Stütze im Geschäft, im Umgang mit der Kundschaft. Seine „Tour" geht jeweils der „Durchreise" voraus. Selbstverständlich wurde sie damals noch mit der Eisenbahn unternommen, denn das Auto – soweit überhaupt schon bekannt – war noch zu teuer und ungeeignet für größere Reisen.

Erfahrungen und Eindrücke, die der Reisende hierbei sammelt, bilden wichtige Hinweise für die Firma, die er vertritt. Vielfach sind sie die Grundlage für das kommende „Platzgeschäft", man weiß in etwa, „was kommt" oder was voraussichtlich während der „Durchreise" „gehen wird".

Er reist mit dem Musterkoffer und gibt die Bestellungen an seine Firma weiter. Nur bei der Durchreise kauft man direkt vom Lager. Um 1920 hat man einmal versucht, die Kollektionen zu filmen und diesen Film der Kundschaft vorzuführen. Aber die Methode hat sich nicht durchgesetzt, sie konnte den Musterkoffer nicht ersetzen, denn der Kunde will – damals wie heute – den Stoff zwischen Daumen und Zeigefinger prüfen.

So eine „Tour" ist, mit heutigen Maßstäben gemessen, eine äußerst strapaziöse Sache gewesen. Der Reisende führte die Musterkollektion in riesigen Schrankkoffern mit, ein Hausdiener begleitete ihn in der 3. Klasse, während der Reisende selbst den Schlafwagen im Nachtschnellzug oder die 1. Klasse benutzte. Größere Firmen, die es sich leisten konnten, gaben ihm auch noch einen „Reisegelbstern" als Vorführdame mit auf den Weg.

Bei solchen Reisen gingen die Gebühren für Gepäckfrachten allein tief in die Hunderte. Außerdem wurden laufend

„Neuheiten“ – nachgemusterte Modelle – nachgesandt, so dass der Bestand der Kollektion sich während der „Tour“ ständig erweiterte.

„Hotels für Kofferreisende“ nahmen den Konfektions-Vertreter und seine Begleitung gastlich auf. Eine ganze Reihe solcher Hotels waren speziell auf Konfektionsreisende eingestellt und für ihre ausgezeichnete Küche bekannt. Gutes Essen und Trinken ist nämlich während der „Tour“ das Einzige, was sich der Reisende gönnen kann. Privatleben oder abendliches Ausgehen gibt es für ihn während dieser Wochen nicht. Er hat dauernd auf dem Posten zu sein, denn „der Reisende lebt in ständiger Furcht, dass die Kollektion nicht einschlagen könne“, heißt es bei Moritz Loeb. „Auch ist er – der Reisende – stets bestrebt, möglichst vor der Konkurrenz beim Kunden zu sein …“

Rund sechs Wochen dauerte gewöhnlich so eine „Haupttour“, der nach der „Durchreise“ noch eine kleinere „Nachtour“ folgte. „Der Reisende ist 13 Monate im Jahr auf ‚Tour‘“, heißt es im Jargon der Konfektion.

„Die Kürze der Saison“, schreibt der „Confectionair“, „ein Übelstand, der von Jahr zu Jahr größer wird, bringt es mit sich, dass für die Reisezeit nicht mehr als sechs Wochen maximal zur Verfügung stehen.“ Dieser Klageruf aus dem Jahre 1906 könnte auch in unseren Tagen gelten, denn damals wie heute wird immer wieder über die kürzere Saison gejammert, über die immer früheren Liefertermine!

Dieser hektische Betrieb aber gehört zur Konfektion wie die Nadel zum Schneider. Er resultiert aus der ständigen Sorge darüber, ob man „richtig liegt“, ob die Kollektion „ankommt“. Davon hängt Ansehen und Ruf des Hauses, ja sogar Sein oder Nichtsein der Firma ab. „Es herrscht völlige Unsicherheit bezüglich der Schnitte, ob Paletots mit oder ohne Pelerine, ob Sackfaçon oder anliegend, ob kurze oder lange Formen verlangt werden“, heißt es in den „Berichten der Ältesten der Berliner

Kaufmannschaft", „auch wusste man nicht, ob die Mode sich für langhaarige oder Eskimostoffe [31] entscheiden würde."

War dann der Konfektions-Vertreter erst auf Reisen, so stellte sich bald heraus, ob die gemusterten Modelle den Vorstellungen der Kunden entsprachen oder nicht. So heißt es dann auch wieder in den besagten „Berichten der Ältesten …":

„Die Kunden waren bei der Lieferung ihrer Reiseorders der Ansicht, dass die bestellten Sackpaletots mit Pelerine falsch wären. Sie versuchten, diese ihrem Lieferanten zurückzugeben, um dagegen zweireihige, hinten anliegende Paletots, sogenannte Ulankas zu erhalten, ein Genre, in dem beim Haupteinkauf große Umsätze erzielt wurden. Bei dem Beginn des Detailgeschäftes stellte sich dann aber heraus, dass das kaufende Publikum letzteres Façon gar nicht wünschte, sondern Sackpaletots, hinten anliegend mit Wiener Naht und Pelerine, bevorzugte …"

So ging das hin und her. Wetterlaunen vergrößerten diese Unsicherheiten noch beträchtlich. „Da nun noch die Witterung von Oktober bis Mitte November warm gewesen war", so heißt es in den oben erwähnten „Berichten" weiter, „so konnte ein flottes Geschäft gar nicht einsetzen."

Um aber möglichst allen Kundenwünschen gerecht zu werden, wurden immer wieder neue Modelle entwickelt. Vor diesem „Anbauen der Läger", wie es im Fachjargon heißt, warnen dann auch immer wieder die Fachblätter:

„Wenn die Konfektions-Firma auf den ‚angebauten' Lägern sitzen bleibt", heißt es im „Confectionair", „geht die Ware mitunter waggonweise in die Ramschläden der Provinz und auch in Berlin. Darunter leiden dann die regulären Detaillisten, die ihrerseits die reguläre Ware verramschen müssen …"

„Wir könnten 25 Detaillisten aufzählen", schreibt unter dem 1. Mai 1913 der „Confectionair", „die durch das Aufkau-

31 „Eskimos" sind glatte Mantelstoffe.

fen von Ramschware kolossale Vermögen erworben haben. Sie haben durch geschickte Ausnutzung der Schwäche der Großkonfektion Millionen erworben."

„Die Einkäufer, die bei der Durchreise die angebauten Läger sehen", schreibt „Der Geschäftsfreund", ein anderes Blatt der Konfektion, „benutzen die Gelegenheit, um nur einen Teil ihres Bedarfs zu decken, um dann während der Saison erneut in Berlin zu erscheinen, um zu „ramschen". Das untergräbt das normale Geschäft. Die alteingesessenen, soliden Häuser sind aber bestrebt, ihr Renommée zu halten mit Rücksicht auf das Ansehen der Branche und ihrer Weltgeltung ..."

Solche Unwägbarkeiten und das damit verbundene Risiko verliehen dem Schaffen der Konfektion erst den eigentlichen Reiz. Der scharfe Konkurrenzkampf bedeutete die ständige Herausforderung eigener Tüchtigkeit und eigenen Könnens.

„Immer feststehen, nimmer stillstehen", sagte der Geheime Kommerzienrat Goldberger anlässlich der Berliner Gewerbeausstellung von 1896. In diesem Jahr betrug der Mäntelumsatz 110 Mill. Mark, die Berliner Konfektion zählte 50 000 Beschäftigte.

HERRMANN GERSON

Welcher Berlinerin schlägt nicht das Herz höher bei dem Namen „Gerson". Wie viele alteingesessene Berliner – und nicht nur sie – erinnern sich noch an das prächtige Haus am Werderschen Markt, an die ausladenden Schaufenster-Dekorationen, die eleganten Verkaufsräume, den Glanz dieses größten, bedeutendsten und ältesten Modehauses, das in London und New York nicht seinesgleichen hatte, ja, das den Pariser Häusern gleichen Stils durchaus ebenbürtig war! Gerson hatte jedenfalls vor 1860 mehr Angestellte als irgendein Pariser Modehaus, höhere Umsatz- und Exportziffern zu verzeichnen als diese.

Die ganze Welt wurde bei Herrmann Gerson eingekleidet. Nicht nur das deutsche Kaiserhaus gehörte zur Stammkundschaft, hier kaufte die russische Hocharistokratie ihre 100 000 Mark-Pelze genauso wie die Dollarprinzesschen ihre Ballroben. Die Vanderbilts waren hier ebenso Kunde wie der sparsame Theodor Roosevelt oder der Maharadscha von Gwalipur, die Thurn und Taxis, die Gontards, wie auch Fritzi Massary, La Jana und Elisabeth Bergner. Herrmann Gerson – das war exklusive Eleganz, glänzende Moderevuen, erlesener Geschmack und große Welt.

Wer aber war dieser Herrmann Gerson, dessen Vater noch Gerson Levin hieß[32] und als Kaufmann in Königsberg in der Neumark lebte? Als Hirsch Gerson Levin wurde er als ältestes von sieben Kindern am 28. Februar 1813 in Königsberg in der Neumark geboren und „konditionierte" dort beim Kaufmann Wolffenstein. 1835 ging er nach Berlin, erwarb noch im gleichen Jahr den Judenbürgerbrief – auch Naturalisationspatent genannt – und hieß fortan Herrmann Gerson.

32 Gerson ist ein jüdischer Vorname.

Breit und gesetzt, mit krausem, schwarzem Haar, war er voller Energien, ausgefallener Einfälle und nicht ohne Chuzbe[33]. Ausgefallen war auch sein Leibgericht, bestehend aus Wiener Würstchen mit süßer Schokolade, die er besonders gern zum Frühstück verzehrte.

Herrmann Gerson ist kein reicher Mann, als er nach Berlin kommt, seine sechs Brüder im Gefolge. Aber er weiß sich zu helfen. Den drei Ältesten verschafft er reiche Frauen und erhält damit das „Betriebskapital", das er braucht, um seine Idee zu verwirklichen, die Idee von einem erstrangigen deutschen Modehaus.

In der Königlichen Bauakademie Nr. 3, damals noch schlicht „Bauschule" genannt, richtete er 1836 sein erstes Geschäft ein. Die Bauakademie ist eine Art Ladenstraße alten Stils gewesen, denn hier hatten sich eine ganze Reihe von Firmen angesiedelt. Gerson handelte zunächst mit weißen Spitzen, Stickereien, Blonden, Kanten, Tüllen, französischem Leinen, Batisttüchern und Seidenwaren. Gleichzeitig verkaufte er Damenmäntel, die er auf eigene Rechnung von arbeitslosen oder schlecht beschäftigten Schneidern anfertigen ließ.

Auch seinen Brüdern David, Jacob und Benjamin, genannt Benny, richtet er Verkaufsläden in der gleichen Ladenstraße der Bauakademie ein, die später unter der Firmenbezeichnung Gebr. Gerson zusammengefasst wurden.

„Herrmann Gerson war ein kaufmännisches Genie", beschreibt ein Zeitgenosse den lebhaften, quecksilbrigen, unternehmungslustigen Mann. Und so hatte er auch bald erkannt, dass Damengarderobe in einer königlichen Residenz ein begehrter Artikel werden würde. 1848 erwirbt er schließlich das Haus am Werderschen Markt, das er in einen „Prachtbau" mit drei Etagen verwandelt, wo es neben Seidenstoffen, Manufakturwaren und Teppichen vor allem Damenmäntel als Spezialität zu kaufen gibt. Noch im glei-

33 Chuzbe – Ellenbogentaktik.

chen Jahr hat Gerson es geschafft, Hoflieferant des Preußischen Königshauses zu werden.

Zu dieser Zeit beschäftigt er bereits fünf Handwerksmeister, drei Directricen, 120 bis 140 Näherinnen in eigener Werkstatt, 150 Zwischenmeister mit je zehn Gehilfen außer dem Hause und nochmals rund 100 Kommis, Aufseher und sonstiges Geschäftspersonal. Zwischen 1850 und 1860 beträgt sein Jahresumsatz 10 Millionen Taler, das ist genau das Doppelte von dem, was die übrige damals bereits existierende Konfektion umsetzte.

Dieser ungeheuerliche Erfolg war das Ergebnis einer weitschauenden Disposition, kaufmännischen Temperaments und unermüdlichen Schaffensdranges. Der Krefelder Seidenfabrikant Karl Weiß, Mitinhaber der Firma Deuß & Weiß[34], ist über viele Jahre weit über eine enge Geschäftspartnerschaft hinaus mit Herrmann Gerson befreundet. Er begleitet ihn auf seinen Geschäftsreisen nach Lyon, wo Gerson Seidenstoffe kauft, bzw. sich über das modische Angebot in diesen Artikeln auf seine Weise informiert.

Gerson geht dabei ziemlich rigoros vor. „Bei Dufour in Lyon", so schreibt Karl Weiß in seinen Aufzeichnungen, „stellte Gerson mich als seinen Bruder vor, was den Verkäufer offensichtlich verblüffte und mich zu einem nur schwer zu unterdrückenden Lachen hinriss. Man stelle sich vor, ich, ein hochgeschossener, blonder Hüne und er, der kleine, rundliche, schwarzlockige Jude. Aber Gerson ließ sich von solchen

34 Die Firma Deuß & Weiß nannte sich nach dem Ausscheiden von Karl Weiß und dem Eintritt von Albert Oetker als Sozius Deuß & Oetker. Sie war eine der fortschrittlichsten Seidenwebereien Krefelds. Sie wurde 1920 in die durch den Zusammenschluss einer Reihe alter Familienunternehmen der Seidenindustrie entstandene Vereinigte Seidenweberei Aktiengesellschaft, Krefeld, aufgenommen.

Deuß & Weiß arbeiteten eng mit Herrmann Gerson zusammen. „Kaum vermögen wir die Warenmassen zu schaffen, die Gerson verschlingt", erinnert sich Karl Weiß. „Wir müssen ihm ein Kontokurrent für das Jahr 1856 aufstellen, wonach er für ungefähr 90 000 Taler Seidenwaren von uns empfangen und den Gegensatz an uns bar bezahlt hat."

Herrmann Gerson *(Aus: „Gerson-Brevier")*

Kleinigkeiten nicht aufhalten, er verlangte kurzerhand die Nouveautés zu sehen und schnitt ungeniert unter den Augen des Verkäufers mit einer schnell hervorgezogenen Schere kleine Stücke ab. Ehe dieser ob solcher Unverfrorenheit protestieren konnte, ließ Gerson sich weiße Damaste – also klassische Ware – zeigen und bestellte rundweg für 10 000 Franc in diesen Artikeln, sozusagen als Ausgleich für seine Räubereien. Die Ausbeute auf Papier geklebt, Fehlendes dazu gezeichnet und schon ist die Kollektion für die nächste Saison fertig", schreibt Weiß. „Die deutschen Modenblätter hätten mehrere tausend Taler für diesen Schatz gegeben."

Das berühmte Gerson-Haus am Werderschen Markt, der Bau aus dem Jahre 1848.

(Aus: „Gerson-Brevier")

Seinen Rayonchef Stein duzte und siezte er, wie jedermann, wie es ihm gerade in den Sinn kam. Herrmann Gerson legte auf äußerliche Formen herzlich wenig Wert. Ihm ging es einzig und allein um den Erfolg. Diesem Streben hatte sich alles unterzuordnen. Selbst seine Frau Ernestine, geb. Cohn, die er am 5. August 1838 ehelichte, musste sich diesem Gewinnstreben fügen und zusehen, wenn er schöne Verkäuferinnen und Directricen auszeichnete, ihnen seine Modelle anzog und bei ihnen vorfuhr.

„Sein Herz kann spazierengehen, wenn ich nur sein Vertrauen habe", pflegte die kluge Frau Ernestine in solchen Fällen zu sagen. Gerson kam es darauf an, dass seine Modellschöpfungen gesehen wurden. Deshalb drückte er denn auch beide Augen zu, wenn die Favoritinnen seines Hauses sich sonnabends aus den Vorräten seines Modemagazins putzten, in den kostbaren Ballroben die Berliner Redouten besuchten. Am Montag hatte alles wieder an seinem alten Platz zu sein.

Erster Motor-Lieferwagen Gersons.

(Aus: „Gerson-Brevier“)

Solche getragenen Kleider wurden dann zu herabgesetzten Preisen verkauft.

Höhere Angestellte nutzten häufig ihre Stellung aus, um Damen ihres Bekanntenkreises billige Roben gegen unverhältnismäßig teurere umzutauschen und dafür nur ein geringes Aufgeld zu verlangen. Der Altkleiderhandel war ja noch gar nicht vorbei, und es war durchaus üblich, dass auch in ausgesprochen eleganten Kleiderhandlungen getragene Kleider zu haben waren.

Dem geschickten Kaufmann und Konfektions-Unternehmer aber kam es darauf an, immer mit Paris Schritt zu halten, was ihm und seinen Nachfolgern auch durchaus gelang.

„Paris bringt in dieser Saison „Robes à trois volants“, erklärte er eines Tages seinem Rayonchef Stein, „wir werden sie gleich in vier Farben aufmachen: in rosa, hellblau, feingrau und lila“, und bestellte gleich vier Roben je Farbe bei Weiß. (Robe ist das Maß für je ein Kleid.) Als Sonnenschirme

Verkaufsräume bei Gerson um 1880.

(Aus: „Gerson-Brevier")

modern wurden, ließ er zu den neuesten Modellen passende Kleider anfertigen. Die Schirmstoffmuster schickte er eilends nach Krefeld, wo sie bei Deuß & Weiß entsprechend nachgewebt wurden. Der Erfolg war enorm. „700 abgepasste Roben" verlangte daraufhin Gerson von seinem Freund Weiß, und die Krefelder Seidenweber mussten ihre Webstühle bis in die späte Nacht hinein klappern lassen, um diesen Auftrag, so schnell es eben ging, auszuführen.

Obwohl die 50er und 60er Jahre einen allgemeinen wirtschaftlichen Aufstieg zeigten, gibt es doch zwischendurch auch Krisen, wie die von 1857. Auf der Leipziger Messe herrschte schlechte Stimmung. In Amerika hatten hunderte von Banken an einem Tag falliert. Es folgten England, Deutschland und Österreich-Ungarn. Gerson musste seine Rechnungen stornieren. In Russland, Polen, Galizien und in der Walachei verlor er eine halbe Million Taler durch Bankerotte. Die Rohseidenpreise stürzten von 31 auf 13 Gulden für das Pfund.

Es ist ein hektischer Betrieb, damals wie heute, abhängig von Mode- und Wetterlaunen, aber im Hause Gerson ging es besonders hektisch zu, was sicherlich auf das quirlende Temperament des Chefs zurückzuführen war.

„Auf mich machte das in voller Tätigkeit stehende Institut den Eindruck einer mächtig aufschießenden Fontäne, deren Strahl in ein großes Becken niederfällt, welches stets bis an den Rand gefüllt ist. Was daneben plätschert, wird nicht besonders beachtet“, so bezeichnet Karl Weiß seinen Eindruck vom Hause Gerson. Alles steckt aber noch in den Anfängen, dem kometenhaften Aufstieg hatte die Organisation offenbar noch nicht so ganz folgen können. So nur ist es zu erklären, dass es bei Herrmann Gerson häufig auch drunter und drüber ging. „Es wurde viel gestohlen“, berichtet Karl Weiß, „jährlich mitunter bis zu 100 000 Thalern.“

So sehr der rührige Geschäftsmann Herrmann Gerson auch alles seinem Ziel, ein weltbekanntes Modehaus zu schaffen, unterordnete, so rührend waren im persönlichen Bereich auch wieder seine menschlichen Seiten. Hatte er seine drei ältesten Brüder ohne viel Federlesen zwecks Kapitalbeschaffung an reiche Frauen verschachert, so ist er seinen jüngeren Brüdern gegenüber weitaus nachgiebiger gestimmt. Sein Lieblingsbruder Benny darf sogar „eine Dame von's Ballett“ heimführen, was dem mit einem ausgeprägten Erwerbssinn ausgestatteten Herrmann Gerson anfangs durchaus nicht ins Konzept passt.

Als nun sein Bruder Moritz sich eines Tages in eine wunderschöne, stolz gewachsene Probiermamsell verliebt, versagt er ihm seine Zustimmung. Es kommt zu heftigen Auseinandersetzungen zwischen den Brüdern, dem der um viele Jahre jüngere und offenbar sensible Moritz nicht gewachsen ist. Er erkrankt ernstlich, und als der herbeigerufene Arzt schließlich erklärt, der junge Mann könne an dieser Leidenschaft sterben, ist Bruder Herrmann zu Tode erschrocken. Er erklärt kurzerhand: „Sterben soll er nicht, dann soll er lieber heiraten."

Das war so um die Weihnachtszeit, und der phantasiebegabte, einfallsreiche Herrmann Gerson hatte sich für seinen Bruder Moritz eine besondere Überraschung ausgedacht: Hinter einer Portiere verborgen wartet am Weihnachtsabend die Auserwählte, köstlich als Braut geputzt – aus Gersons Magazin, versteht sich. Erst auf ein Zeichen wird der Vorhang gelüftet, und das verliebte Paar darf sich unter dem Segen des patriarchalischen Bruders in die Arme sinken.

Gar zu gerne wäre der ehrgeizige Unternehmer Kommerzienrat und Ordensritter geworden, hat es aber nie erreicht. Leider stirbt er allzu früh im Jahre 1861. Er ist, neben anderen Ehrenämtern, Ehrenmitglied der Gesellschaft jüdischer Handwerker und hinterlässt u. a. dem Baruch-Auerbach'schen Waisenhaus ein Legat von 1000 Reichstalern.

Als Herrmann Gerson plötzlich von einem Herzschlag dahingerafft wurde, hatte sein Haus gerade ein Meisterstück seiner Schneiderkunst vollendet: Den Krönungsmantel Wilhelm I.

Man erzählte sich darüber folgende kleine Anekdote: *„Die Krönungsfeierlichkeiten für Wilhelm I. und seine Gemahlin wurden in so großem Pomp vollzogen, dass die Bewohner des Himmels neidvoll auf das Geschehen in Berlin herabblickten. Vor allem der Alte Fritz war voller Bewunderung und auch nicht ganz ohne Neid wegen des herrlichen Krönungsmantels, den sein Nachfahre tragen sollte. Er selbst nämlich hatte bei seiner Krönung einen weitaus schäbigeren Mantel getragen. Deshalb fragte der den lieben Gott um Rat.*

„Ich kann Dir, lieber Fritz", so sprach Gottvater, „leider diesen Krönungsmantel nicht hier herauf kommen lassen, denn erstens ist das Flugzeug noch nicht erfunden, und zweitens wird der Mantel ja noch für das Hohenzollern-Museum im Schloss Monbijou benötigt." Da trat Petrus

hinzu, der herausfinden sollte, wer diesen wunderschönen Krönungsmantel angefertigt hatte. „Herrmann Gerson", so erklärte Petrus, sei der Hersteller des prächtigen Krönungsmantels. Und so beschloss der liebe Gott:

„Also bleibt uns nichts anderes übrig, als diesen Herrn, der unbedingt ein Genie sein muss, zu uns heraufzuholen." Und kaum hatte er dies gesagt, da sank Herrmann Gerson, der gerade über den Potsdamer Platz zu seiner Wohnung in die Bellevue-Straße ging, tot zu Boden. Ein schmerzloser Herzschlag hatte seinem tatenreichen Leben ein frühzeitiges Ende bereitet."

Seine Brüder führen nun das Geschäft weiter – Benny Gerson war bereits 1858 verstorben – aber es macht sich schon bald bemerkbar, dass die unternehmerischen Impulse, die Herrmann Gerson ausstrahlte, fehlen[35]. 1886 kann die Firma noch ihr 50jähriges Jubiläum feiern, was mit der Festschrift „Zur Erinnerung an die Feier des 50jährigen Bestehens der Firma Herrmann Gerson" dokumentiert wird.

Aber um diese Zeit haben die Erben Gersons die Firma Herrmann Gerson in „Modebazar Gerson & Co." und „Herrmann Gerson" aufgeteilt. Am 1. Mai 1888 weiß der „Confectionair" zu berichten, dass beide Firmen in eine Aktiengesellschaft umgewandelt werden sollen. Um diese Zeit hatten nämlich die Brüder Gerson Philipp Freudenberg in Elberfeld vorgeschlagen, als Teilhaber in ihre Firma einzutreten, weil sie die Absicht hätten, sich bald vom Geschäft zurückzuziehen. Noch im Sommer des gleichen Jahres wurde der Vertrag perfekt, nach dem Philipp Freudenberg am 1. Januar 1889 Teilhaber bei Gerson werden sollte. Bereits am 1. Oktober 1888 siedelte er mit seiner Familie nach Berlin über.

35 Es ist bezeichnend für alle Firmen der Konfektionsbranche, dass sie die Generation ihrer Gründer selten überleben. Ihr Erfolg hängt hier mehr als in anderen Branchen von dem persönlichen Können des Firmenchefs und seiner Ausstrahlungskraft ab. Eine Ausnahme bildet das französische Couture-Haus Worth, das 1858 von London nach Paris übersiedelte und dort bis in die 4. Generation fortgeführt wurde. Es ist dies die Ausnahme, die die Regel bestätigt.

Philipp Freudenberg, am 20. Oktober 1833 in der Nähe von Elberfeld in sehr bescheidenen Verhältnissen geboren, hat bereits Erfahrung in Aufbau und Organisation eines modernen Kaufhauses gesammelt. Mit 30 Jahren, am 4. Oktober 1863, gründet er in Elberfeld ein Kaufhaus und „siedelte von dort nach außergewöhnlich erfolgreicher 25jähriger Tätigkeit nach Berlin über, um den damaligen Modebazar Gerson zu übernehmen" – wie der „Confectionair" zu berichten weiß.

In Berlin ging der tatkräftige Unternehmer sogleich an die Arbeit, baute zunächst das Gersonsche Geschäftshaus in der Werderstraße 9/12 nach neuzeitlichen Ansprüchen um, so dass es bereits am 1. April 1889 eröffnet werden konnte. Der Erfolg dieses neugestalteten Modehauses war so groß, dass ein Herr Richter mit Hilfe eines Konsortiums am Werderschen Markt ein Konkurrenzunternehmen mit dem Namen „Kaiserbazar" gründete. Doch dieses Unternehmen vermag sich gegenüber dem „Modebazar Gerson" nicht zu behaupten. Philipp Freudenberg, der – laut „Confectionair" – am 1. April 1892 den Modebazar Gerson & Co. zu einer AG mit einem Aktienkapital von sechs Millionen Mark umwandelt und am 11. November des gleichen Jahres das Teppich- und Möbelstoffgeschäft Herrmann Gerson erwirbt, um beide Unternehmen unter der Firmenbezeichnung „Herrmann Gerson" zusammenzufassen, übernimmt im gleichen Jahr, genau am 20. März 1892, auch den „Kaiserbazar" mit einem Warenlager von 1 350 000 Mark, der, wie es im „Confectionair" wörtlich heißt, „ein Ende genommen hatte".

Im ehemaligen „Kaiserbazar" wurden nun die verschiedenen modischen Abteilungen untergebracht, später ein Lichthof angebaut, und 1912 endlich das Gebäude nach den Plänen des Berliner Baumeisters Hermann Dernburg bis an die Jägerstraße erweitert. Die Front dieses großen, stattlichen Gebäu-

Kommerzienrat Philipp Freudenberg

(Aus: „Confectionair", 1914)

des erregte in Berlin ebenso viel Aufsehen wie die Messel-Fassade bei Wertheim, die Alfred Messel um die Jahrhundertwende erbaute. Da man aus den Fenstern des neuen Anbaues in der Jägerstraße unmittelbar auf die Reichsbank sehen konnte, witzelten die Berliner: „Bei Gerson hat man Aussicht auf ein gutes Geschäft!"

So wie der „alte" Gerson es ein gutes halbes Jahrhundert zuvor unternommen hatte, in Deutschland ein Modehaus zu schaffen, das den Pariser Häusern ebenbürtig und wie diese von weltweiter Bedeutung war, so setzt Philipp Freudenberg dieses Werk nun mit noch größerem Erfolg fort. Die Zeit ist ihm günstig.

Inzwischen wurde nämlich das Eisenbahnnetz in Deutschland vollständig ausgebaut, ja, das Auto steckt bereits in den Kinderschuhen, und die Überwindung größerer Strecken bedeutet kein Problem mehr, wie zu Gersons Zeiten. Deutschland ist nach drei siegreichen Feldzügen eine Weltmacht und Berlin die Hauptstadt dieses mächtigen Reiches geworden.

Kaiserin Auguste Victoria gehörte, wie ihre Vorgängerinnen auf Preußens Thron, angefangen bei Königin Elisabeth, der Gattin Friedrich Wilhelms IV., zu den prominenten Kundinnen des Hauses am Werderschen Markt. „Zwar ist sie keine Modedame“, wie der „Confectionair“ versichert, „und meist sehr bescheiden gekleidet“. Sie pflegt zu sagen: „Ja, meine Jungens müssen mir doch in die Nähe kommen dürfen ...“ – Immerhin hingen sechs Söhne und eine Tochter an ihrem Rockzipfel. Trotzdem war sie „First Lady“ eines jungen, aufstrebenden Kaiserreiches und verfügte über das größte Kleiderbudget Europas.

Bei Gerson besaß man zu allen Zeiten eine Schneiderbüste der jeweiligen Herrscherin, bis zu Anfang des Jahrhunderts eine leibhaftige Probiermamsell die Maße der Kaiserin zu repräsentieren vermochte. Es war die Berliner Bürgertochter Charlotte Krüger, die, ob der Gleichheit ihrer körperlichen Beschaffenheit mit Deutschlands Erster Dame befragt, zu sagen pflegte: „Jawoll, allet stimmt jenau, bloß der Kopp nich un och nich et Portemonnaie.“ Charlotte Krüger war ein einfaches, bescheidenes und wohlerzogenes Berliner Kind. Hochbetagt ist sie 1959 in Berlin verstorben.

Zusammen mit dem Hausdiener, der die Kartons mit den kaiserlichen Roben trägt, und einer Directrice, ging es zur „Schlossvisite“. Frieda Schaefer, seit 1911 im Hause Gerson leitend in einer der wichtigsten Positionen, der Damenmäntelabteilung tätig, weiß sich noch zu erinnern, denn sie war häufig mit von der Partie, wenn es über das holprige Pflaster des Werderschen Marktes hinüber zum Schloss ging.

„Es war immer eine aufregende Sache, solch eine Schlossvisite, vorbei an der Wache, die Treppen hinauf und die vielen Korridore entlang. Natürlich hatten wir alle immer ein bisschen Herzklopfen, wenn wir in die unmittelbaren Gemächer der Kaiserin geführt wurden. Zuerst empfingen uns die Hofdamen und die Oberhofmeisterin", berichtet Frieda Schäfer. „Erst wenn Charlotte die Kleider übergezogen hatte, kam dann die Kaiserin selbst. Sie hatte eine äußerst liebenswürdige und natürliche Art. Jedenfalls war sie es, die uns unsere Befangenheit zu nehmen wusste." Dass ihre Leutseligkeit nicht zu groß wurde, dafür sorgte schon die Oberhofmeisterin, die ihr vorwurfsvolles „Aber Majestät ...!" sogleich zur Hand hatte ..." Aber auch die Hofdamen erschienen uns gar nicht so schrecklich unnahbar. Wenn sie uns hinausbegleiteten, waren sie oft recht gesprächig, erkundigten sich nach den neuesten Moden und winkten uns manchmal heimlich vom Fenster aus zu. Aber das war streng verboten.

Einmal gab es deswegen sogar einen großen Auflauf. Ein Polizist hatte beobachtet, dass wir zu den Schlossfenstern hinauf gewinkt hatten, was er unglaublich fand. Er wollte uns sogar verhaften lassen. Erst als wir ihm bescheinigen konnten, dass wir gerade von einem Besuch bei der Kaiserin kamen, ließ man uns gehen ..."

Wo Deutschlands Kaiserin „arbeiten" ließ, konnte die übrige „Haute Volée" nicht fehlen. Natürlich trugen auch Kronprinzessin Cecilie, sowie Prinzessin Heinrich – Gattin des einzigen Kaiser-Bruders – Gerson-Modelle. Zur Stammkundschaft zählten außerdem die Fürsten Thurn und Taxis, eine Gräfin Bubener aus Siebenbürgen, die Gontards, Nachfahren des bekannten Baumeisters Friedrich des Großen und Berliner Bankierfamilie, ferner die alteingesessene Berliner Verlegerfamilie Toussaint-Langenscheidt, die Familie Jandorf – Begründer des KaDeWe – sowie Bertha Krupp, um nur einige zu nennen.

Aber nicht nur Deutschlands Adel und Finanzwelt schwor auf Gerson. Es kam alljährlich auch die russische Hocharistokratie auf der „Durchreise“ nach Paris oder in die verschiedenen mitteleuropäischen Bäder und machte bei Gerson Station, denn es gehörte in Petersburg zum guten Ton, Berliner Modelle zu tragen. Es kamen die Schweden und Holländer, und es kamen – leger an Daddys Arm – die amerikanischen Dollarprinzesschen. „Prinzeß Alice“, wie die Tochter des sparsamen Theodor Roosevelt genannt wurde – er ließ sich bei einem Besuch im Mai 1910 in Berlin nach einem Kauf von antiquarischen Jagdbüchern im Werte von 1200 Mark über seinen diplomatischen Vertreter 10 Prozent Rabatt zurückzahlen. Der Diplomat: „Mr. Roosevelt ist kein reicher Mann“ – und er bekam die 10 Prozent! Diese „Prinzeß Alice“ liebte keine Millionencapricen, aber sie schwärmte für Gerson-Modelle ebenso wie Gladys Vanderbilt.

Das deutsche Kaiserpaar: Wilhelm II. und Kaiserin Auguste-Victoria.
(Berliner Illustrierte)

Wenn diese Kundschaft am Werderschen Markt erschien, gab es grundsätzlich Champagner. Albert Freudenberg, einer der vier Söhne von Philipp Freudenberg, kredenzte ihn persönlich.

Philipp Freudenberg und seine Söhne Albert, Hermann, Julius und Siegfried ließen es nicht an originellen Einfällen fehlen, ihre Kundschaft gut zu unterhalten bzw. ihre Aufmerksamkeit immer wieder auf sich zu lenken. Großen Beifall im In- und Ausland fand daher auch die in der Zeit vor dem Ersten Weltkrieg veranstaltete Automobil-Ausstellung im Hause Gerson, die Automobilsport-Fan Kronprinz Wilhelm persönlich eröffnete. Mit Hilfe eines Lastkrans wurden die verschiedenen Ausstellungsobjekte durch eines der großen Fenster in die zweite Etage gehievt, ein großartig organisiertes, wenn auch kostspieliges Unterfangen. Automobilsport war nämlich gerade große Mode geworden, und große Mode geworden war daher auch Automobilistenkleidung, die passend zu den ausgestellten Autos dargeboten wurde, passend zur Farbe des Lacks, versteht sich, denn buntlackierte Autos waren ebenso letzter Schrei wie Autojacke, Autoschal und Autohut, auch Otero-Hut genannt, nach der bekannten Tänzerin und Freundin Wilhelms II. „Autoliebchen“ wurde zu einer der erfolgreichsten Operetten dieser Jahre. Berlin lebte mit der Mode und die Mode mit Berlin.

In Paris interessierte man sich lebhaft dafür, was sich in Berlin tat. Paul Poiret, einer der bekanntesten Modeschöpfer um die Jahrhundertwende, war häufiger Gast im Hause Gerson, freundschaftlich verbunden vor allem mit Hermann Freudenberg. Poirets Modeschöpfungen waren nämlich revolutionär, denn sie verzichteten grundsätzlich auf das Korsett. Das führte dazu, dass sich die Silhouette völlig veränderte. Diese Revolution wurde in Paris und auch in anderen Ländern nicht gerade begeistert aufgenommen. Hermann Freudenberg aber hatte mit sicherem Instinkt die Bedeutung dieser „neuen Linie“ erkannt und entsprechend große Modell-Aufträge an

Poiret erteilt. Gleichzeitig lud er den Pariser Couturier ein, in Berlin seine Modelle vorzuführen. Das gab Poiret internationale Anerkennung und hat wesentlich dazu beigetragen, dass die neue Modelinie Beachtung fand.

Hätte das der „alte“ Herrmann Gerson noch erlebt, er hätte sich die Fortsetzung seines Werkes nicht besser und großartiger wünschen können. Das alles erfuhr dann allerdings eine jähe Unterbrechung, als am 1. August 1914 der erste Weltkrieg ausbrach.

Mit vielen anderen Mitarbeitern aus der Firma zogen auch Söhne und Enkel Philipp Freudenbergs – einige kriegsfreiwillig – ins Feld. Der Senior-Chef, mit dem seine Söhne alle wichtigen geschäftlichen Entscheidungen besprachen, kam täglich, nun schon 80jährig, in Begleitung seiner Hausdame in die Firma.

Die livrierten Diener rissen die Türen auf, der Liftboy signalisierte ein verabredetes Zeichen an die oberen Etagen, dass der „Alte“ im Anmarsch sei, der es aber nie vergaß, seinem Personal einen freundlichen „Guten Morgen“ zu wünschen und diejenigen mit Handschlag zu begrüßen, die tags zuvor mit einer ansehnlichen „Tageslosung“ abgeschlossen hatten. Hochbetagt, im Alter von beinahe 86 Jahren, ist Kommerzienrat Philipp Freudenberg dann im Februar 1919 verstorben.

„Seiner Tatkraft verdankt die Firma Herrmann Gerson den Ruf, eine der leistungsfähigsten und glänzendsten Vertreterinnen der deutschen Modeindustrie zu sein“, schreibt anlässlich seines 85. Geburtstages, am 20. Oktober 1918, der „Manufakturist“.

Nun hatten die Brüder Freudenberg das Regiment ganz allein. Der Kaiser hatte abgedankt und war nach Holland übersiedelt. Fürsten und Adel hatten ihren gesellschaftlichen Vorrang verloren. Nun kam eine neue, interessante Gesellschaftsschicht nach oben. Kunst und Wissenschaft blühten auf, es begannen für Berlin die „goldenen zwanziger Jahre". Friedrich Ebert, erster Präsident der jungen Republik, war einer der ersten, die sich als Kunden bei Gerson einstellten. Doch auch die Bismarcks und Gontards, die Fürsten Thurn und Taxis bleiben keineswegs aus. Aber sie wurden von den aufstrebenden Sternen des Theaters und Stummfilms, von den Neureichen der Finanzwelt, aber auch von den schnell zu Geld gekommenen Hasardeuren des Wirtschaftslebens in den Schatten gestellt.

Sie alle kamen zu Gerson mit ihren Wünschen und Allüren. Da war die kapriziöse Anna Pawlowa, die als „sterbender Schwan" die Herzen entzückte. „In Paris", so erklärte sie, „nein in Paris lasse ich nicht mehr arbeiten, weil dort die Nadeln bei der Anprobe immer so pieken." Sie will Gerson-Modelle tragen, wie es Fritzi Massary bereits vor dem Krieg getan hatte. Fritzi, die überragende Stummfilmgröße, brachte zur Anprobe stets ihren „Bully", Max Pallenberg, mit, der aufpassen sollte, ob die Kleider auch richtig abgesteckt würden. Aber Bully hörte sich während dieser Zeit in einem Nebenraum lieber die neuesten Elektrola-Schallplatten an, wobei er es nicht ausstehen konnte, wenn ihn jemand unterbrach. Als Fritzi ihn einmal während einer Anprobe unterbrechen will, um sich ihm in der neuen Robe zu präsentieren, fährt er sie wütend an: „Du bist gänzlich unmusikalisch", und zu der Directrice gewandt, sagt er entschuldigend: „Dabei ist sie überhaupt nicht unmusikalisch!"

Anna Pawlowa ließ sich bei Gerson anziehen, „weil ihr hier die Stecknadeln nicht so piekten …“

(Aus: Berliner Illustrierte Jgg. bis 1908)

La Jana, die langbeinige Tänzerin des „Tiger von Eschnapur“ erscheint stets an der Seite ihres Freundes, des Kammersängers Michael Bohnen. Von ihm will sie wissen, was ihr steht, und welche Farbe zu ihrem Teint passt, um dann allerdings immer genau das Gegenteil von dem zu kaufen, was er schön findet. „Er hat einen außerordentlich extremen Geschmack“, pflegte die Schöne zu sagen, „wenn es ihm nicht gefällt, dann weiß ich, dass es zu mir passt.“ Bertha Drews dagegen, die aparte und kluge Frau des unvergessenen Heinrich George, richtet sich bereitwillig nach dem Geschmack ihres Künstlergatten. Dasselbe tat auch Elisabeth Bergner, die ohne ihren Freund Rudolf Forster nur ungern eine Entscheidung über ihre Garderobe traf.

Es gab kaum jemand, der in Berlin und seinen „umliegenden Dörfern“ Rang und Namen hatte und nicht bei Gerson Kunde war: Renate Müller, Magda Schneider, Käte Haak,

Ida Wüst sowie die stimmgewaltige Adele Sandrock, die mit Stentorbass zu sagen pflegte: „Was fällt Ihnen ein, junger Mann …“ Die Schönheitstänzerin Celly de Rheydt, die später den Direktor des Wiener Ronacher Theaters heiratete, gehörte ebenso dazu wie die bekannte Turniermeisterin Cilly Feindt, die am liebsten Steak mit Bratkartoffeln aß. Grete Mosheim, Maria Paudler sowie die fernöstliche Kino-Schönheit Anna May-Wong trugen Gerson-Modelle.

Emil Jannings erstand bei Gerson die gerade in Mode gekommenen seidenen Herrenhemden, und auch die in die bekannte Spandauer Skandal-Affäre der 20er Jahre verwickelten Gebrüder Sklarek hatten Gersons seidenen Schlafanzügen nicht widerstehen können. Die seidene Herrenwäsche tauchte sogar noch in den Polizeiakten des aufsehenerregenden Prozesses auf.

Die Welt der modernen Prominenz gab sich bei Gerson genau so ein Stelldichein wie die Abgetretenen der gestürzten Monarchie. Alle wurden in gleicher Weise zuvorkommend behandelt. Und wenn Ex-Kronprinz Wilhelm, der nun nicht mehr hatte Kaiser werden können, seine Frau Cecilie bei ihren Einkäufen begleitete, hieß es immer noch so wie früher: „Königliche Hoheit haben einen Wunsch?“

Rund 1200 Beschäftigte zählte um diese Zeit die Firma Herrmann Gerson, weitaus mehr als beispielsweise zur gleichen Zeit das Haus Dior in Paris. Ihr Exportumsatz, der vor 1914 bereits 11 Millionen Goldmark durchschnittlich betragen hatte, die Hälfte des Exportes der gesamten deutschen Bekleidungsindustrie von 1938, betrug in den 20er Jahren 30 Millionen Mark. Auch die neuen Herren hatten sich etwas einfallen lassen, die Anziehungskraft des bekanntesten und größten deutschen Modehauses wachzuhalten. Berühmt waren die alljährlich im Herbst veranstalteten Wohltätigkeitsbasars, „Mittelstandsfürsorge“ genannt, die gezielten wohltätigen Zwecken zugedacht waren. Der umsichtigen Leitung von Frau Dr. Lindemann oblag es, etwa 600 Personen der „Crème de la

Maria Paudler, bekannter Filmstar und Gerson-Kundin.

(Aus: „Gerson-Brevier")

Crème" aus Berlin und den „benachbarten Ortschaften" so geschickt zu arrangieren, dass selbst die verwöhntesten Herrschaften zufrieden sein konnten.

Zu diesem Zweck wurde die zweite Etage des Hauses am Werderschen Markt für die verwöhnten Besucher hergerichtet, die ihr eigenes Tafelsilber, eigene Tischdamaste und Porzellane sowie ihre vornehm livrierte Dienerschaft mitbrachten. Fast regelmäßiger Gast dieser Veranstaltung – deren Eintrittspreis mit 10–12 Mark dotiert wurde – war

Anna May-Wong, berühmter Filmstar ("Schanghai-Express") und exotische Schönheit war ebenfalls Gerson-Kundin.

(Aus: „Gerson-Brevier")

u.a. auch ein Herr Christian Pröttel in Firma Pröttel & Co. aus Surabaja, zahlreiche Gerson-Kunden kamen auch aus dem ehemaligen Österreich-Ungarn. Die meisten aber stammten aus Berlin.

Bei dieser Gelegenheit wurden dann die neuesten Herbstmodelle der Gerson-Kollektion von den durchweg 16 Vorführdamen, die vorgeschriebene weiße Unterkleider tragen mussten, vorgeführt. Es waren rauschende Feste, und glücklich schätzten sich diejenigen, die sagen konnten, dass sie dabei gewesen seien. Hausdekorateur von Grabler hatte immer alle Hände voll zu tun, denn nachdem das Haus in den Jahren 1921/22 nochmals unter der Leitung des bekannten Architekten Hermann Muthesius umgebaut worden war, gab es immer wieder etwas Neues, Interessantes zu gestalten. Waren es keine Moderevuen, dann galt es Ausstellungen zu arrangieren, die häufig von großer Aktualität waren. Auf der Pariser Weltausstellung von 1924 hatte die Lyoner Seidenindustrie einen großartigen, einheitlich gestalteten Pavillon aufgebaut. Dieser Pavillon wurde geschlossen nach Berlin gebracht und bei Herrmann Gerson in der zweiten Etage des Hauses am Werderschen Markt so aufgebaut, wie er sich in Paris präsentiert hatte. Eine derartige Ausstellung von künstlerisch-modischem Geschmack und einer Repräsentation von wertvollen Seiden-Brokaten, Damasten und Samten hat man seitdem nicht mehr in Berlin gesehen.

Als „Vistra, das weiße Gold" – eine der ersten Zellulose-Fasern – auf den Markt kam, da wandten sich die IG-Farben, die Ende der 20er Jahre diese Fasern herstellten, direkt an die Firma Gerson, um diese Neuheit „von oben her", nämlich durch ein führendes Modehaus mit anspruchsvoller Kundschaft, zu lancieren und „Vistra" dem Gerson-Publikum schmackhaft zu machen, das damals „reine Seide" vorzuziehen geneigt war. So gab es bei Gerson eine Sonderschau mit exquisiten Modellen aus der neuen Zellulose-Faser. Die Zusammenarbeit mit IG-Farben trug Früchte für beide Teile. Wenige Jahre später gab es in Köln eine Kunstgewerbe- und Industrie-Ausstellung, die die IG wiederum zusammen mit Gerson gestaltete. Aufbau und die gesamte Dekoration des Messe-Standes war dem Hause Gerson übertragen worden. Nachmittags fand dort eine „Modenschau" statt. Sämtliche Gerson-Modelle waren aus Chemiefasern, den neuesten Produkten der IG-Farben. Das Ganze war eine einzigartige Attraktion.

1932 gab es dann in Berlin noch einmal eine Automobil-Ausstellung. Nun wurden nicht nur die neuesten Modelle, sondern bereits auch die Veteranen des Automobilsportes durch die Fenster gehievt. Ein Auto wurde verlost, und der Gewinner war Bühnenbildner Benno von Arent.

Um diese Zeit sind mit den Modenschauen auch die Vorführdamen in Mode gekommen. Sie heißen fortan „Mannequins". Hilde Zimmermann und Tutti Fertig, beide Mannequins bei Gerson, waren sogar die ersten deutschen Schönheitsköniginnen, von Georg Alexander im Berliner Sportpalast mit der „Wurstkrone" gekrönt. Aber Gerson hatte nicht nur prominente Kunden. Aus der Schule dieses renommierten Modehauses gingen auch viele heute bekannte Modeschöpfer hervor.

Einer der populärsten Männer der Berliner Couture ist Hans Seger, Mitinhaber der Staebe-Seger-Modelle am Kurfürstendamm. Hans Seger, der als Dreikäsehoch seine Mutter bei Hut-Einkäufen mit handfester Kritik begleitet und damit die Verkäuferinnen zur Verzweiflung bringt, der seiner Schwester heimlich ihre Puppen wegnimmt, um ihnen Kleider nach seinem Geschmack zu entwerfen und der heute Deutschlands bekanntester Mantel-Kreateur ist, hatte in den 20er Jahren bei Gerson einen raschen Aufstieg erlebt.

Schuld daran ist Dorian Gray. So hatte der Oscar-Wilde-Verehrer Seger ein von ihm entworfenes schwarzes Nachmittagskostüm genannt, und „Dorian Gray" wurde ein „Renner", ein durchschlagender Erfolg. Und weil „Dorian Gray" dem jungen Konfektionär Glück gebracht hat, gibt es bis heute in jeder Kollektion des Hauses Staebe-Seger immer ein schwarzes Kostüm mit dem Namen „Dorian Gray".

Das Schicksal des um diese Zeit fast hundertjährigen Hauses Herrmann Gerson schien sich zu wiederholen. Die Wirtschaftskrise von 1929 brachte erste Schwierigkeiten. Der frische Wind, mit dem Philipp Freudenberg der traditionsreichen Firma neuen Auftrieb gegeben hatte, blieb aus. Die Zeiten waren so ungünstig wie nie zuvor. 1935 ging das Haus (ebenso wie Kersten & Tuteur) in die Hände der Firma Horn über, nachdem die Familie Freudenberg Deutschland verlassen musste[37].

37 Die Firma Horn existiert heute noch als führendes Modewarenhaus am Berliner Kurfürstendamm.

Aus der Zahl der vielen Mittel-, Klein- und Kleinstbetriebe, aus denen sich die Berliner Konfektion zusammensetzt, treten nur einige große Namen hervor. Zu ihnen gehört auch das Unternehmen von N. Israel. Es war Berlins ältestes Kaufhaus, das allerdings auch eine bemerkenswerte Konfektionsabteilung „en gros“ hatte. Obwohl das Schwergewicht der Firma eigentlich nicht auf diesem Gebiet lag, verdient doch das Haus Israel in dieser Chronik erwähnt zu werden, ebenso wie auch das Unternehmen von Rudolph Hertzog.

NATHAN ISRAEL

„... als eine Frau nicht mehr als leichtfertige Verschwenderin galt, wenn sie sich bemühte, auch in der alltäglichen Erscheinung ihrem Mann zu gefallen“, schreibt ein zeitgenössischer Chronist am Ende des vorigen Jahrhunderts, da begann das Zeitalter der Waren- und Kaufhäuser, die modische Garderobe zu erschwinglichen Preisen anboten, wie sie die Berliner Konfektion fertigte. Berliner Chic – das war letzter Schrei für Frau Jedermann. Modelle lieferte die Elite aus den eigenen Reihen, die „janz Jroßen der Branche“, die Gerson, Manheimer, Levin, die sich durchaus mit Pariser Modellhäusern messen konnten, wie wir bereits im vorangegangenen Kapitel erfahren haben. Berliner Chic für Frau Jedermann aber produzierten die vielen kleinen und mittleren Betriebe, denen es vorbehalten war, die ersten modischen Schnittmusterbogen an die Dutzendware der Konfektion zu legen. „En gros“ und „en detail“ ging zunächst noch Hand in Hand. Jeder verkaufte, was er herstellte. Erst später, in den 60er Jahren des vorigen Jahrhunderts, spezialisierte sich Konfektion – „en gros“ – gleich Produktion, und „en detail = Einzelhandel.

Nathan Israel hatte von Anfang an den zweiten Weg eingeschlagen. Sein Kaufhaus blieb 124 Jahre – von 1815 bis 1939 – ununterbrochen im Familienbesitz. Wie seine Vorfahren betrieb er seit 1815 zunächst den Altkleiderhandel im Hause Jüdengasse 18. Als er drei Jahre später, 1818, zum Molkenmarkt 2 in größere Räume umsiedelte, verschrieb er sich seinem „Leinwandkram“, der schnell populär wurde und bereits 1832 im „Allgemeinen Wohnungsanzeiger für Berlin“ als „Ein Denkmal bürgerlicher Tüchtigkeit“ bezeichnet wird. Tatsächlich fand sein Angebot in Leinen- und Haushaltswäsche einen solchen Zuspruch und hatte bald einen so ausgedehnten Kundenkreis, dass Israel 1843 bereits wieder vergrößern und daher in die Spandauerstraße 26-27 umziehen musste. Nathan Israels Söhne Jacob und Moritz erwarben zwischen 1864 und 1870 das Haus Nr. 29 und seine Enkel Berthold und Hermann 1895 das Haus Nr. 30.

Das Haus am Molkenmarkt wurde von der benachbarten Berliner Polizei übernommen, die dort blieb, bis der „Alex“ gebaut wurde. Die Israels gehörten zu den älteren Berliner Familien aus der Gründer-Generation der Konfektion. Sie waren bereits unter dem Großen Kurfürsten in Preußen ansässig und kamen im ersten Regierungsjahr Friedrichs des Großen nach Berlin. Großvater Israel Jacob, 1710 in Schneidemühl geboren, erhielt 1741 die Konzession, in Berlin mit alten Kleidern zu handeln. Als er 1786 stirbt, geht das Handelsrecht auf seinen Sohn Jacob Israel – am 29. August 1753 in der Reetzengasse (später Parochialstraße) geboren – über. (Das Haus wurde 1765 käuflich erworben.) Dessen Bruder Abraham gehört übrigens zu den Stiftern der „Altersversorgungsanstalt der jüdischen Gemeinde“ zu Berlin.

Nathan Israel, am 8. September 1782 in der Jüdengasse 18 geboren, starb in Alter von beinahe 70 Jahren am 21. August 1852 als „Lotterie-Einnehmer und Hauseigentümer“, wie die Urkunde vermerkt[38].

1839 – dem Gründungsjahr der Berliner Konfektion – befindet sich das Kaufhaus Israel bereits in der dritten Generation in Berlin im Textilgeschäft etabliert.

„In dem dreifenstrigen, zweistöckigen Hause waren Leinwand, Baumwoll- und Schwarzwollstoffe zu haben. Hier versorgte sich die Berliner Hausfrau mit dem nötigen Wäschebedarf …“ schreibt 1919 I. Kasten in seinem Buch „Berlin, wie es war“ und fährt fort: „Vergleicht man nun jenes schlichte Häuschen, das gleichwohl damals eine Berliner Sehenswürdigkeit war, mit dem jetzt dort entstandenen Riesenkaufhaus, dann gewinnt man einen Maßstab für die staunenerregende Entwicklung Neu-Berlins. Ehedem blühte hier der Kleinhandel. Aus der alten Königsstadt ist während der 80er und 90er Jahre etwas wie eine Londoner City geworden. Vom kulturellen Standpunkt aus betrachtet ist es nämlich zu bedauern, dass jenes Stammhäuschen in der Spandauerstraße so ganz spurlos verschwunden ist …“

Nathan Israels Söhne – Jacob und Moritz – erwarben 1891 die angrenzenden Grundstücke Königsstraße 11/12 und errichteten 1897 einen Neubau, der die Grundstücke in der Spandauer- und Königsstraße zusammenfasste.

„Durch den weiten Lichthof rauscht und raschelt, was Crefeld und Lyon Neues und Vornehmes erzeugen“, heißt es in einem Zeitungsbericht aus dem Jahre 1900 … Fertige Brautausstattungen sind eine Spezialität des Hauses Israel, hier kauft man sowohl den „fürstlichen Trousseau“ als auch die bürgerliche „Aussteuer“, denn, so witzelt der „Roland von Berlin“

„… fürstliche Trousseaux die teuern
beschafft man meistens doch aus – Steuern …“

38 Nathan Israel befand sich in dieser Zeit im Ruhestand, nachdem er seinen Söhnen das Geschäft „mit activitas“ übergeben hatte.

Fertige Brautausstattungen, vor allem solche von Fürsten, vom Adel oder sonstiger Prominenz, wurden meistens in den Schaufenstern zur allgemeinen Bewunderung ausgestellt, und Berlins Hausfrauen und solche, die es werden wollten, pilgerten dorthin, um zu sehen und zu staunen, und viele geheime Wünsche hofften dabei auf Erfüllung.

Inzwischen reichte aber auch der Neubau nicht mehr aus, um alle Ware aufzunehmen, die mehr und mehr Auslagen, Regale und Läger füllte. Eine Reihe angrenzender Alt-Berliner Patrizierhäuser mussten hinzugenommen werden. „Hier wohnten", so heißt es in einem zeitgenössischen Bericht, „die treuen Diener der Kurfürsten und Könige". Prähistorische Funde wurden ebenfalls bei den Erweiterungsbauten ausgegraben. Sie werden heute noch im Märkischen Museum aufbewahrt.

Im zweiten Stock wird seit 1895 bereits Damen- und Kinderkonfektion „en gros" verkauft. „Hier ist das Reich der Großkäufer", heißt es da, „hier werden die Kleiderständer zusammengestellt, die Kojen bilden, in denen die Einkäufer unbeobachtet und unerkannt voneinander ihre Geschäfte tätigen können". Im 4. und 5. Stock sind die Werkstätten wo konfektioniert wird.

Bis 1907 blieb an Sonnabenden das Kaufhaus geschlossen, an Sonntagen dagegen zwischen 8 und 10 Uhr für das Käuferpublikum geöffnet, wie damals allgemein üblich. Als fromme Juden heiligten die Israels den Sabbat. Ihren Betriebsangehörigen boten sie am freien Sonnabend vielerlei Gelegenheit zu nützlicher Beschäftigung und Weiterbildung. Seit 1897 wurden mit eigenen Lehrern und Ausbildern Vorträge veranstaltet, die sich wechselweise mit volkswirtschaftlichen Themen, mit Hygiene und Gesundheitspflege sowie mit Rechts- und allgemeinen Lebensfragen beschäftigten.

Wer wollte, konnte sich auch an Sprachkursen in Englisch oder Französisch beteiligen oder einen Kursus in Buchführung absolvieren, alles auf Kosten der Firma. Für ehrgeizige

Nathan Israel

(Aus: Berlins Aufstieg zur Weltstadt, Berlin 1929)

und bildungshungrige junge Leute, die fleißig und strebsam waren, bot sich hier eine ideale Möglichkeit der Fortbildung. Die Clubräume, in denen sich die leitenden Angestellten und auch die Chefs häufig selber sehen ließen, um sich an den Diskussionen über die Vorträge zu beteiligen, verfügten zudem über eine vielseitige Bibliothek, die allen zur Verfügung stand.

Auf eine sinnvolle Freizeitgestaltung ihrer Betriebsangehörigen waren die Israels ebenso bedacht wie auf das, was man heute als „gutes Betriebsklima" bezeichnet. Man sah nicht selten Hausdiener und Rayonchef miteinander an grünen Billardtischen die weißen Kugeln stoßen oder einen handfesten Skat dreschen.

In Stralau besaß die Firma sogar einen betriebseigenen Tennisplatz sowie ein Bootshaus, das Hermann N. Israel für 30 000 Mark renovieren ließ und auch dem dortigen 1897 gegründeten Ruderverein zugänglich machte.

Auch eine Pensionskasse besaß die Firma seit 1894 mit einem – später erhöhten – Grundvermögen von 250 000

Mark; Inhaber und Arbeitnehmer trugen je 4½ Prozent des bis zu 7500 Mark anrechnungsfähigen Jahresgehaltes bei. Aber nicht nur um Bildung und geistigen Fortschritt ihrer Untergebenen waren die Inhaber des Hauses Israel bemüht, auch ihrer Kundschaft bewiesen sie mit nobler Geste ihre Verbundenheit. Sie erhielt seit 1898 alljährlich zu Neujahr eine wertvolle Buchausgabe, im Selbstverlag herausgegeben.

So gab es 1901 „Die deutschen Kolonien“ von Friedrich Meinecke, 1904 „Groß-Berlin“ von Konrad Albert, 1905 „Eine Weltreise“ von Eugen Zabel, 1906 „Das Theater“ von Benno Jacobsen, 1907 „Die Erziehung im 20. Jahrhundert“ von A. Pabst, 1909 „Führende Geister der Gegenwart“ von Th. Kappstein, 1913 „Die Frau im Jahrhundert der Energie“ sowie „Die Geschichte des Tanzes“ von Eduard Mörike, um nur einige zu nennen.

Letzte Inhaber waren Wilfrid Israel, geboren am 11. Juli 1899 und Dr. Herbert Israel, geboren am 16. April 1903. Wilfried Israel, der sich zeit seines Lebens stets für Völkerverständigung und sozialen Ausgleich eingesetzt hatte – ein Foto mit dem Autogramm Fritjof Nansens schmückte seinen Schreibtisch – musste schließlich seine Hilfsbereitschaft, Juden aus den von Deutschland besetzten Gebieten ins neutrale Ausland zu schleusen, mit dem Leben bezahlen. Von Lissabon aus, wo er mit einer Schweizer Delegation beraten hatte, startete er am 1. Juni 1943 zum Rückflug nach England. An Bord der Maschine „Ibis“ befanden sich noch zwölf andere Passagiere, darunter der Schauspieler Leslie Howard, als das Flugzeug über der Biskaya von der deutschen Luftwaffe angegriffen und abgeschossen wurde. Alle Insassen kamen ums Leben. Man hatte in dieser Maschine den britischen Premier Churchill vermutet.

Die Firma N. Israel war bereits am 9. Februar 1939 von der Emil Koester AG übernommen worden.

MARY LEINEWEBER

Wer kennt nicht das Leineweber-Haus am Zoo, „Das Haus, das jeden anzieht!"? Es wurde im Jahre 1888 von Bernward Leineweber gegründet. Aber der Geist dieses Hauses und die unternehmerische Tüchtigkeit, die es in den Rang der bedeutendsten deutschen Konfektionshäuser hob, hieß: Mary Leineweber!

Sie ist eine der großen Frauenpersönlichkeiten ihrer Zeit, mit weitsichtigen, unternehmerischen Fähigkeiten, intelligent, tüchtig, von unermüdlicher Schaffenskraft und Großherzigkeit, wenn es um das Wohl der Firma und der ihr anvertrauten Mitarbeiter geht.

In Heiligenstadt 1859 geboren, verbringt sie ihre Jugendjahre in den „Staaten", erlebt dort den amerikanischen Bürgerkrieg und die Sklavenbefreiung und schreibt zwei Romane, die in einer New Yorker und später auch in einer Berliner Tageszeitung erscheinen. Ihre „episch-lyrische Dichtung" wird später von einem Stuttgarter Verlag herausgebracht. Nach Deutschland zurückgekehrt, ergreift Mary Koch den Beruf einer Lehrerin und findet in der Seidenstadt Krefeld ihre erste Anstellung.

Dort heiratet sie am 4. Februar 1888 den 1861 in Nesselröden in der Mark geborenen Bauernsohn Bernward Leineweber, der sie bereits als Gymnasiast heimlich verehrt hatte. Auch Bernward Leineweber ist von Beruf Lehrer, da er aber keine Stelle finden kann, sattelt er um, absolviert eine dreijährige Lehrzeit in einer Duderstädter Textilhandlung und wird dann zum Militärdienst bei den „Maikäfern" eingezogen, so nämlich nannte der Volksmund das 5. Garderegiment in Spandau.

Die „Mechanische Näherei und Weberei, Färberei und Appretur" von Hager & Müller in M.-Gladbach, 1870 gegründet, stellt schließlich den jungen Leineweber als Kommis ein.

Das Unternehmen fertigte Hosen für Männer und Knaben an. Dem Zuge der Zeit entsprechend hatte die Firma den Wunsch, in Berlin eine Verkaufsstelle zu errichten, und der junge Leineweber ist ausersehen, die Leitung der Filiale zu übernehmen. Bernward Leineweber aber strebt nach einer eigenen, selbständigen Existenz, und so nimmt er den Vorschlag seines Chefs, die Hosen von Hager & Müller in Kommission zu nehmen und nebenher Eigenfertigung zu betreiben, gern an. Um einer solchen Aufgabe gewachsen zu sein, besucht der junge Bernward zunächst noch die Schneiderakademie des Herrn Maurer in Berlin, um sich dort sein handwerkliches Rüstzeug zu holen. Dann reist er zu Mary Koch nach Krefeld, um zu heiraten. Die kluge Mary aber stellte ihrem stürmischen Bewerber zuvor noch eine Bedingung: Sie will sich nicht um den Haushalt kümmern, sie will eine echte, berufliche Aufgabe an der Seite ihres Mannes! Bernward sichert ihr dieses zu.

Auf Hochzeitsreise geht es ins Eichsfeld. Dort treffen sie mit dem damals 17jährigen Friedrich Borchard, einem Neffen Bernwards, zusammen, den sie in die neugegründete Leineweber-Firma aufnehmen, und der über Jahrzehnte hinweg dem Unternehmen eng verbunden bleibt, bis er 1917 im Alter von 46 Jahren tödlich verunglückt.

In der Oranienstraße, im Südosten Berlins, eröffnen die Leinewebers im Dreikaiserjahr 1888 ihr Geschäft. Ein- und Verkäufer ist Bernward Leineweber, Frau Mary sitzt an der Kasse und erledigt die Buchführung, während Lehrling Friedrich und ein Schneidermeister die Änderungen vornehmen. Eröffnungsschlager ist „Eine Hose für eine Mark“, der Verdienst daran beträgt 10 Pfennig. „Man muss es mit der Stückzahl schaffen“, erklärte die gescheite Frau Mary dazu, und diese frühe Theorie von der Mengenkonjunktur hat ihr Recht gegeben. Prinzip der Leineweber ist „Verkauf mit kleinem Nutzen“. Nach drei Monaten können sie bereits eine Tageslosung von 1000 Mark verzeichnen. Einen wahren

Rekordumsatz aber erreicht das junge Unternehmen am Sonnabend vor Pfingsten im Gründungsjahr 1888. An diesem Tag wurden rund 40 Anzüge und Mäntel verkauft. Nach dem Leitsatz des frommen, katholischen Ehepaares: „Ehrlich im Handel, christlich im Wandel“, stiften die Leinewebers diesen Ertrag der Kirche.

„Billige, aber streng feste Preise“ und „Verkauf nur gegen sofortige Barzahlung“ sind weitere Grundsätze, auf denen das zielstrebige Unternehmen ruht. So entsteht der „Anzug von der Stange“ und dazu weitere und bessere Passformen, die damals zwar schon in der Damen-, noch nicht aber in der Herrenkonfektion üblich sind. So etwas sprach sich herum und machte den Anzug von der Stange populär.

„An Sonn- und christlichen Feiertagen geschlossen“, verkündete zugleich ein Schild. Das war 1888 etwas ganz Unerhörtes, denn um diese Zeit kennen von den 12 340 in Berlin registrierten Handelsbetrieben nur 1570, also nur 13 Prozent, einen freien Sonntag, und die Frage, ob an Sonntagen ganz oder nur teilweise zu schließen sei, wird noch bis in die Zeit des Ersten Weltkrieges hinein von Fach- und Tageszeitungen heftig diskutiert.

Auch die „Landpartie in den Grunewald“, die Leinewebers mit ihren „Betriebsangehörigen“ bereits um diese Zeit unternehmen, ist geradezu revolutionierend. Firmenchefin Mary weiß um die Not des Arbeiterstandes ihrer Zeit und sucht zu lindern, wo und wann sie immer kann. Als daher das Unternehmen im März 1913 sein 25jähriges Firmenjubiläum begeht, heißt es im „Confectionair“:

> „Die Firma sieht von Feiern ab, sondern bereitet ihren 500 Angestellten in nützlicher Form eine Freude.“

Auf die beachtliche Zahl von 500 Angestellten und Arbeitern ist also nach 25jährigem Schaffen das Unternehmen Leineweber angewachsen. Zu dieser Zeit sind die Geschäftsräume in der Oranienstraße bereits zu klein geworden. Als 1891 die M.-Gladbacher Firma Hager & Müller Bernward

Leineweber ihr Berliner Verkaufslager in der Gertraudenstraße überantworten, bemüht man sich bereits um ein neues Geschäftslokal. Zwei Jahre später, 1893, ist es dann endlich soweit, man kann „Hineinziehen“, wie es branchenüblich heißt, in das Herz des Berliner Konfektionsviertels.

Am Köllnischen Fischmarkt, in der Nähe des Derfflinger-Palais, das der Große Kurfürst seinem General und gelernten Schneider Derfflinger, dem Sieger von Fehrbellin, nach der entscheidenden Abwehrschlacht vom 28. Juni 1675 gegen die Übermacht der von Ludwig XIV. ins Land dirigierten Schweden, erbaute[39], entstand ein neues, größeres Leineweber-Haus. In der Nachbarschaft der Roßstraße zeigt sich auch bald internationale Kundschaft. Die Russen, auf der „Durchreise“ in die deutschen Bäder, gehören zu den ersten ausländischen Kunden, und Frau Mary ist ganz in ihrem Element, wenn sie hinter ihrer Kasse hervortreten und mit den adligen Herrschaften französisch parlieren kann.

Inzwischen ist nämlich die Firma Leineweber ein „Spezialhaus ersten Ranges für Herren- und Knabenkleidung unter Leitung erstklassiger Kräfte mit Garantie für tadellosen Sitz“ geworden. Preisunterschiede zwischen Konfektions- und Maßanzug sind noch nicht so groß, und mit dem Ziel, immer bessere Passformen zu erreichen, wächst die Chance für die Herren-Konfektion.

Wenn man sich zunächst noch mit drei Herren-Größen behelfen muss, so gibt es um 1910 schon 10-12 verschiedene Größen. Leinewebers aber sind weitaus fortschrittlicher. Sie haben in eigener Regie bereits um die Jahrhundertwende deklariert: „Mein Lager enthält beständig 18 verschiedene Größen“,

39 In zwei Stunden besiegte Derfflinger das für unbesiegbar geltende schwedische Heer, das Ludwig XIV. zu Hilfe gegen Brandenburg gerufen hatte. 6000 Brandenburger standen gegen 7000 Mann Fußvolk der Franzosen und Schweden, sowie 4000 Reiter. Nur 13 Geschütze konnte das kleine Brandenburg gegen die 38 Haubitzen der Feindmächte anführen. Der Sieg von Fehrbellin befestigte endgültig die Macht Brandenburgs. Die Schlacht besingt Heinrich von Kleist in seinem „Prinz von Homburg“.

wenig später sind es schon 24. Zusammen mit Schneidermeister Robert Deja hatte Bernward Leineweber sogar schon ein Zwischengrößen-System ausgeknobelt, das unter Reichsgebrauchsmusterschutz gestellt wird und sich Jahrzehnte hindurch bewährt.

Bei Leinewebers hieß es damals schon: „Aussuchen – Anziehen – Mitnehmen“, was dann 50 Jahre später zum Leitspruch der Gemeinschaftswerbung „Herrenoberbekleidung“ wurde. Leinewebers waren es auch, die den „Herrn ohne Unterleib“ abschafften, d. h. sie zeigten auf der Berliner Gewerbeausstellung von 1896 ihre Modelle erstmalig auf richtigen Figuren, statt, wie es bisher allerorten üblich war, auf kopflosen Nickelständern. Sie rationalisieren mit Hilfe erfahrener Techniker ihren Betrieb, der zu 50 Prozent eigene Erzeugnisse, mit Zwischenmeistern hergestellt, verkauft. Zudem betreiben sie eine großzügige Werbung. Man verschickt Prospekte, mit Stoffmustern beklebt, druckt Plakate für Litfaßsäulen sowie für die Linie 2 der Straßenbahn, die zum Spittelmarkt fährt, und wirbt mit Zeitungsanzeigen.

Als um die Jahrhundertwende der Sport volkstümlich wird, gehören die Leinewebers zu den Ersten, die Sportbekleidung in ihre Produktion aufnehmen. Ausstattungen für den gerade in Mode gekommenen Fahrradsport liegen ihnen besonders am Herzen. Immerhin erfordert die 1813 vom Freiherrn von Drais erfundene Draisine, die 1851 von Fischer verbessert und 1880 endlich als Hochrad in den Handel kommt, nicht unerhebliche, sportliche Bemühungen. 1897 wandeln die Leinewebers ihren Laden in der Gertraudenstraße in eine „Fahrradhandlung“ um und vertreten die begehrte Fahrradmarke „Bismarck“. Am Mühlendamm errichten sie sogar eine Radfahrlehrbahn, auf der Hausdiener und andere Angestellte sich bemühen, die Käufer oder Kaufinteressenten in die Kunst des Balancierens auf dem Hochrad einzuweihen. Dass solche Bemühungen nicht ohne unfreiwillige Heiterkeitserfolge vonstattengehen, versteht sich am Rande.

Als das Hochrad endlich vom Stahlross unserer Tage abgelöst wird, kommen andere Sportarten hinzu – Autofahren, Jagd, Eislauf und Skisport – die wiederum neue sportliche Bekleidungsstücke bedingen. Das Leineweber-Haus wird vergrößert und bis zur Fischerstraße hin ausgebaut. Der Jahresumsatz beläuft sich nunmehr bereits auf rund zwei Millionen Mark.

Der Ausbruch des Ersten Weltkrieges lässt die zügige Entwicklung vorerst zum Stillstand kommen. Man ist gezwungen, sich auf Militärbekleidung umzustellen. Damit ist aber auch die Glanzzeit des Unternehmens zunächst einmal vorbei. Bernward Leineweber erkrankt. Frau Mary übernimmt die Leitung der Firma, unterstützt von Schneidermeister Robert Deja und Robert Voß, nachdem 1917 nun auch der Neffe und Mitinhaber Friedrich Borchard – wie bereits erwähnt – tödlich verunglückt war. 1921 muss sich Bernward Leineweber aus Gesundheitsgründen in den Ruhestand zurückziehen. Die Firma wird in eine GmbH umgewandelt. Der einzige Sohn des Ehepaares Leineweber, Ben, sowie sein Vetter Heinrich Leineweber, der 1896 als Verkäufer in die Firma eingetreten ist, übernehmen die Leitung.

Die Nachkriegszeit bringt Streik, Unruhen und Inflation. Ein Schal mit Mütze kostet drei Billionen Mark, und am Spittelmarkt behindern Stacheldrahtverhaue den Zugang zum Firmengebäude. Nur mit Ausweis dürfen die Eigentümer passieren. Ein Hausdiener verliert bei den Schießereien einen Arm. Als am 23. November 1923 die Währung endlich stabil ist, geht es zunächst wieder weiter bergan. 1928 kann die Firma den Höchstumsatz seit ihrem Bestehen verzeichnen: 8½ Millionen Mark!

Bernward Leineweber konnte diesen schönen Erfolg nicht mehr erleben, denn er starb 1927 im Alter von 60 Jahren. So blieb ihm allerdings auch erspart, mit anzusehen, was diesem neuerlichen Höhepunkt folgte: Die Wirtschaftskrise, der Schwarze Freitag von 1929. Er brachte Berlin 450 000

Arbeitslose, allein von den Konfektionsarbeitern waren 54 Prozent ohne Erwerb. Die Zahl der Leineweber-Angestellten ging von 173 rapide auf 120 zurück, die Zahl der Zwischenmeister von 519 auf 300. Der Umsatzrückgang betrug 60 Prozent.

Voller Optimismus hatte man aber 1931 Damenkonfektion hinzugenommen, und das Leineweber-Unternehmen wurde nun, was es heute – zwar unter neuen Besitzern – eigentlich ist: „Das Haus, das jeden anzieht". Neue Rückschläge blieben leider der tapferen Mary Leineweber nicht erspart, die – inzwischen 73jährig – bereits im Ruhestand lebte. 1932 musste das Unternehmen die Zahlungen einstellen und einen Vergleich anmelden. Im gleichen Jahr noch ging es in den Besitz der Hans Bäumler AG, München über, zu der auch die Vereinigten Kleiderwerke in Herford gehören. Inhaber dieser Unternehmen ist Herbert Tengelmann.

Dieser tatkräftige Unternehmer machte den inzwischen völlig heruntergewirtschafteten Betrieb wieder flott und zu dem, was er heute wieder ist. Man sagt dem sympathischen Wirtschaftler nach, dass er „die Kunst habe, aus Zahlen wie im Flug ein geistiges Gebäude zu machen, das kein Luftschloss ist". Die neue Aufgabe, so meinte er selbst, reizte ihn gerade deshalb so sehr, weil sie so schwierig war.

Herbert Tengelmann ist in Essen als Sohn des Generaldirektors der Essener Steinkohlenbergwerke AG geboren, war Fliegerleutnant im Ersten Weltkrieg und hatte in Bonn Jura studiert. Niemand begriff es, dass er ausgerechnet zur Konfektion ging. Sein Bestreben zielte darauf, aus einem Gewerbe eine Industrie zu machen, ohne Zwischenmeister und Heimarbeiter, obwohl diese sich in Berlin weit über ein Jahrhundert bewährt haben.

In Westdeutschland kannte man den Zwischenmeister nicht. Da Tengelmann jedoch die gesamte Leineweber-Produktion nach Herford verlegte, ließ er, wie hier allgemein üblich, im Werkstattbetrieb arbeiten. Er führte als Erster das

Mary Leineweber, als sie 100 Jahre alt wurde.
(Archiv Bernward Leineweber KG, Herford)

Fließband in der Konfektion ein. Die alten Mitarbeiter Robert Voß, der seit 1898 in verantwortlicher Stellung bei Leinewebers ist und auch den Großneffen Friedrich Borchards, Bernhard Borchard, übernimmt er.

Tengelmann bringt den Betrieb wieder hoch und zu voller Leistungsfähigkeit. Er richtet ein Textillabor mit modernen Prüfgeräten ein und handelt durchaus auch im Sinne der „alten“ Leinewebers, wenn er auf „Valentinswerder“, einer Insel im Tegeler See, ein Erholungsheim für Betriebsangehörige einrichtet. Seine „Betriebsausflüge“ aber gehen nun nicht mehr – wie zu Mary Leinewebers Zeiten – in den Grunewald. Tengelmann chartert ein Schiff und verfrachtet seine ganze Belegschaft zu einer Fahrt nach Norwegen. Außerdem richtet er eine Lebensversicherung für alle Betriebsangehörigen ein, die mindestens fünf Jahre der Firma angehören und älter als

35 Jahre sind. 1939 erwirbt er zu seinen Unternehmen noch die Bekleidungswerke Breslau sowie eine Blusenfabrik in Wien hinzu[40].

Frau Mary Leineweber, die sich 1933 in das Haus des katholischen Frauenbundes nach Lietzensee zurückgezogen hatte, verfolgte alle diese Unternehmungen mit lebhaftem Interesse. Sie nimmt an den Erfolgen des ehemaligen Familienunternehmens, dem sie zusammen mit ihrem Mann Bernward die besten Jahre ihres Lebens geopfert hat, aber auch an den unausbleiblichen Schicksalsschlägen regen Anteil. Schließlich wurde auch den Leineweber-Häusern das Schicksal der Vernichtung im zweiten Weltkrieg nicht erspart. Als es zum Wiederaufbau nach den zerstörenden Bombennächten kommt, nimmt sie – 92jährig – als Ehrengast an der Neueinweihung teil.

Am 13. November 1959 erreicht Mary Leineweber das außerordentliche Alter von 100 Jahren. Zu diesem Anlass erhält sie das Bundesverdienstkreuz am Bande. Am 9. Januar 1962 stirbt sie in Lietzensee, im Alter von 102 Jahren. Mit wenigen Zeilen verzeichnet die „Textil-Zeitung", Wiesbaden, ihren Tod in ihrer Ausgabe vom 26. Januar 1962.

40 Außerdem bekleidete er etliche Ehrenämter. Er wird Leiter der „Wirtschaftsgruppe Bekleidungsindustrie" der Fachgruppe „Textileinzelhandel", Präsident des Deutschen Modeinstitutes und anderer fachlicher Institutionen.

„SO WIE ICH ES WILL, SO BEFEHLE ICH ES …“

„Sic volo, sic jubeo!“ war der Wahlspruch Rudolph Hertzogs, eines der prominentesten Mitbegründer der Berliner Konfektion und einer ihrer populärsten Vertreter zugleich. „So wie ich es will, so befehle ich es!“, entsprang dem patriarchalischen Denken seiner Zeit, jenem „Herrn-im-Hause-Standpunkt“, der unabdingbaren Gehorsam ebenso einschloss wie familienväterliche Fürsorge für die ihm anvertrauten Untergebenen.

Am 15. Juni 1815 am Mühlendamm in Berlin geboren, entstammte auch er, wie die meisten erfolgreichen Kaufherren der Berliner Konfektion, bescheidenen Verhältnissen. Seine kaufmännische Lehre begann er bei der damals bereits bekannten Firma L. Sy und trat dann in das Berliner Handlungshaus Georg Gabain ein. Von weiterer Ausbildung in Frankfurt am Main und Lyon zurückgekehrt, heiratete er 1839 die Tochter seines Lehrchefs, Rosalie Sy, baute mit seinen außergewöhnlichen Fähigkeiten die Firma seines Schwiegervaters aus und gab ihr schließlich seinen Namen.

Kaum 24 Jahre alt, am 24. Februar 1839, im gleich Jahr, da auch Valentin Manheimer sein Konfektionshaus eröffnet, begründet Rudolph Hertzog sein Unternehmen in der Breitestraße 15, das sich sehr bald zu einem der bedeutendsten Konfektionshäuser entwickelt.

Mit einem großartigen Organisationstalent ausgestattet, mit Scharfsinn und ausgezeichneter Menschenkenntnis, und was noch wichtiger war, mit jenem Spürsinn, der die Wandlung des Geschmacks mit nachtwandlerischer Sicherheit voraussieht, zählte er nicht nur zu den Größten der Branche, sondern auch zu ihren Bekanntesten.

Rudolph Hertzog, der während der März-Revolution 1848 zum Kommando der Bürgerwehr gehörte, die das Königliche Schloss zu bewachen hatte, muss einen ausgesprochenen Sinn für das besessen haben, was wir heute mit „Public Relations“ bezeichnen. Er war der Erste, der mit Zeitungs-Annoncen planmäßige Werbung betrieb und von der werblichen Seite her den Textileinzelhandel revolutionierte. Zahllose Anekdoten, die man sich über ihn erzählte, machten ihn, in anderer Weise zwar, aber immerhin ebenso volkstümlich wie den Berliner Polizei-Präsidenten Traugott von Jagow seine „gesammelten Verbote“.

Ihm schlug er ein Schnippchen, als Hertzog – einer der ersten Autofahrer von Berlin – die Nummer IA, 1 stolz auf seine neuerworbene Benzin-Kutsche montieren ließ, eine Autonummer, die „Traugott so gerne selbst geführt hätte“, wie Rudolph Hertzog sich schmunzelnd im Freundeskreis vernehmen ließ. Fortschrittlich wie er war, gehörte er selbstverständlich auch zu den ersten Telefonbesitzern und Luftpostbenutzern. Der Postminister, Exzellenz Stephan, quittierte dankend eine 25 000 Mark-Spende, die der Kaufherr aus Anlass seines 70. Geburtstages den Postbeamten zukommen ließ, die sich um die schnelle Abfertigung der Hertzogschen Postsachen stets bemüht hatten.

Im Hertzogschen Kaufhaus gab es übrigens nur Herrenbedienung – wegen der Damenkundschaft. Seine Ordnungsliebe steigerte sich zuweilen zur Pedanterie. Kein Nagel wurde eingeschlagen, dessen Platz der Chef des Hauses nicht bestimmte. Selbst die Vasen auf den umherstehenden kleinen Tischen, die stets mit frischen Blumen gefüllt waren, erhielten von ihm ihren Platz. Sämtliche Zeitungen des In- und Auslandes, auf die das Haus abonniert war, mussten gewissenhaft geheftet, nummeriert und einem sorgfältig geleiteten Archiv eingeordnet werden. In dieses Archiv gehörten auch Abbildungen von Damenmoden, so dass die Firma Hertzog über ein umfangreiches Modenarchiv verfügte. Nummeriert wurde aber auch jedes Tintenfass und jedes Metermaß.

Diese mustergültige preußische Ordnung gebührend zu bewundern, hatte eines Tages auch Helmuth von Moltke

Rudolph Hertzog

(Aus: „Agenda Rudolph Hertzog")

Gelegenheit, als der berühmte Schlachtenlenker, Zigarrenraucher und Junggeselle seine Schwester zum Gardinenkauf in Hertzogs Warenhaus begleitete. Der Chef des Hauses führte Preußens Kriegsminister persönlich durch sein Etablissement und machte ihn auch mit der neuartigen, von Hertzog selbst entwickelten Kontrolle der Tageskasse bekannt, eine Erfindung, die so einfach und genial war, dass selbst bei Tageslosungen von 100 000 Mark ein Plus oder Minus von nur 20 Pfennig mit untrüglicher Sicherheit aufgedeckt werden konnte. Tief beeindruckt zeigte sich auch der große Schweiger von der „schlau kalkulierten Stellung eines jeden der großen Spiegel", heißt es in einem zeitgenössischen Bericht über diesen Besuch, und „er prüfte sogar jeden Rayonverschluss!"

Pflichteifer und absolute Zuverlässigkeit stellte Hertzog als unbedingte Forderung an jeden seiner Angestellten. Er selbst aber schloss sich davon keineswegs aus, wenn er erklärte: „Ick kann ja doch uff niemand Rücksicht nehmen, nich mal uff mir!"

Sein tägliches Arbeitspensum war bis auf die Minute genau eingeteilt und rollte ebenso reibungslos ab wie die gesamte mustergültige Organisation seines Geschäftes. Selbst sein Familienleben war davon nicht ausgeschlossen. Schlag 1 Uhr mittags fuhr Rudolph Hertzog vom Geschäft kommend durch das Brandenburger Tor in seinen pompejanischen Palast in der Sommerstraße. Zu dieser Zeit hielt auf hoher Warte des Hauses sein Diener Jensch bereits Ausschau nach dem Wagen des Chefs. Wurde dieser sichtbar, so signalisierte Jensch die Ankunft seines Brotherrn hinunter ins Souterrain, von wo aus dann auch sogleich die dampfende Suppenterrine per Küchenaufzug ins Speisezimmer gehievt wurde.

Wie viele seiner Zeitgenossen war auch Rudolph Hertzog ein guter Esser, der zum mittäglichen Braten eine ganze Flasche Bordeaux trank und von dieser – wie der Chronist berichtet – selten etwas übrig ließ! Ansonsten trank er Selterwasser, das der treue Jensch stets für ihn bereit hielt, ja er folgte seinem Herrn mit Flasche und Glas auf dem Tablett sogar bis in die entferntesten Winkel der Lagerräume. Trotz dieser wunderlichen Allüren besaß Hertzog einen realen Sinn und ein verständnisvolles Herz für alle Bedrängten und Notleidenden. „Vor allem war es sein Prinzip", so schrieb die Berliner „Post" 1881 über ihn, „gute Gehälter zu zahlen". Und Hertzog selbst meinte dazu: „Gute und tüchtige Leute bekommt man nur, wenn man sie auch anständig bezahlt". So wurden die 250 Angestellten und Arbeiter seines Betriebes bald einer sozialen Fürsorge teilhaftig, die in der damaligen Zeit geradezu revolutionierend wirkte.

Wurde jemand krank, sprang der Chef mit einer finanziellen Beihilfe ein. Musste jemand zur Ausheilung einen Kuraufenthalt oder eine Erholung in bestimmten klimatischen Verhältnissen aufsuchen – was einem einfachen Arbeiter oder Angestellten ganz und gar unmöglich gewesen wäre – so übernahm die Firma Hertzog die Kosten für eine ärztlich verordnete Kur, die oft bis zu 600 Mark für eine Person betrug.

Außerdem wurde jedem Betriebsangehörigen einmal im Jahr ein bezahlter Urlaub zugebilligt, und der Chef des Hauses bestand darauf, dass jeder – vom Prokuristen bis zum Hausdiener – von dieser Erholung auch tatsächlich Gebrauch machte. Während des deutsch-französischen Krieges 1870/71 sorgte er für die Familien der eingezogenen Soldaten und gewährte ihnen finanzielle Unterstützung.

Aber seine patriarchalische Fürsorge galt nicht allein materiellen Dingen. Rudolph Hertzog versuchte auch, seine Untergebenen geistiger Erbauung zuzuführen. Einmal in jedem Monat ging er mit seiner ganzen Firma geschlossen ins Theater, wobei er versuchte, den verschiedenen Geschmäckern insofern gerecht zu werden, als er für diese Theaterbesuche jeweils wechselnd eine Oper, eine Operette und ein Schauspiel wählte. Seinen 70. Geburtstag, am 15. Juni 1885, nahm er zum Anlass für zahlreiche wohltätige Spenden. 25 000 Mark erhielt der „Armenverband der Kaufmannschaft von Berlin", 200 000 Mark erhielten die Armen der Stadt Berlin und weitere 200 000 Mark die Angehörigen seiner Firma.

In gleicher Weise beschenkte Rudolph Hertzog verschiedene Wohltätigkeitseinrichtungen sowie seine Betriebsangehörigen anlässlich des 50jährigen Firmenjubiläums, das am 12. Februar 1889 begangen wurde. Aber auch außerhalb festlicher Anlässe und Gelegenheiten hatte der wohlhabende Berliner Kaufmann stets ein offenes Ohr für die Sorgen und Nöte seiner Mitmenschen und war bereit, ihnen zu helfen. Dagegen sagte man ihm eine ausgesprochene Abneigung gegen Titel und Auszeichnungen nach. Orden lehnte er rundweg ab. Lediglich das Ritterkreuz des Hohenzollernordens sowie den Kronenorden II. Klasse, mit denen der Kaiser ihn eigenhändig auszeichnete, vermochte er nicht zurückzuweisen. Als weitaus

Stammhaus Rudolph Hertzog,

(Aus: „Agenda Rudolph Hertzog", 1914)

höhere Auszeichnung galt dem patriotischen Kaufherrn aber die Tatsache, dass Wilhelm I. ihn einmal in Privataudienz empfing.

Im Alter von beinahe 79 Jahren ist Rudolph Hertzog am 2. Mai 1894 in Karlsbad gestorben, wohin er alljährlich zur Kur fuhr. Tausende kamen zum Begräbnis, mehr als 800 Kränze wurden gezählt. Sie stammten von den Firmen, mit denen der Verstorbene zusammengearbeitet hatte, von den Seidenwebern aus Krefeld und Elberfeld, von den Buntwebern aus Gera-Greiz, den Textilfabrikanten aus dem Elsass, aus Reichenbach im Vogtland, aus Dresden, Chemnitz und Mylau.

„Die Spitzen der gesamten deutschen Textilindustrie nahmen Teil an dem großen Trauerzug, angeführt von den 250 Betriebsangehörigen der Firma, der sich die „Linden"

Rudolph Hertzog, Haupteingang Breite Str. 15
(Aus: „Agenda Rudolph Hertzog", 1914)

entlang, über den Königsplatz, durch Brandenburger Tor und Friedensallee nach dem Trauerhaus Roonstraße bewegte" – wohin die Hertzogs umgezogen waren, als ihr altes Wohnhaus in der Sommerstraße dem neuen Reichstagsbau von Wallot weichen musste – „Angestellte mit Palmen bildeten Spalier zur Gruft auf dem Dorotheenstädtischen Friedhof". So schildert ein zeitgenössischer Chronist sehr eindrucksvoll Rudolph Hertzogs letzten Gang. „Seine Frau, ein Sohn und drei Töchter haben ihn überlebt."

„Ein Fürst der Arbeit" hatte der „Confectionair" seinen Nachruf betitelt und damit die Persönlichkeit eines Mannes umrissen, der, als Mitbegründer der Berliner Konfektion, ein echtes Kind seiner Zeit war, „dem Prinzip der Leistung ebenso verpflichtet, wie der patriarchalischen Sorgepflicht für seine Untergebenen." Sohn und Enkel, die beide den Vornamen Rudolph führten, haben sein Werk im Sinne des Firmengründers fortgesetzt.

1908 erfolgt der erste große Erweiterungsbau, mit dem das Unternehmen 14 400 Quadratmeter Raumfläche gewinnt. Dabei wird das Haus Breitestraße 12, das Geburtshaus Lortzings, in den Gebäudekomplex der Hertzogschen Verkaufspaläste einbezogen wie auch das Haus Brüderstraße 33, wo Andreas Schlüter einmal gewohnt hatte.

1912 errichtet die Firma eine eigene Exportabteilung für Südamerika, und etwa zur gleichen Zeit wird auch die Niederlassung in Swakopmund gegründet. Um diese Zeit verfügt das Kaufhaus Hertzog über insgesamt 15 875 Quadratmeter Raumfläche, die 1848 noch 155 Quadratmeter betragen hatte.

Die Eigenkonfektion ist nun nur noch auf Damenblusen, Damenwäsche und Herrenhemden beschränkt. Wenn der Wareneingang 1839 mit jährlich drei Frachtwagen-Ladungen hätte transportiert werden können, so sind 1913 dafür 60 Eisenbahnzüge zu je 25 Waggons nötig. Im Erfrischungsraum, wo livrierte Diener der Kundschaft unentgeltlich Kaffee, Tee, Schokolade, Limonade oder Eis servieren – eine halbe Million Portionen im Jahr – werden 2700 Pfund Zucker und 11 000 Pfund Keks verzehrt. Besondere Frühstücksstuben gibt es außerdem noch für die Kunden, die Konfektion „en gros" kaufen sowie für das Personal. Im gleichen Jahr werden für Krankenhausbehandlungen, Medizin und Krankengeld für Betriebsangehörige 67 000 Mark ausgegeben und die 1895 errichtete Pensionskasse für die nunmehr auf 1700 Angestellte angewachsene Belegschaft mit 2¼ Millionen Mark ausgestattet.

1914 ist die Belegschaft bei Hertzog bereits auf 2000 Beschäftigte angewachsen, für die Lehrlingsschulen und eine Hausbücherei mit 1600 Bänden zur Weiterbildung bereitstehen. Noch im Frühjahr des gleichen Jahres rüstet Rudolph Hertzog II eine Flugexpedition nach Deutsch-Südwest aus. Flieger Bruno

Heutiges Hertzog-Haus im Osten der Stadt als HO-Kaufhaus „Chic zu Dritt“. *(Foto: Klaus Maecker)*

Büchner soll von hier aus die ersten Überlandflüge organisieren, um eine schnellere Verbindung zwischen Berlin und Swakopmund herzustellen.

Im gleichen Jahr, nämlich am 19. Februar 1914, feiert die Firma Rudolph Hertzog ihr 75jähriges Bestehen. Ganz im Sinne des Gründers hatte man auch diesmal auf Feiern verzichtet, um das Geld für wohltätige Zwecke zu verwenden. Am Jubiläumstag blieb das Geschäft geschlossen. Wie volkstümlich aber das bekannte Konfektionshaus war, zeigte sich am Tage danach. Einem Volksfest gleich fand ein gewaltiger Ansturm auf die Verkaufsräume statt, so dass die Polizei eingreifen und das Geschäft vorübergehend schließen musste. 40 000 Leder-Schreibmappen wurden bei dieser Gelegenheit gratis an die Kunden abgegeben, „und die Blumenspenden“, so berichtet der Chronist, „werden auf 10 000 Mark geschätzt.

Verschiedene Photographen", so fährt er fort, „waren erschienen, um von diesem eigenartigen Schauspiel kinematographische Aufnahmen zu machen".

Wie sein Vater und Großvater, so hatte auch Rudolph Hertzog III, der Enkel, eine Abneigung gegen Orden und Ehrenzeichen. Aber auch er konnte die Brillant-Manschettenknöpfe nicht abweisen, die Wilhelm II. – das „W" mit der kaiserlichen Krone – ihm überreichte. Er erhielt sie für seine Stiftung zum Baufonds der Grabeskirche auf dem Ölberg in Jerusalem, die 1910 errichtet wurde.

Nicht ohne Stolz berichtet der „Confectionair" im Oktober 1914, dass „Leutnant Rudolph Hertzog, Angehöriger des Freiwilligen Automobilkorps, für sein tapferes Verhalten vor dem Feinde mit dem Eisernen Kreuz ausgezeichnet wurde". Das Kaufhaus überstand die Schlacht des zweiten Weltkrieges um Berlin leidlich. Es liegt heute in Ostberlin und beherbergt ein Familienkaufhaus der staatlichen HO, der Handels-Organisation.

DIE DAME MIT DEN TAUSEND TOILETTEN

„Damen zum Vorführen von Kleidern im Theater gegen festes Engagement sofort gesucht, elegante Erscheinung Bedingung", lautete 1904 eine Anzeige im „Confectionair". Die Anzeige war aufgegeben worden von den Modellhäusern Gerson, Prager und Hausdorff. Das Theaterstück, zu dem sie die Mädchen benötigten, hieß: „Die Dame mit den tausend Toiletten". Es war eigens dazu geschaffen, inmitten einer schmissigen Handlung sozusagen eine ganze Kollektion neuester Damenmoden vorzustellen. Das Stück schlug ein und war so erfolgreich, dass es später in Wien verfilmt wurde.

Der originelle Einfall einer wirksamen und nachhaltigen Modewerbung machte Schule und hat erheblich dazu beigetragen, dass Berliner Konfektion weit über Deutschlands Grenzen hinaus populär wurde. Berlins Theaterleben ist seit der Mitte des vorigen Jahrhunderts, bis weit in die 20er Jahre hinein, eng mit der Konfektion verbunden, die Konfektions-Posse ein Stück Berliner Theatergeschichte. Sie bildet sozusagen eine Sonderausgabe Altberliner Possentheaters, im vormärzlichen Berlin aus dem freiheitlichen Willen entstanden, behördliche Zensur zu umgehen und diktatorische Maßnahmen zu foppen.

Mit spitzer Doppelzüngigkeit vermochte sich die Posse dem Zugriff einer rigorosen Staatsraison zu entziehen, wo das gedruckte Wort ihr gnadenlos ausgeliefert war. Das Berliner Possen-Couplet entwickelte sich so bis weit in die 60er Jahre hinein zu einer politischen Waffe, die als „Höherer Blödsinn" getarnt unter der Narrenkappe des Schwanks mit Spott und Kritik staatlicher Willkür unangreifbar entgegentrat.

„Ach, du grüne Neune", pflegte man in solchen Fällen auszurufen, und die „Grüne Neune" war es auch, die als die Geburtsstätte des Berliner Possentheaters, einer Art frühen Kabaretts, gilt. Franz Wallner, der eigentlich Leidesdorf heißt, aus Österreich stammt, und dessen Frau Agnes, eine Pflegetochter Robert Blums, waren es, die „Die Grüne Neune" in der Blumenstraße gründeten, aus der das berühmte „Wallner-Theater" entstand. Es siedelte später in die nach ihm benannte Wallner-Theater-Straße über.

Berlins Polizeipräsident Stieber, der damals noch nicht am Alex, sondern am Molkenmarkt residierte, im gleichen Haus, wo Nathan Israel 1818 seinen „Leinwandkram" eröffnet hatte, seufzte ob dieser Zustände: „Nach Berlin kommt so leicht keiner zum Vergnügen." Als sich die freiheitlichen Ideen durchgesetzt hatten und es auch für Preußen Pressefreiheit gab, blieben Posse und Couplet weiterhin als eine Theater-Gattung erhalten, die aktuelle Ereignisse, zeitgenössisches Berliner

Leben humorvoll und kritisch registrierten. So entwickelte sich auch die Konfektions-Posse, das Couplet, das Theaterstück, das Milieu und Problematik der jungen, aufstrebenden Berliner Konfektion mit Berliner Schnauze aufs Korn nahm.

Anspruch auf literarische Qualität erhoben diese Stücke nicht. Es kam hier nur darauf an, die Branche und ihre Leute, ihre Tüchtigkeit und ihre liebenswerten Schwächen so originalgetreu und waschecht wie eben möglich darzustellen. Und das ist, so dürfen wir wohl zugeben, auch durchaus gelungen. Posse und Couplet sind das Theater des kleinen Mannes, denn ob reich, ob arm, die Berliner waren seit eh und je ein theaterfreudiges Publikum, und sind es bis heute geblieben.

Als eine der bekanntesten Konfektions-Possen gilt „Gerson von Pinne und Hulda von Hausvogtei", mit der 1911 der „Admiralspalast" eröffnet wird. In diesem Stück liefern sich Fritzi Massary und Guido Thielscher ein köstliches Duett. Darin heißt es u. a.:

„In Firma Josephson & Nathan
Dreh' ich mich als Modell-Beauté,
Oh komm, Du süßer, kleiner Satan
Ich führ' Dich heut' zum Sexupé.
Es weiht Dir die pikante Hulda
Heut' ihre Huld, wat willste noch?
Ick stehe neben der Hulda wie 'ne Null da
Aber freuen tut's mich doch!"
Refrain:
„Na Du kleener Dicker,
Na, na Du Kerl Du schicker
Jetzt machen wir janz entre nous
Ein Mäuschenfest.
Heut' machen wir 'ne schicke
Janz ausjefall'ne Zicke
Heut' drehn wir mal 'ne Nummer
Die sich sehen lässt.
Heut' bummeln wir bei Sekt und Minne

Bis morgen früh um Drei
Der Gerson von Pinne
Un det Huldeken von Hausvogtei."

Eine noch ältere Posse, die bereits am 17. Dezember 1859 von Wallner in der „Grünen Neune" inszeniert wird, heißt: „Einer von uns're Leut". Darin sang man den Refrain:

„Lieb ist gut für Jud' und Christ
Gerson oder Borsig
Wer ihr nicht entronnen ist,
Der hat sie noch vor sich …"

Die Berliner Theaterzettel schwelgen nur so in Themen, die mit Konfektion und Mode zu tun haben: 1868 gibt es im „Callenbach-Theater" „Die Damen von der Nähmaschine" von R. Hahn, 1879 im Walhalla-Theater „Schneider Fips" von Kotzebue, etwa zur gleichen Zeit „Die Damen von der Mode" von Herrmann Carlos-Duchow, 1880 wird in der Theatergesellschaft „Olympia" „Schneiders Töchterlein" von Robert Mielke aufgeführt und 1882 von Martin Böhm „Die Schneider von Berlin" mit dem Couplet:

„Die Nadel ist mein höchstes Gut,
Mein ganzes Glück der Fingerhut.
Der schneid't Coupons in einer Tour,
Der schneidet auf,
Der schneidet Cour.
Drum lebe hoch die Schneiderei,
Man fühlt sich furchtbar wohl dabei …"

Im Berliner Theaterprogramm der Jahrhundertwende oder in den Jahren bis zum Ersten Weltkrieg finden wir dann u. a. „Gelbstern" von Jacques Burg und Walter Turszinsky, „Ein Kostüm" von Alois Berla, „Der Damenschneider" von Carl Lindau, „Der Jüngling mit den Ellenbogen" von Carl Rössler und Ludwig Heller, Musik von Ernst Stephan, sowie „Die Unschuld im Tailor-made".

Theaterdichter gab es auch in den eigenen Reihen: Otto Reinhard Popper war im Zivilberuf Messingputzer bei Wertheim.

Er schrieb „Das Warenhausfräulein“, das am 4. Februar 1909 im Bernhard-Rose-Theater uraufgeführt wurde (zensiert unter dem 18. 12. 1908)[41]. Die Aufführung war ein durchschlagender Erfolg. Popper hat danach noch eine ganze Reihe von Possen geschrieben, darunter „Alles für die Firma“. Theaterdirektor Richard Alexander hatte sich für die Einstudierung vorher bei Gerson ausführlich über die Branche und die Gepflogenheiten der Konfektion unterrichten lassen und gründliche „Milieustudien“ getrieben.

Reinhard Popper, der sich selbst den „dichtenden Warenhausdiener“ nennt, ist sein Erfolg offenbar nicht recht bekommen. Als ihn das Glück verlässt, findet er nicht mehr in sein altes Milieu zurück. 1912 wird er als „spurlos verschwunden“ in den Polizeiakten registriert.

Um die gleiche Zeit schreibt Rudolf Nelson seine erfolgreiche Ausstattungs-Revue „Hurra, wir leben noch!“, mit der u. a. die gerade aufgekommene Hosenrockmode kreiert werden sollte, ebenso mit dem Ballett „Die aktuellen Roben“. Den modischen Neuheiten für den Automobilsport galt die Operette „Autoliebchen“, die am 16. März 1912 im Thalia-Theater aufgeführt wurde. Sie ist die volkstümlichste und wohl auch die erfolgreichste Operette ihrer Zeit, die mit 100 Aufführungen einen Reingewinn von 223 007,75 Mark einbrachte. Starmodelle sind ein Automantel für Herren, der durch Verstellen der Saumpatten in eine Hose verwandelt werden kann, sowie eine Seidenmaske für Damen, die nur Mund und Kinn frei lässt, um vor Staub zu schützen. Außer-

41 Die Theaterstücke unterlagen in der kaiserlichen Zeit stets einer Zensur, deren Prüderie uns heute grotesk erscheint. So heißt es in „Das Warenhausfräulein“: „… Sie (ein Dame) kann unser Warenhaus splitternackt betreten und komplett angezogen wieder verlassen.“ Das Wort „splitternackt“ fiel dem Stift des Zensors zum Opfer. Der Protest des Autors, dass dann der ganze Satz seinen Sinn verlöre, stimmte den Sittenwächter etwas milder. So heißt es in dem Theater-Zensur-Exemplar: „splitternackt“ nachträglich genehmigt, unter der Voraussetzung, dass die späteren Wiederholungen des Wortes „nackt“ fortfallen. Der Polizeipräsident von Berlin, 20. 9. 1916.

dem gibt es einen Autoschal mit Maske, in die schwarze Augengläser eingearbeitet sind. Das Ganze wirkt etwa wie Lohengrin im Astronautenlook. Die Älteren unter uns werden sich noch der beliebtesten Schlager aus „Autoliebchen“ entsinnen, das aus dem Französischen „Dix minutes d’auto“ von Georg Berr und Pierre Decourcelle stammte und von Jean Kren übersetzt worden war. Musik von Jean Gilbert.

„Fräulein, könn’se linksrum tanzen,
linksrum ist der Clou vom Ganzen,
linksrum muss man tanzen.“
oder
„Ja, das haben die Mädchen so gerne,
die im Stübchen und die im Salon,
schaun des nachts in ihr Bettchen die Sterne,
ja, dann träumen sie alle davon …“

In den Zwischenpausen gab es stets Modenschauen, mit denen die verschiedenen Berliner Konfektionshäuser ihre neuesten Modelle zeigten. Als gleichermaßen beliebt erwies sich auch die Operette „Wie einst im Mai“, die Anfang 1914 mit einer von Ernst Deutsch entworfenen Modellschau „Geschichte der Mode in den letzten 75 Jahren“ aufgeführt wurde, als Berlins Konfektion 75jähriges Jubiläum hatte. Damals sang, pfiff und summte tout Berlin:

„Es war in Schöneberg, im Monat Mai,
ein kleines Mädelchen war auch dabei,
das hat den Buben oft und gern geküsst,
weil das in Schöneberg so üblich ist …“

Ein anderer Possenautor aus der Konfektionsbranche ist Harry Hauptmann, Mitinhaber der Berliner Strumpf- und Handschuhfabrik Gottgetreu & Hauptmann. Harrys Freizeitgestaltung gilt der Musik, und so komponiert er die Komische Oper „Der süße Fratz“, der Berlins Neureichtum der Gründerjahre verulkt und Fritzi Massary in der Titelrolle zeigt. Auch hier wird keine Chance ausgelassen, sowohl in den Szenen selbst als auch in den Pausen neueste Modemodelle zu zeigen.

Als die Schauspielerin in „Der liebe Augustin“ auftritt, trägt sie Toiletten von Gerson, u. a. eine weiße Crêpe de Charmeuse-Robe mit reicher Strass-Garnierung, was sogar in der Kritik vermerkt wird und weiße Charmeuse-Roben mit Strass außerordentlich beliebt machte.

Vor allem aber in den Wochen der „Durchreise“ geben die Berliner Theater sich alle denkbare Mühe, ihre Gäste aus der Provinz mit schmissigen Revuen, pikanten Possen und spritzigen Operetten gut zu unterhalten. Modellschauen in den Pausen sind obligatorisch. Es gibt sogar Konfektionsfirmen, die eigens für diesen Zweck Theaterstücke an Berliner Autoren in Auftrag geben. Dazu gehört u. a. auch die Firma Kersten & Tuteur, die – man höre nur – während der Herbst-Durchreise 1913 im Theater am Nollendorfplatz ein Theaterstück in fünf Bildern aufführen lässt: „Modenschau um Mitternacht“. Dahin lädt sie ihre gesamte Kundschaft ein, und es ist dies gewiss die bisher unterhaltsamste Art, die neuesten Ideen der Kollektion schmackhaft zu servieren.

Selbstverständlich sind solche Unternehmen kostspielig. Deshalb tun sich manche Firmen zusammen, um solche Theaterveranstaltungen zu arrangieren. Zu einer solchen Mode-Pantomime im Grunewald hatten sich u. a. die Firmen L. Anger, Conrad, Drecoll, Regina Friedländer, Friedemann & Weber, Flatow-Schädler, Finkelstein & Cie., Schiftan, Herrmann Gerson, V. Manheimer, Joh. Marbach und Julius Spiegel zusammengetan. Sie beauftragten Otto Haas-Heye, eine Mode-Revue zu schreiben. Der Autor, Inhaber des Modehauses „Alfred-Marie“, Freizeitmaler und später Leiter der staatlichen Modeschule Berlin, entwarf und schrieb die Pantomime „Die östliche Göttin“. Über den Erfolg dieser Unternehmungen schweigen sich die Gazetten aus. Dagegen wird eine etwas spätere Modenrevue lobend erwähnt, bei der Maria Orska Modelle von Gerson, Friedländer, Schwabe & Meyer vorführt. Als der Stummfilm aufkommt, greift Berlins Konfektion sogleich zu diesem äußerst wirksamen Werbemittel. Zur Juli-„Durchreise" 1914 gibt es bereits die Konfektions-Posse „Sigmunds Werdegang" als Stummfilm, der eine neue Attraktion darstellt und daher auch sogleich außerordentlich populär wird.

Bei der „Literaria-Gesellschaft" auf dem Tempelhofer Feld geht 1916 Baron Christoph von Drecoll mit eigener Filmschöpfung ins Atelier: „Aus Liebe gefehlt". Die Filmidee liefert Horst Emscher, die Regie führt Carl Heinz Wolff. Drecoll selbst spielt die Hauptrolle und stellt die Kostüme im Werte von 60 000 Mark. Die weibliche Titelrolle erhält Lina Borée, die später nach Hollywood geht. Die Hüte stammen von Regina Friedländer, Berlins bekanntestem Putzmacher-Atelier.

Die engen Beziehungen zwischen Film und Konfektion setzen sich bis in die 20er Jahre fort, wo Ernst Lubitsch als „Kommis Blumentopf" echtes Konfektionsmilieu zaubert und die Heiterkeit der Kinofreunde ebenso erregt wie Siegfried Arno. Beide gelangten später in Hollywood zu großem Leinwandruhm, Lubitsch sogar als einer der bekanntesten Regisseure seiner Zeit, der u. a. „Ninotschka" mit Greta Garbo drehte.

Die Konfektion benutzt den gerade aufgekommenen Film dazu, um nicht nur neueste Modelle, sondern auch ihre Fertigungsmethode und Arbeitsweise vorzustellen. Bereits 1910 dreht C. & A. Brenninkmeyer einen Streifen „Wie in zwei Minuten ein Mantel entsteht", ein anderer Streifen lautet: „Mannequins bei der Arbeit", sowie „Nur für Herren". Dieser verheißungsvolle Titel entsteht unter der Leitung von Miss Abby Meehan und ist den Kunden aus London zugedacht, die 1913 in Berlin Herrenkonfektion einkaufen. Das gab es also auch! Eine gewiss erstaunliche Tatsache, die mit diesem Hinweis offenbar wird.

Wenn nun von den engen Beziehungen zwischen Konfektion und Theater die Rede ist, wollen wir einen wichtigen Zweig der Berliner Bekleidungsindustrie, die Theaterkostüm-Konfektion nicht vergessen. Führendes Unternehmen dieser Branche war Hugo Baruch & Cie. Baruchs Theater-Konfektion belieferte nicht nur die Berliner Bühnen, sondern auch viele ausländische Theater, z. B. maßgebliche Bühnen in Rumänien, Skandinavien und Österreich-Ungarn. In Berlin war seine Ausstattung für den „Rosenkavalier“ 1911 Tagesgespräch. Sie hatte 20 000 Mark gekostet. Viel besprochen wurden auch die „Hermannsschlacht“, die Mode-Revuen „Traum aus galanter Zeit“ und „Parade der Zukunft“, das bereits erwähnte Ballett „Die aktuellen Roben“ sowie die Posse „Gerson von Pinne und Hulda von Hausvogtei“. Die glanzvolle Ausstattung des Etablissements „Trocadero“ in Berlin war ebenfalls ein Werk Hugo Baruchs.

Für das Ronacher-Theater von Oscar Strauß in Wien stattete der bekannte Theater-Konfektionär zur Eröffnung „Die lustigen Nibelungen“ mit seinen Kostümen aus und lieferte darüber hinaus die gesamte Kostüm-Garderobe. Schweden bestellte bei ihm die erste Drehbühne nach Reinhardtschem System. Und für das Lustspiel „Der selige Balduin“ wurden in Baruchs Atelier allein für 3000 Mark künstliche Blumen, Blüten und Blätter verarbeitet.

Um dem verehrten Leser einige Kostproben Berliner Konfektions-Possenkunst zu geben, folgt eine Szenen-Auswahl aus bekannten und besonders typischen Possen. Diejenigen, die die 20er Jahre noch miterlebt haben, werden sich gewiss erinnern …

Da war der „Jüngling mit den Ellenbogen“, eine köstliche Posse aus dem Konfektionsmilieu. Einer der beliebten Schlager lautete:

„Ich hab’ jetanzt so wie noch nie
mit Gerson’s erstem Herrn Kommis,
Mit Manheimers Expedienten,
Mit Soldaten und Studenten …“

„Ich tanzt’ mit einer leichten Geblüts,
Sie war Verkäuferin bei Tietz.
Zum Schluss ein Fräulein von Wertheim
Fuhr ich mit ’nem Droschkenpferd heim.“

„Es war die ganze Haute-volée
Der Konfektion in Halensee.
Doch in der Kaffeepause
Blieb ich treu bei unserem Hause …“

Das Stück von Carl Rössler und Ludwig Heller – Musik von Ernst Stephan – wurde zu Anfang unseres Jahrhunderts in Berliner Theatern, u. a. im Lessing-Theater und im Deutschen Künstler-Theater aufgeführt. Es behandelt den glanzvollen Aufstieg eines jungen Mannes aus Benschen, der – wie viele Konfektionäre aus dieser Zeit – nach Berlin kommt, um sein Glück zu machen. Tüchtigkeit und Spekulation bringen den jungen Kommis – Adolf Neustädter – nach oben. Um die Weihnachtszeit trifft er in Berlin ein, wo gerade Weihnachtsmarkt abgehalten wird. Er muss seine Spargroschen zusammenhalten, und für ein Weihnachtsgeschenk für seine drei Freunde, mit denen er die erste, schwere Zeit teilt, reicht es kaum. So handelt er mit einer Berliner Marktfrau:

„So viel Jeld for so ’nen nuttigen Engel?“

„Sie wollen wohl for fünf Groschen dat janze Himmelreich!“

„For fünf Groschen frisst ein Jaul zweemal zu Mittag. – Haben Se nich eenen mit’m kleenen Fehler?“

„Wat for’n Fehler? Meine Engel sind alle tadellos.“

„Ick meene bloß eenen, wo’n Bein oder ’n Flüjel fehlt …“

„Mit Missjeburten handele ick nich. Da müssen Se int Panoptikum jehn …“

Klagt die Marktfrau: „Nee et is nischt dieses Jahr, das Weihnachtsgeschäft wird alle Jahre mieser. Et is keene richt’je Frömmigkeit mehr unter de Menschen …“

„Nanu, Sie haben doch vorhin ’nen Baum verkauft, jroß wie’n Mastbaum …“

„Det war ooch ’n jüdischer Herr. Ja, wenn de Juden nich wär’n, wär det janze Weihnachtsjeschäft Essig …“

Natürlich bekommt der junge Mann aus Benschen eine Chance. Im Warenhaus „Zur Dame“, wo er zunächst als Liftboy eingesetzt wird, lernt er, wie es zugeht in der Berliner Konfektion:

„Die Dame, das ist ein Beruf,
den Gott an einem Sonntag schuf".
Wollen Sie meine Freundin werden?
Toilette nach Wahl, ein Auto und Schmuck
und nach sechs Monaten voraussichtlich Schluss.
Bei längerer Dauer Heirat nicht ausgeschlossen.
Wollen Sie?"
„Nein!"
„Warum nicht?"
„Mir jrault for Ihnen."
„Das ist doch kein Grund ...!"

Adolf Neustädter aus Benschen ist nun ein richtiger Berliner geworden. Pfiffig und von schnellem Reaktionsvermögen kommt er hinter eine Intrige, die man gegen seinen Chef wegen einer Grundstücksspekulation plant. Er kommt dem Intriganten zuvor und erhält als Lohn für sein fixes Eingreifen ein schönes Stück Geld. Nun ist er der „gemachte Mann". Seine Freunde lässt er an seinem Glück teilhaben, als er versichert: „Einen ollen Berliner kriegst Du nur mit der Schnauze unter."

„Aber Du bist doch gar kein Berliner, Du bist doch aus Benschen!" Und Adolf antwortet: „Bei 'nem richtigen Berliner ist der Geburtsort ganz egal ... Berliner ist jeder, der in die Stadt reinpasst und weiß, worauf es ankommt, auf's Tempo, auf die Fixigkeit. Hier heißt es: Ellenbogen einjestellt und rin ins Jewimmel!"

„Ein richtiger Berliner kann jeder werden?"

„Jeder! Er kann sein aus Ratibor, aus Tilsit, aus Koblenz oder Kamerun –, sogar in Berlin kann er geboren sein ..."

Der Neu-Berliner Adolf Neustädter, der nun schon ein „oller Berliner" geworden ist, gründet nun eine Konfektionsfirma. Freundin Grete wird Directrice, Freund Wilhelm erster Kommis. Sie haben es also geschafft.

Auf eine nicht gerade alltägliche Weise kommen auch der Reisende Erwin Loewenherz und Otto Dörwald, Prokurist bei der Konfektionsfirma J. C. Bernius, zu Betriebskapital. Das wird in einer Groteske von Jacques Burg und Walter Turszinsky geschildert, die 1907 entstand und „Gelbstern" heißt. Das Reizvolle an dieser Posse sind die eigenwilligen Typen sowie die Dialoge, die das Milieu kennzeichnen.

Moritz Rosalowicz, der als Stift gerade in die Firma eingetreten ist, wird von Hausmeister Knolle und der Reinemachefrau Warncke begrüßt:

Moritz: „Guten Morgen".

Knolle: „Ach der Herr Rosalowicz, schon um dreiviertel acht?"

Frau Warncke: „Son Fleiß!"

Knolle: „Herr Rosalowicz will spätestens übermorgen Millionär werden. Lassen Sie ihn doch det Vajnügen."

Moritz: „In Rawitsch bei meinem Onkel, habe ich schon um sieben da sein müssen."

Knolle: „Na ja, bei de Kajuben, da jiebt et natürlich unhaltbare soziale Zustände."

Moritz: „Jeder will doch vorwärts kommen ..."

Knolle: „Durch seiner Hände Arbeit hat's noch keener zu 'ner Couponschere jebracht ..."

Bergmann, ein Agent, kommt dazu: „Da haben Sie recht."

Moritz: „Sie wollen wohl Offerte machen?"

Bergmann: „Jawohl, junger Herr."

Moritz: „Darf man fragen, worin Sie machen?"

Bergmann: „Nur in solide Artikel ..."

Moritz: „Solide Artikel ist faul bei der Konfektion."

Bergmann: „Sie sind ja 'ne wichtige Persönlichkeit. Sie haben sich herausgemacht, Rosalowiz. Wie'n Prinz ..."

Moritz: „Gott, man lernt doch was ...„

Bergmann: „Wer hat Sie denn unterrichtet?"

Moritz: „Die Weiber ..."

Loewenherz (kommt dazu): „Mann des Erbarmens, wollen Sie schon wieder Offerte machen in Ihren vorsintflutlichen Artikeln?"

Bergmann: „Ich habe eine neue Vertretung –, ich handle in Pulswärmern …"

Loewenherz: „Um Gotteswillen. Unsere Damenkundschaft hat schon so warme Pulse, Steigerung ausgeschlossen …"

Moritz: „Ich habe ihm schon gesagt, dass wir assortiert sind …"

Loewenherz: „Das geht Sie gar nichts an, Jüngling, verstandez vous?"

Moritz: „Ich wollte Ihnen bloß die Arbeit abnehmen."

Loewenherz: „Sie haben mir keine Arbeit abzunehmen, am wenigsten eine so angenehme, wie einen Agenten rauszuschmeißen. Das ist doch das einzige, was einem bei der Konfektion noch Spaß macht."

Bergmann: „Mir nicht. – Seh'n Sie sich doch wenigstens mal meine Muster an …"

Loewenherz: „Verehrter Herr Bergmann, der Schah von Persien wird in der nächsten Minute hier eintreten … Wissen Sie, was sie verdienen, wenn Sie in Pulswärmern machen? Aufgehängt zu werden verdienen Sie … Beehren Sie uns so bald nicht wieder."

Moritz lacht.

Loewenherz: „Amüsieren Sie sich nicht junger Mann, Bergmann ist ihre Zukunft!"

Moritz: „Ich werde doch nicht die soliden Sachen machen."

Loewenherz: „Ach so, das ist ein anderer Gesichtspunkt – dann sind Sie ja entwicklungsfähig …"

Moritz: „Bin ich. Ich habe sogar schon 'ne Freundin."

Loewenherz: „Die müssen Sie mir vorstellen, jedenfalls ne äußerst jeschmackvolle Dame."

Moritz: „Sie hat mir den Kragen und die Krawatte ausgesucht …"

Loewenherz: „Tip-top. Damit können Sie zum nächsten Hofball gehen … Aber nehmen Sie Ihre Donna gleich mit, Sie werden Furore machen …“

Moritz: „Sie ist mir wenigstens treu – und machts nicht wie die Probiermamsells, die auch mal mit ’nem anderen ausgehen, wenn der Freund auf der Reise ist …“

Diese Bemerkung machte Loewenherz misstrauisch, zumal er eben von der Tour gekommen war, denn natürlich besaß er auch eine Freundin unter den „Gelbsternen“ der Firma Bernius. Im Lagerraum der Firma steckten derweil die „Gelbsterne“ die Köpfe zusammen über dem neuesten Firmenklatsch. „Gelbstern“ Fränze war mit Firmenchef Bernius in der letzten Nacht auf dem Metropol-Ball gewesen, obwohl sie eigentlich Otto Dörwalds Freundin war, der wiederum ein Auge auf Nanny Bernius, die Tochter des Chefs, geworfen hatte. Eigentlich wäre er gern der Schwiegersohn geworden. Aber auch Erwin Loewenherz hatte Gefallen an der Fränze, und was die Nanny betrifft, die war gestern nacht auch nicht zu Hause gewesen. Wie es heißt, war sie mit dem Schofför, na ja und so …“

Otto Dörwald bespricht seine Pläne mit seinem Freund Loewenherz:

„Ich bin solide und im Geschäft seine – Bernius – rechte Hand. Bei mir würde er sich nicht so lange besinnen.“

Loewenherz: „Ich fürchte beinahe, Du hast Recht. Aber auf die Idee habe ich Dich erst gebracht. Wie steht’s denn mit meinen Prozenten?“

Dörwald: „Ich wäre auch ohne Dich auf die Idee gekommen. In gewisser Beziehung sind wir doch Kavaliere. Verlangst Du etwa, dass ich Dir einen braunen Lappen hinlege?“

Loewenherz: „Versuch’s doch mal, kannst ja sehen, ob ich ihn annehme. Einstweilen als – sagen wir – Abschlagzahlung für die Fränze.“

Dörwald: „Die Fränze ist nichts für Dich …“

Loewenherz: „Wieso, kostet die Geld?“

Dörwald: „Nee, das weniger.“

Loewenherz: „Und wie viel Geburtstage hat sie im Jahr?“

Dörwald: „Nur einen – am 24. Dezember.“

Loewenherz: „Am Weihnachtstag? Mensch, dann brauchst Du ihr doch nur einmal wat schenken. Das Mädel ist sozusagen eine Sinekure, Ottochen, mein Freund, tritt sie mir ab und schick sie zu mir …“

„Gelbstern“ Fränze aber ließ sich nicht so leicht verschaukeln. Sie wollte nun ihrerseits reinen Tisch machen. Bernius, mit dem Fränze lange befreundet war, will von einer Heirat Abstand nehmen. Aber er lässt sich nicht lumpen und schenkt seinem „Gelbstern“ einen Scheck. Nun soll Dörwald Farbe bekennen. Der aber möchte gern Chef-Nachfolger werden und hat es daher auf die Nanny abgesehen. Um ihm diese zu vermiesen, erzählt sie Bernius, dass sie mit Dörwald befreundet sei.

Darüber ist Bernius so erbost, dass er Dörwald und auch die Fränze hinauswirft. Aber die Fränze hat ihren Scheck und ist damit „eine gute Partie“. Loewenherz hat es erfahren. In einem Gespräch mit Bernius erklärt dieser:

„Mir soll man nichts nachsagen können. Ich habe aus diesen und anderen Gründen Beziehungen, die ich hatte, unter schweren Opfern gelöst …“

Loewenherz: „Wissen wir auch bereits. 30 000 Emm hat Sie der Scherz jekostet.“

Bernius (verblüfft): „Wer hat Ihnen das gesagt?“

Loewenherz: „Die glückliche Besitzerin höchst eigenmündig.“

Bernius (verlegen): „… übrigens, Herr Loewenherz, können Sie mir den Gefallen tun und sich unauffällig umhorchen, ob auch andere von der Sache wissen?“

Loewenherz: „Soll geschehen. Aber ich mache Sie darauf aufmerksam, dass ich für Dienste in der Inneren Mission Gehaltszulage verlange.“

So geht es noch eine Weile weiter. Dörwald und Loewenherz möchten gern eine Firma gründen, aber es fehlt ihnen das Startkapital. Fränze andererseits möchte gern „Prinzipalin“ werden. Sie hat nun zwar das Geld, aber keinen „Prinzipal“. Loewenherz hat als Erster die Situation erfasst und versucht zwischen Dörwald und Fränze zu vermitteln. Es gelingt ihm schließlich, Fränze für die geplante Firmengründung zu interessieren. Nach äußerst schwierigen, aber glücklich abgeschlossenen Verhandlungen kommt Loewenherz zu Dörwald mit der freudigen Nachricht:

„So mein Junge, jetzt ist alles klar. Jetzt fahren wir zur Kreditbank, holen die Fränze und feiern Verlobung bei Josty …und dann heiratet sie uns …“

Dörwald: „Uns? Na, wen denn nun von uns beiden?“

Loewenherz: „Ist ja ganz egal. Das werden wir uns nachher überlegen. Vertrödle doch jetzt nicht die Zeit mit solchen Kleinigkeiten …“

DAS SCHWARZ-WEISS-ROTE ABENDKLEID

Kaum hatten im August 1914 die ersten Truppentransporte Berlin in Richtung Westen verlassen, da schlägt die nationale Begeisterung auch in den Reihen der Konfektion hoch. „Patriotische Dekorationen“ erschienen in den Schaufenstern der Konfektions- und Kaufhäuser. Emma Bette, Bud & Lachmann an der Leipzigerstraße ist die Erste, die mit schwarz-weiß-roten Kieler-Anzügen für Jungen und Mädchen patriotische Kinderkleidung demonstriert. Die Schaufensterpuppen tragen schwarz-weiß-rote Girlanden in den Händen, während sich zu ihren Häuptern die Wimpel der mit Deutschland verbündeten Nationen zur Decke schwingen.

Patriotische Dekoration der Firma Emma Bette, Bud & Lachmann, Berlin, Leipziger Straße.

(Aus: „Confectionair" 1914)

Emma Bettes Dekoration wird als „vorbildlich und nachahmenswert" im „Confectionair" in farbigen Wiedergaben vorgestellt, und bald darauf gibt es auch bei Rudolph Hertzog und Herrmann Gerson „vaterländische Schaufenster-Auslagen". Bei Manheimer prangt sogar vor einem überlebensgroßen Porträt des Kaisers eine Dame im schwarz-weiß-roten Abendkleid. Weich wallt der patriotische Chiffon um die kompakten Hüften der Wachspuppe mit den Maßen der Wagenlenkerin vom Brandenburger Tor.

Die Damen der „guten Gesellschaft" veranstalten alsbald einen „patriotischen Nachmittagstee mit vaterländischer Unterhaltung und Modenschau" für wohltätige Zwecke, während die Herren sich zu „patriotischen Diners" zusammenfinden, zu denen der Hamburger Reeder, Hapag-Begründer und Kaiser-Intimus Albert Ballin ins „Adlon" einlädt.

Für den kleinen Mann von der Straße aber wird die „Boulette" populär, die seitdem eine Berliner Spezialität geblieben ist: „Weil keener weeß wat drin is, vonwejen verbotener Jenüsse ..."

witzelten die „Lustigen Blätter“, die auch Herrn von Jagows „Gesammelte Erlasse“ verulkten. Immerhin hatte der wegen seiner „Erlasse“ bekannteste Berliner Polizeipräsident ein Preisausschreiben veranstaltet und 100 Mark demjenigen zugedacht, der für die „unzeitgemäßen“ Fremdwörter in der Konfektion einen deutschen Begriff findet. Von Jagow ereiferte sich darüber, dass es „Babys, Blousen, Capes und Paletots“ gibt. Und so wird aus dem Havelock der „Kronprinzenmantel“, aus dem Raglan ein „Feldherrenschnitt“, aus Taft wird „Rauschseide“, die Façon wird zur „Form“ und die Saison zur „Hauptzeit“. Aus der Konfektion wollte er sogar die „Kleiderei“ machen, aber da machte die Konfektion nicht mehr mit. Die „Los-von-Paris-Bewegung“, eine Idee, die schon seit 1870 unter der Asche glimmt, lodert nun auf zum Fanal. Die Frage wird ohnehin zum Problem, seit die modisch-inspirierenden Pariser Rennen eingestellt und Longchamps zu einer Viehkoppel gemacht wurde. Leutnant Poiret, der vier Jahre zuvor noch gesagt hatte, dass seine modischen Ideen nirgendwo besser aufgenommen worden seien als in Berlin, erklärte nun, es sei vergeudete Zeit, die deutsche Frau zur Dame von Welt zu erziehen. Aber solche Verunglimpfungen – die man als typische Kriegshetze nicht ernst nehmen soll – werden von deutscher Seite pariert, wo man laut „Confectionair“ Poirets Couture-Salon als „Irrenhaus der Mode“ bezeichnet.

Die Kleidreformer treten wieder auf den Plan und fordern eine „deutsche Mode in Anlehnung an die Volkstrachten“. In Berlin tun sich die Modellkonfektionäre Max Stein, Alfred-Marie und Johanna Marbach zusammen und gründen 1915 den Verein „Moden-Museum“, der zunächst mit einer Ausstellung „200 Jahre Kleidkunst“ an die Öffentlichkeit tritt. „Der Bund der Erneuerer“, repräsentiert von Karl Scheffler, Kunstredakteur der „Vossischen Zeitung“ unternimmt es, unter Berufung auf Ernst Moritz Arndt – der bereits in den Freiheitskriegen die Abschaffung der „knechtischen, welschen

Tracht“ gefordert hatte – auch auf die Männermode reformierend einzuwirken.

Trotzdem wird im Sommer 1915 „Tipperarygrün“ führende Modefarbe, obwohl deutsche Zeppeline London bombardieren und der Britenkönig, Georg V., im Bombenkeller eines Londoner Warenhauses Schutz suchen muss.

Bei aller vaterländischer Gesinnung aber bleiben die Berliner Konfektionäre sachlich. Die verschiedenen Fachvereinigungen schließen sich zwar nun zum „Verband der Damenmode und ihrer Industrie“ zusammen, mit dem Ziel, „aus Berlin eine Repräsentationsstätte deutschen Geschmacks und modischen Könnens“ zu machen. Den Vorsitz führt Hermann Freudenberg aus dem Hause Gerson. „Alle Modehersteller“, so heißt es in dem Kommuniqué, „werden wetteifern, in Berlin ihre Erzeugnisse in würdiger Form zu zeigen. Aber keine nationale Tracht, keine nationale Mode soll und kann jemals geschaffen werden, denn die Mode ist so international wie die Gesellschaft, das Geld, die Wirtschaft und die Kunst … Organisation und Zentralisation aller unserer zukünftigen Modemaßnahmen dienen lediglich einer Beeinflussung der Weltmode im deutschen Sinne.“

Die Herbstmodelle für 1916 sind bei Herrmann Gerson zwar noch unverändert elegant und kostspielig. Teuer werden vor allem aber die Pelze, deren Preise seit Kriegsbeginn um das Zehnfache angestiegen sind. Das ruft die Plüschfabrikanten auf den Plan, und Fellimitationen werden letzter Modeschrei. Sie zu propagieren, setzt sich u. a. die Gräfin von und zu Arco-Zinne ein, eine geborene Prinzessin Auersperg.

Aber der Mangel auf allen Gebieten wird immer spürbarer. Nicht nur Lebensmittel, auch Textil-Rohstoffe werden mit dem sich weiter ausbreitenden Krieg von Tag zu Tag knapper. Mit Galgenhumor versuchen die „Lustigen Blätter“ die Lage zu karikieren:

„Det soll Leberwurscht sind? Da is ja keene Leber drin.“

„Na Friedrich, im Hundekuchen is ja ooch keen Hund drin.“

Aus Krefeld, dessen Webeschule stets aus Lehr- und Anschauungsgründen eine Seidenraupenzucht unterhielt, kommt die Nachricht von einer „erfolgreich erweiterten Seidenraupenzucht“ an den „Konfektionär“, der von jetzt ab auch die Schreibweise seines Titels verdeutscht.

In Karlsruhe gibt es ein Forschungsinstitut, das sich speziell mit der Entwicklung textiler Rohstoffe beschäftigt und Spinnfasern aus Ginster, Brennnesseln, Schilf und Papier hervorbringt. Ein „Kriegstuch-Weberverband“ wird gegründet sowie ein „Verband deutscher Papiergarnweber“, und die Firma Louis Lewy jr. in Breslau bietet als Erste Kostüme und Kleider aus Papiergeweben an. Echte Textilrohstoffe werden schließlich nur noch auf dem „Dienstweg“ zugeteilt. Damals ging in Berlin der Witz um:

„Der liebe Gott wäre heute noch nicht mit der Erschaffung der Welt fertig, wenn er die Materialien dazu auf dem Dienstweg hätte beschaffen müssen.“

Im Juli 1916 werden die ersten Bezugscheine für Textilien ausgegeben. Bezugscheine bekommt auch, wer getragene Kleidung abliefert. Diese getragenen Sachen – „von bemittelten Kreisen gespendet“ – wandern dann in die Kleiderstelle des „Nationalen Frauenhilfsdienstes“, die sie an Bedürftige ausgibt. In solch einer Berliner Kleiderstelle werden täglich 100 bis 120 Personen ausgestattet.

Für die Konfektion bedeutet dies alles einen merklichen Rückgang ihres Absatzes. Während einer Generalversammlung der „Handelsstätte Spittelmarkt“ wird offenbar, dass im Konfektionsviertel etwa 9900 qm Geschäftsraum leer stehen. „Wegen Mangel an Rohware bin ich nicht mehr in der Lage, meine Kunden zu bedienen“, heißt es in einer Anzeige des „Konfektionär“. Das „Wenden“ und „Umfärben“ von Bekleidung aller Art wird immer häufiger angeboten. Die Firma Angenete & Scholle, Spittelmarkt 3, offeriert, neben Hausjacken und Schlafröcken, „Arbeiter-Anzüge aus Papier von 6 Mark an“.

Auf der Leipziger Messe bietet 1917 eine Firma aus Bielefeld „Immerreine Herren-Oberwäsche, Marke Holzfee" mit Kragen und Manschetten – vermutlich aus Pappe – an, desgleichen „Sommerhüte für Herren", die als „idealer Ersatz für die fehlenden Strohhüte" gepriesen werden.

Im „Konfektionär" wird ein neuartiger Kriegs-Scheuerhandschuh angekündigt, „Fleißige Bertha", ferner Wickelgamaschen Marke „Feldmarschall", das unverwüstliche Hundebett „Tierdank", sowie ein Strumpfhalter mit Federzug (statt Gummi). Textilfirmen versuchen immer mehr, mit branchenfremden Erzeugnissen über die Runden zu kommen. Die Fachblätter offerieren den Pyramiden-Fliegenfänger „Schwapp", Schuhschoner „Firmax" und „Dr. Landmann's Messerputzpulver".

Schließlich werden auch Höchstmaße für den Stoffverbrauch in der Konfektion vorgeschrieben und behördlich vorgerechnet, dass ein Kostümrock aus 2,60 Meter herzustellen sei (nach damaliger Mode). Aber die Berliner Konfektionäre lassen sich trotz aller dieser einschränkenden Bestimmungen nicht entmutigen. Als „Originelle Neuheit" bieten sie im Sommer 1916 eine hübsche Kombination von „Hut, Halsrüsche und Muff aus plissiertem Papierkrepp mit Samtband" an. Im gleichen Jahr kommt auch die „Hindenburg-Bluse" als neueste Kriegsmodenschöpfung auf den Markt, die im „Konfektionär" „grau, mit Kragen in den deutschen Farben bestickt" beschrieben wird. Auch andere Militärs geben modeschöpferische Vorlagen ab, denn auch die „Beseler-Bluse", schwarz, mit rundem Seidenkragen, sowie die „Hötzendorf-Bluse" aus blaugrauem Stoff ist Berliner „dernier cri".

Die „Fremdenlisten", die der „Konfektionär" auch während der „Kriegs-Durchreise" veröffentlicht, schrumpfen immer mehr zusammen. „Die Einkäuferin" und die „weibliche Reisende" sind eine Neuerscheinung am Hausvogteiplatz, an die man sich aber ebenso schnell gewöhnt wie an die Briefträgerin und die Straßenbahnschaffnerin.

Am 2. Dezember 1917 kommt ein Vorschlag der Königsberger Konfektionsfirma Berding & Kühn, in Berlin statt einer „Durchreise“ eine „Konfektionsmesse“ mit festen Terminen wie die Leipziger Messe einzurichten. Eine Umfrage unter den Firmen aber ergibt ein negatives Ergebnis. Auslandsaufträge sind von nun ab in der Konfektion besonders begehrt, und die Order über 200 Ballkleider einer Schweizer Firma im Werte von 50 000 Mark an Drecoll führte sogar zu einem Prozess. Irgendwer hatte aus Konkurrenzneid Drecoll als „ein in englischen Händen befindliches Unternehmen“ verleumdet, eine Behauptung, die dann allerdings im Laufe der Verhandlung widerlegt werden konnte.

Ende 1916 bricht Herrmann Gerson zu einer Modenschau nach Konstantinopel auf, um in der befreundeten Türkei neue Geschäftsverbindungen anzuknüpfen. Gerson kündigt seinen Besuch in der Türken-Metropole folgendermaßen an: „Abendkleider, Tee- und Straßenkleider, Mäntel, Blusen, Hüte, letzte Schöpfungen vornehmster Damenmoden werden von den Vertreterinnen meines Berliner Hauses im Pera-Palast vorgeführt. Für Damen besonders ist Besichtigung nur nachmittags von zwei bis vier Uhr erbeten. Herrmann Gerson, Hoflieferant“.

Beinahe wäre allerdings diese Export-Schau doch noch ins Wasser gefallen, weil die begleitenden Herren keine Pässe bekamen. So reisten die Damen allein an den Bosporus und konnten damit nachdrücklich beweisen, dass sie auch geschäftliche Unternehmungen dieser Art durchaus zu bewältigen vermochten.

Einmal so in die Verantwortung gedrängt, sind sie auch nach Ende des Krieges nicht mehr bereit, sie aus der Hand zu geben. Ein neuer Frauentyp entsteht – und die Mode hat sich darauf einzustellen. Kaum ist die Inflation zu Ende, da wird die Wirtschaft wieder angekurbelt. Am Hausvogteiplatz beginnen nun auch für die Konfektion die „goldenen Zwanziger“.

AM FREITAG GEHT DIE WELT UNTER

„An einem herrlichen Sommertag im August des Jahres 1955 saßen an einem runden Tisch im Garten des Hotels „Zum grünen Baum“ in Bad Gastein fünf ältere Herren. Sie waren zusammen etwa 340 Jahre alt, aber trotz dieses hohen Alters sahen sie alle noch sehr gepflegt aus, und ein guter Schneider musste sie angezogen haben. Man sah ihnen an, dass sie mit der Mode zu tun hatten ...“ so erinnert sich ein bekannter Berliner Konfektionär, der mit zu dieser fröhlichen Runde gehörte, und fährt fort zu berichten:

„Die, die sie kannten, wussten, dass diese seriösen Herren alle geborene Berliner, im Norden von Berlin aufgewachsen waren. Der Jüngste unter ihnen, der Ende der Fünfzig war, betonte mit viel Humor, dass sie alle armer Leute Kinder wären. Alle hatten sie in der Berliner Konfektion bei V. Manheimer in der Oberwallstraße gelernt und waren sehr stolz darauf. Vom Lehrling hatten sie es bis zum Unternehmer gebracht, und nun unterhielten sie sich von den schönen, lieben, goldenen Zeiten des Hausvogteiplatzes.“

Sie sprachen von ihren alten Zwischenmeistern, denn sie waren das A und O der Branche. Mit ihnen arbeitete der Konfektionär – der heute „Modegestalter“ heißt – Hand in Hand. Der Konfektionär gab die modische Idee, der Zwischenmeister sein handwerkliches Können. Und so war man darauf bedacht, einen guten Zwischenmeister auch das ganze Jahr hindurch zu beschäftigen, damit er nicht auf die Idee kam, bei der Konkurrenz vorzusprechen. Man legte Wert darauf, dass die Treue gegenseitig war, auch wenn sie, was sehr oft geschah, Geld kostete.

Man erinnerte sich auch der häufig sehr turbulenten Tage, vor allem an den Freitag, den großen Liefertag. „Am Freitag geht die Welt unter“, hieß ein geflügeltes Wort in der Konfektion. Am Freitag – im Konfektionsdeutsch auch „Schabbesaprès-midi“ genannt – kamen in den 20er Jahren die Kunden nach Berlin und „sortierten ab“, deckten sich für eine Woche ein und nahmen die Ware häufig direkt aus den Bündeln der liefernden Zwischenmeister. Da stauten sich die Pakete oft bis auf die Gehsteige. Wenn im Laufe der Woche die Ware gut verkauft wurde, sprach der Kunde am nächsten Freitag erneut vor, und es ging wieder einmal „die Welt unter“. Das Risiko lag zum größten Teil bei den Herstellern, denn schlug das Wetter um, was sehr oft der Fall war, dann blieben sie auf ihren Mänteln sitzen, und die Läger mussten am Ende der Saison „verramscht“ werden. Ja, meinten diese alten „Zaucher“, Konfektion ist wie Fleisch, welches einen unangenehmen Geruch ausströmt, wenn es zu alt ist, und unwillkürlich erinnerten sie sich der Jahre 1929 und 1932, als selbst die marktstärksten Firmen umfielen …

Sie erinnerten sich auch an das Sprichwort, das seinerzeit besonders aktuell war: „Bei einem Konfektionär und bei einem Schwein kann man immer erst nach dem Tode sehen, wie viel Fett übriggeblieben ist!“

Die heitere Tischrunde ruft unwillkürlich die Erinnerung an Herrn Wendriner wach. Sie kennen doch Herrn Wendriner? Natürlich kennen Sie ihn. Herr Wendriner war ebenfalls am Hausvogteiplatz zu Hause, „hatte dort'n Jeschäft, Konfektion engros“, wie Kurt Tucholsky sagen würde, Kurt Tucholsky, der Herrn Wendriner von der Hausvogtei ein literarisches Denkmal gesetzt hat. „Sie wissen doch, im Sommer schickt er seine Frau nach Heringsdorf. Dann erholt sich Herr Wendriner in Berlin. Und wenn sie zurückkommt, kauft er ihr was Hübsches für'n Winter, um sein Gewissen zu beruhigen!“

Herr Wendriner ist der „Mann am Wege“ im Berlin der 20er Jahre, den „goldenen Zwanzig“, die allerdings auch ihre Sorgen hatten. Herr Wendriner liest den „Börsen-Courier“ und muss seine Wechsel prolongieren … Natürlich ist Herr Wendriner auch „für's Kulturelle“. „… die Bergner ist fabelhaft“, schwärmt er, „die andern find ich nicht so gut“. Und einer hat ihn gefragt, ob er schon den „Zauberberg“ gelesen hat. Es gehört zum guten Ton der 20er Jahre, Thomas Manns nobelpreisgekröntes Werk gelesen zu haben. Und Kurt Tucholsky lässt seinen Helden darauf antworten: „Der hat's gut. Ich komme kaum noch zum Lesen. Nicht mal die Memoiren von Wagner, die ich zu Weihnachten bekommen habe, habe ich gelesen …“

Das ist Herr Wendriner, wie er leibte und lebte, damals am Hausvogteiplatz der 20er Jahre. Zu dieser Zeit erreichten Umsätze der Berliner Konfektion die Milliardengrenze. Allein rund 500 Millionen Mark kamen aus dem Export. Die Bühne, schon seit vielen Jahren ein „Laufsteg der Mode“, hatte nun die Konkurrenz des Films erhalten. Der Film trug die Kreationen der Konfektion noch tiefer hinein ins Publikum, erreichte sogar die untersten Schichten.

Fritzi Massary wurde für Berlin, was Sarah Bernhardt für Paris war. Mit ihrer Schauspielkunst lancierte sie zugleich Mode, weckte Frauenwünsche und brachte den „letzten Schrei“ unter die Leute. Wie viele Gerson-Modelle hat Fritzi Massary wohl als Salon-Dame getragen, als „grande cocotte“, – „die einzige, die unser Theater besitzt“, schrieb Tucholsky über sie. Und in wie vielen Couplets und Possen aus dem Milieu der Konfektion tritt sie auf! Angetan mit „diesem konfektionierten Kitsch“, wie Tucholsky es nennt. „So geht sie über unsere Bühnen, als Toilettenträgerin angestaunt, als Soubrette belacht, als Künstlerin lange nicht genug bewundert … Ein schnoddriges Berlinertum, Bachstelze, Erotik hinter tausend Vorhängen, Seidenkissen mit einem hitzigen Parfüm, einen Eiskübel über den Kopf, ein helles Frauenlachen: Massary!“

Guido Thielscher, ihr Partner in vielen ulkigen und schnoddrigen Konfektions-Possen, bekam eines Tages vom Theaterkritiker des „Acht-Uhr-Abendblatt“ eine Hosenträgerschnalle hinter Glas zugeschickt, die ihm, dem Kritiker, vor Lachen geplatzt sei über das Stück „Die vertagte Nacht“.

Thielscher – ein lieber, guter, runder Vollmond, so sah er aus – dankte dem Kritiker und schrieb ihm, dass er die Schnalle als Grundstock eines von ihm längst geplanten, kuriosen „Konfektions-Museums" betrachte … „Wer weiß, was da noch alles platzt!"

Aber Thielscher hatte am Beginn seiner Laufbahn noch seine Sorgen mit der Konfektion gehabt. Seine erste Rolle im Belle-Alliance-Theater hatte er in einem blütenweißen Oberhemd zu absolvieren, wie es die Regie vorschrieb. Ein solches Oberhemd kostete 6,50 Mark, viel Geld für einen jungen Schauspieler. So versuchte der junge Mime, den Inhaber des Konfektionsladens zu bewegen, diesen Betrag in Raten zahlen zu dürfen. Der Geschäftsmann lehnte ab. Aber der junge Mann hatte das Mitleid – oder war es Sympathie – einer Verkäuferin errungen. Als er es ein zweites Mal versuchte, lieh das Ladenmädel dem Theaterhelden den Betrag, den er auch pünktlich zurückzahlte. Die Karriere war gerettet!

Die Hauptstadt der jungen Republik stand nun mit einemmal mitten in ihren goldenen Zeiten. Die Könige fehlten zwar, um die sich so lange alles gedreht hatte. Aber es kamen dafür neue Königinnen. Schönheitsköniginnen bestiegen ihre Pappmaché-Throne, lächelten in die Stummfilmkameras und ließen sich feiern. Eine von ihnen hieß Hilde Zimmermann. Sie erhielt beim Fest der Vorführdamen den 1. Preis als „Schönste Frau Berlins". Hilde war Vorführdame bei Gerson. Das Volk huldigte nun seinen „Schönheitsköniginnen", und die wiederum huldigten der Mode. Sie rekrutierten sich vornehmlich aus den Reihen der Vorführdamen, die jetzt Mannequins hießen, und sie kamen gerade recht, als man die Röcke abschnitt, seidenbestrumpfte Beine zeigte, in Strümpfen aus Bembergseide. Mit ihnen kam die Tücke der Laufmasche, und diese wiederum brachte die Stehlosnadel zum Maschenaufnehmen hervor.

Rudolph Hertzog war der Erste, der die Handhabung dieser Nadel in einem Schaufenster demonstrierte, mit leibhaftigem Modell. Es war das erste Mal, dass ein lebender Mensch – eine hübsche junge Berlinerin mit Namen Dolly Krause, sie lebt heute noch in Berlin – der seidenstrümpfetragenden Weiblichkeit demonstrieren sollte, wie man dem Maschenteufel beikommt. Das Publikum kam in Massen und drängelte vor dem lindgrün und gold ausgeschlagenen Schaufenster, um Dollys Tun zu bewundern: Neugierig die Kinder, kopfschüttelnd die Frauen und mit unverhohlener Kennermiene die jungen Männer, die sich über den Köpfen der Menge mit Hilfe der Zeichensprache unauffällig, aber erfolglos um ein Rendezvous mit Dolly bemühten. Mitunter war der Andrang so groß, dass die Polizei einschreiten und die Breite Straße vorübergehend absperren musste.

In der „Berliner Illustrierten“ erschien in jenen Tagen ein Foto von einer modisch gekleideten Dame, die mit ihrem Töchterchen beinschlenkernd auf einer Parkbank sitzt. „Vor 50 Jahren“, so heißt es in der Unterschrift, „kleidete man die

„Die Mode vor 50 Jahren:
Man kleidete die kleinen Mädchen nach Art der Damen.“

„Heute kleiden sich die Damen nach Art der kleinen Mädchen: Mutter und Töchterchen.“

(Entnommen „Berliner Illustrierte“, 1926)

kleinen Mädchen in der Art der Damen. Heute kleiden sich die Damen nach Art der kleinen Mädchen". Beide tragen kniekurze Röcke mit sportlichem Wollpullover. Es war im Jahre 1926!

Roda-Roda erzählt dazu folgendes Ehegespräch. Er: „Wie hübsch das ist, jeden Tag ein neues Kleid!"

Sie: „Das Kleid habe ich schon drei Jahre. Ich schneide bloß jeden Sommer eine Handbreit ab."

Oder so:

Junge Dame betritt einen Laden: „Ich möchte bitte ein paar Strumpfbänder."

Verkäuferin: „Sehr wohl, mein Fräulein, vielleicht ähnliche wie Sie da tragen?"

Parodiert wird die Kurzmode auch in der Haller-Revue „An und Aus", mit Trude Hesterberg in der Hauptrolle. Das amerikanische Schlankheitsideal hat sich auch in Berlin längst durchgesetzt. In der U-Bahn plädieren die Plakate für „Bullrich Salz" „... denn schon der Jäger aus Kurpfalz, aß gern und freudig Bullrich Salz ...", der Stoffverbrauch der Kleider sinkt merklich, die einfachen Schnittformen regen zum Selbstschneidern an und von den Plakatsäulen herab empfiehlt eine Illustrierten-Schönheit „Sei sparsam Brigitte, nimm Ullstein-Schnitte".

Die neue Linie der kurzen Röcke und losen Mäntel brachte der Konfektion neuen Auftrieb. Diese Mode war in weitaus größerem Maße als die der langen Kleider und Mantillen für die Massenproduktion geeignet. Um diese Zeit war es dann auch, als Orje in Begleitung seines Vaters, eines biederen Berliner Polizeibeamten, im Hause von V. Manheimer erschien. „Der Junge hat es sich nun mal in den Kopp gesetzt, Konfektionär zu werden. Zeichentalent hat er ja", meinte der Vater zum Personalchef, „un was er sonst noch kennen muss, det weiß unsereins ja nich so jenau ..."

Orje und Vater mussten ein bisschen warten, denn bei V. Manheimer war gerade viel los in diesen Tagen, so kurz vor der „Durchreise". Und so sahen sie sich ein wenig um. „Jelbsterne schwirrten nur so rum", berichtete uns Orje, der später ein bekannter Berliner Konfektionär wurde, „kesse Jörn warn darunter, manche hatten nich ville mehr an als de betriebseigenen Dessous[42] über die dann meistens de Chosen gezeigt wurden oder auch die Mäntel. Eine kam im Hosenkostüm, dat jrade uffjekommen war, eine andere hatte sowat an wie'n Smoking". Orjes Vater wurde es ein bisschen mulmig zumute. Er nahm seinen Sohn bei der Hand und sagte:

„In diesen Sündenpfuhl kommste mir nich rin, dett is nischt für 'n Sohn von 'nem soliden Beamten", nahm den Jungen bei der Hand und marschierte mit ihm hinaus, geradewegs vor eine Vitrine mit einem ganz modernen, sündhaft teuren Modellkleid. Der Vater sah hin und erstarrte, als er den Preis las.

„Davor muss 'n Schutzmann lange winken", meinte er resigniert und wollte weiter. Aber Orje fiel ihm in die Parade: „Da siehste mal, wat du bei der Konfektion verdienen kannst …" Nun ja, Orje durfte. Bei V. Manheimer hat er gelernt, wie viele andere, heute bekannte Berliner Konfektionäre.

In den Kleidern, die nun so modern waren, in den kurzen bequemen Röcken und Jumpers ließ sich vortrefflich Shimmy und Charleston tanzen: „Yes, we have no bananas …" oder „Was macht der Meyer auf dem Himalaya?" Die Frauen taten es den Männern gleich, im Beruf, im Sport. Marlene Dietrich, soeben zu jungem Künstlerruhm gelangt, kreierte als Erste das Hosenkostüm. Gertrud Ederle durchquerte in 14 Stunden und 42 Minuten als Schnellste den Ärmelkanal und hatte damit den Vorsprung vor fünf männlichen Mitbewerbern.

42 Es handelt sich um einfache, schlichte Satinkleider, in weiß oder hellgrau, die zur Anprobe getragen wurden. Auch Chosen, wie z. B. Tücher, Schals, Blusen und dergleichen wurden häufig über dieses Unterkleid gezeigt.

Der Zopf – im wahrsten Sinne des Wortes – war gefallen, und der Bubikopf feierte Triumphe: In der „Berliner Illustrierten“ erschien 1926 folgendes Gedicht:

„Papa war dagegen, Mama war dagegen,
die ganzen Verwandten versagten den Segen,
sie nannten es liederlich, dumm und verwegen.
Er sagte, das würde ihr nie verziehn.
Da wuchsen des Mädels Energien,
das Geld hat ihr schließlich die Köchin geliehn.
Das war ihre erste, persönliche Handlung,
im Spiegel schaut sie versöhnliche Wandlung
aus schlacksigem Halbwuchs, das nie in ein Kleid passt,
der Schnitt macht sie jünger und macht sie auch reifer.
Es schneidet der Künstler mit Schere und Eifer,
dann wird noch der Nacken scharf ausrasiert,
worauf ja die Wirkung durchaus basiert.
„Gebobbt“ ist die Liese. Nun wird sie nach Haus gehn.
Sie fragt sich gelassen „wie mag das wohl ausgehn?“
Sie lässt zwar der aschblonden Haare sehr viel,
doch hat sie nun Linie und hat Profil.
Müssen die Eltern nicht selber sagen,
dass man das Haar nicht vergebens abschnitt?
Werden sie schelten? Werden sie schlagen?
Oder beginnt ein neuer Lebensabschnitt?“

Mit frisch „gebobbten“ Bubikopf ergriff die Frau das Steuer – im wahrsten Sinne des Wortes. In Berlin fand eine Automobil-Ausstellung statt mit dem Titel: „Die Dame ohne Schofför“. Man sah sie am Volant des neuen Chandler, des Stoewer-Achtzylinder, eines Brennabor-Cabriolets oder eines rassigen Steyr.

„Berlin“, sagte Ford von einem Europa-Trip heimkehrend einem Reporter, „Berlin hat mir am besten gefallen. Es hat Tempo …“ Auf dieses Tempo hatte sich auch die Mode eingestellt. Die Frau war selbständig geworden, hatte einen Beruf, trieb Sport, stand im öffentlichen Leben.

Die Männer betrachteten diese Entwicklung skeptisch, misstrauisch und ein wenig melancholisch. Theobald Tiger drückte das so aus:

„… kurz, wer das ist, weiß man nicht genau.
Es ist noch nicht einmal ganz heraus:
Englischer Junge oder amerikanische Frau.
Zum malerischen Aussehen haben wir keine Zeit
mehr, du und ich.
Der moderne Mensch hat es mehr innerlich."

Der revolutionäre Modewechsel hat der Konfektion ganz entscheidende Impulse gebracht. Man muss sich mal wieder sehr schnell einer neuen Lage anpassen, und man tut es mit Erfolg. Die Mode wechselt häufiger als sonst, in kürzeren Abständen folgen die Kollektionen. Man „rationalisiert" wieder einmal, der Anteil Bevölkerung, der Konfektion trägt, hat sich nun auch in Deutschland erheblich vergrößert. Fertigkleidung ist billig, und man braucht die knapper gewordene Zeit nicht mehr bei der Schneiderin zu vertun. Vor allem aber wird auch die Unterwäsche attraktiver.

Die Wäschefabrik H. Sternberg jr. – 1857 in der Spandauer Straße gegründet, mit einem Anfangskapital von 500 Talern, war schon vor 1914 in die Firma Sternberg, Haberland & Liebert umgewandelt worden, d. h. sie hatte sich mit Chemnitzer Strumpffabriken zusammengetan, die als „Etablissement Mayer" bekannt waren. Als die großen Exportaufträge in Strümpfen nach USA und Südamerika seit dem Ende des Ersten Weltkrieges abbrachen, kam einer auf die Idee: „Wie wär's, wenn wir mal ein Detailgeschäft aufmachten?" Der Gedanke war gut. Es entstand aus dem „Etablissement Mayer" die Kurzform „ETAM", die in 150 deutschen Niederlassungen elegante Wäsche und Strümpfe führte. 30 ETAM-Geschäfte gab es allein in Berlin. Eigene Fabrikation sowie Detailhandel gründete man danach auch in England, Österreich, Ungarn, Dänemark, Griechenland und Argentinien.

Strumpfreklame

(Aus: Fuchs, „Sittengeschichte")

Solange Vorrat:

Damen-Strümpfe
Trama-Seide 1.95
Flor Mousseline 1.35
Flor 95 Pf
Herren-Socken
Trama-Seide 1,95
Reine Wolle 1.25
Seidenflor 95 Pf
Seidenflor Jacquard 45Pf

Ein Posten Herren-Oberhemden
Zephyr Marke DAC 2,65

Verkauf nur Mauerstr.15
u. Maaßenstr. 25

Die Auswahl an Fertigkleidung jeglicher Art wurde größer, die Maße vielfältiger. Die „Bunten Sterne", die einst die Größe bezeichneten, mussten nüchternen Zahlen weichen. Es gab von nun an 38er, 40er, 42er bis 54er Größen.

Die Wirtschaftskrise von 1929/30 hat auch die Konfektion nicht verschont. Wie sich unsere Tischrunde in Gastein bereits erinnerte, mussten sogar die ältesten und bedeutendsten Firmen der Branche schließen. Aber es war nicht die Wirtschaftskrise allein. Der Nationalsozialismus hat nach 1933 die Berliner Konfektion in ihren Grundfesten erschüttert. Viele Konfektionäre wanderten aus, ihre Firmen gingen in fremde Hände über oder wurden von Otto Jung, Gauwirtschaftsberater aus Schwaben, „arisiert".

Und so kehren wir noch einmal zurück zu der heiteren Tischrunde der 340jährigen, die nach rund 30 Jahren in Bad Gastein zusammensaß und von alten Zeiten schwärmte, und geben unserem Chronisten, der dabei war, das Wort: „Da saßen die 340 Jahre nun alle lustig beieinander, und man sah ihnen an, dass Goethes Wort für sie zutraf: „Eben wenn man alt ist, muss man zeigen, dass man noch Lust zu leben hat", und alle zeigten, dass sie noch Lust zu leben hatten.

Diesen alten „Zauchern" merkte man an, dass sie trotz der Nöte, trotz der vielen Sorgen, die sie im Leben ertragen mussten, immer noch mit dem Herzen an ihrer Branche hingen. Sie hatten alle mit einer abgestempelten Briefmarke angefangen, aber im Laufe von Jahrzehnten hatten ihre Firmen, ihre Namen im In- und Ausland einen guten Klang erhalten, und wenn man sie gefragt hätte, ob sie, wenn sie wieder jung wären, noch einmal in diese Branche als Lehrling eintreten würden, ja, dann hätten wohl alle „genickköppt".

Sie kamen aus den verschiedensten Erdteilen, aber ihr Herz war in Berlin geblieben. Bei allen spürte man das Heimweh, die Sehnsucht nach Berlin: Ich war der einzige unter ihnen, der während der nationalsozialistischen Herrschaft in Berlin und in Deutschland geblieben war, und ich konnte ihnen nicht genug erzählen, wie es jetzt in Berlin zuging …"

AUSKLANG UND ABSCHIED

Und hier endet unser Buch vom Hausvogteiplatz, der gewiss mehr war als eine U-Bahn-Station zwischen Alexanderplatz und Kaiserhof. Es war eine Industrielandschaft, geographisch begrenzt auf einen Stadtteil von Berlin, aber mit weltweiten Handelsbeziehungen und einer Wirtschaftskraft, die hier an dieser Stelle in Jahrhunderten allmählich herangebildet, sich in der Mitte des 19. Jahrhunderts zu entfalten beginnt. Sie war die zweitgrößte Industrie der Reichshauptstadt, die Wiege der Konfektion, wie wir sie heute kennen, und Vorbild für andere Konfektionszentren, sowohl in Deutschland als auch in England und Amerika. Jahrhundertealte Handwerkstradition, verbunden mit preußischer Akuratesse, Sparsamkeit und Pünktlichkeit, gepaart auch mit dem schneiderischen und geschmacklichen Können der Flüchtlinge aus Frankreich, Polen und Russland, aktiviert durch jüdischen Kaufmannsgeist und schließlich gewachsen mit einer Hauptstadt als der politischen, kulturellen und geistigen Zentrale eines aufstrebenden Reiches.

Fast ein Jahrhundert lang hat sich diese Wirtschaftskraft erhalten. 1933 kamen mit der Emigration und Arisierung der jüdischen Firmen die ersten, verhängnisvollen Risse in dieses Wirtschaftsgefüge. Der Krieg mit Bomben und Granaten hat das Viertel um den Hausvogteiplatz fast völlig vernichtet. Die Teilung der Stadt brachte Berlins Altstadt mit seinem Konfektionsviertel in die Hände der russischen Besatzungstruppen. So entstand um den Bahnhof Zoo ein neues Konfektionsviertel, das aber sogleich – 1948 – die erste Feuertaufe zu überstehen hatte.

Die Blockade vermochte die durch die Luftbrücke nur mit dem Allernotwendigsten versorgten Berliner jedoch nicht in die Knie zu zwingen. Mit Zähigkeit und Ausdauer ging es bei Kerzenschimmer weiter, und Großmutters Kohlebügeleisen taten wieder gute Dienste. Berlins Konfektionsindustrie stand mit ihren 50 000 Beschäftigten nun wieder an zweiter Stelle in der geteilten Stadt, bis der Mauerbau vom 13. August 1961 rund die Hälfte der meist in den Ostbezirken ansässigen Näherinnen und Zwischenmeister bis auf weiteres von der Westbestberliner Konfektion abschnitt.

Während der Blockade aber wurde klar, dass Berlin eines westdeutschen Brückenkopfes bedurfte, eines Verkaufsplatzes, der nicht den Unwägbarkeiten politischer Zeitläufe ausgesetzt war. Es fiel das Wort vom „Hausvogteiplatz am Rhein". 1949 begann in Düsseldorf die erste Verkaufs- und Modewoche, die von der „IGEDO", der „Interessengemeinschaft Damenoberbekleidung" ins Leben gerufen wurde. Initiator dieses Unternehmens waren die Berliner Hermann Eggeringhaus und Dr. Walter Keller. Ihr Unternehmen, von den Berliner Konfektionären zunächst mit gewisser Skepsis aufgenommen, erwies sich bald als eine nützliche DOB-Brücke, als ein Verkaufsplatz, an dem auch die Berliner Firmen stets teilnehmen. Er ist der Einzige unter den westdeutschen Verkaufsplätzen für Damenoberbekleidung, der seine Verkaufstermine immer mit Berlin abstimmt und den Konfektionären aus Deutschlands Hauptstadt stets den Vortritt lässt.

„Nun ja, alles scheen un jut", sagt Fräulein Gelbstern dazwischen, aus der heute längst ein Mannequin mit 54 Taillenweite geworden ist, „un wat wird aus Berlin?" Und das fragen sich alle, ob sie nun diesseits oder jenseits des Brandenburger Tors wohnen. Das fragen sich auch heute, nach mehr als 30 Jahren, noch viele, die damals Berlin verlassen mussten, als einer Heimat, in der sie durchweg seit Generationen lebten und die in Amsterdam, London, New York oder sonstwo in der Welt meist unter schwersten Bedingungen eine neue Existenz aufbauen mussten. Es stand zwischen den Zeilen der viele Briefe, die mich erreichten.

Robert Gilbert hat die Gefühle derjenigen, die in den 30er Jahren Berlin verlassen mussten, in ein kleines Gedicht gefasst:

„Still am Times Square steh ick da …“

„Abjejraste Augenweide,
Treptow, Tegel, Waidmannslust –
Wannsee, Werder, Hasenheide,
und du kesses Kind, wir beide
mussten scheiden,
weil uns beiden
Krieg und Frieden
so beschieden,
eh' wir Näheres jewusst.

Nun, da steh ick still am Times Square
still am Times Square steh ick da–
denn verglichen mit der Heimkehr
in das vierje-
teilte, mir je-
hör'je Spreeland,
liegt Neuseeland
jetzt verhältnismäßig nah.“

DANK

Allen, die mir bei der Zusammenstellung des umfangreichen Materials für dieses Buch mit Ratschlägen, Hinweisen, mit Dokumenten, privatem Archiv-Material oder persönlichen Berichten geholfen haben, möchte ich an dieser Stelle herzlich danken.

Fast alle waren sie in den 20er und 30er Jahren in Berlins Konfektion tätig, einige sind es heute noch, andere leben im Ausland.

Vor allem haben mir Damen und Herren aus dem Ausland wesentliche Quellen erschlossen, ohne deren Kenntnis meine Untersuchungen weitaus unvollständiger geblieben wären. Auch denjenigen unter ihnen, die nicht genannt sein möchten, gilt mein Dank. Namentlich danken aber möchte ich Herrn Georg Beyer, Ratingen; Frau Charlotte Bloemeke, Berlin; Herrn Dr. Hans Botzet, Krefeld; Herrn Herbert Horn, Berlin; Herrn Heinz Lademann, Düsseldorf; Herrn Dr. E. G. Lowenthal, London/Frankfurt/M.; Herrn Professor Dr. Hanns G. Reissner, New York; Herrn Gustav-Friedrich Ronner, Düsseldorf; Herrn Fritz Rose, Nordhorn; Frau Frieda Schäfer, Oberlahnstein; Herrn Hans Seger, Berlin; Herrn Professor Dr. Wilhelm Treue, Göttingen; Herrn Professor Dr. Dr. h. c. Bruno Valentin, Hannover; Herrn Dr. Ernest Werth, London.

Danken möchte ich auch den Bibliotheken, Archiven und Instituten, die mir bei der oft äußerst schwierigen Beschaffung von Unterlagen, Dokumenten, Büchern, Zeitungen, Zeitschriften und Illustrationen in ungemein liebenswürdiger und verständnisvoller Weise geholfen haben.

Es sind dies: Amerika-Gedenkbibliothek, Berlin; Amerika-Haus, Köln; Bibliothek der Humboldt-Universität, Berlin; Borsig-Archiv, Berlin; Deutsche Bücherei, Leipzig; Deutsche Staatsbibliothek, Berlin; Deutscher Fachverlag, Frankfurt/Main; Deutsches Industrie-Institut, Köln; Handwerkskammer, Berlin; Internationales Zeitungsmuseum der Stadt Aachen;

„International Textiles“, Amsterdam; Landesarchiv Berlin; Landesbibliothek, Düsseldorf; Leo-Baeck-Institut, (London, New York, Jerusalem); Stadtarchiv und Stadtbibliothek, Krefeld.

ERKLÄRUNGEN VON FACHAUSDRÜCKEN

Couleuren
Einkauf von Zutaten wie Knöpfe, Band, Nähseide usw., farblich passend zum Stoff.

DOB
Damenoberbekleidung.

Eskimos
Glatter, schwerer Mantelstoff.

Gelbstern
Größenmaß in der Konfektion. Statt der heute üblichen Nummern gab es damals bunte Sterne. Gelbstern war das sogen. „Idealmaß“, eine Mannequin-Größe sozusagen.

injebowelt
Verberlinertes Jiddisch, das in der Umgangssprache der Berliner Konfektion sehr verbreitet ist. Bowel bedeutet so viel wie schlecht verkäufliche Ware.

„Schwitzsystem“
Entspricht dem aus England importierten übelsten Ausbeutersystem, das das Zeitalter der beginnenden Industrialisierung

kannte, dem „Sweat-System“ (sweat – schwitzen, Sweater – Leuteschinder). Bei den Sweatern handelte es sich um kapitalkräftige Kontraktoren, Zwischenpersonen, die als reine Unternehmer auftreten. Sie übernehmen als selbständige Verleger vom Konfektionär Stoff und Zubehör in Auftrag. Die Sweater stellen dann ihrerseits Zwischenmeister ein, bleiben aber ohne Berührung mit der Arbeiterschaft. Durch Konventionalstrafen suchen sie die Zwischenmeister zur Einhaltung der Lieferfristen zu zwingen, während sie selbst ebenfalls dem Konfektionär (Hersteller) gegenüber zur Einhaltung der vereinbarten Lieferfristen durch Konventionalstrafen gezwungen sind. Das Berliner Zwischenmeistersystem hat mit dem Sweat-System insofern nichts zu tun, als der Berliner Zwischenmeister direkt mit seinen Näherinnen und Konfektionsarbeitern zusammenarbeitet. Obgleich auch hier die Einhaltung der Lieferfristen streng befolgt wurde, wurden Konventionalstrafen niemals bekannt.

Midinetten
Nähmädchen, wie sie in der Pariser Couture genannt werden.

Tageslosung = Umsatz

Separates
Kleinere Teile der Konfektion wie Blusen, Röcke, Pullover, Westen, die wechselweise oder getrennt voneinander getragen werden können.

Verlagssystem
In der Konfektion das System der Herstellung durch Zwischenmeister und Heimarbeit.

Zaucher
Eingefuchster Fachmann, ebenfalls dem jüdischen Sprachgebrauch entnommen.

Zwischenmeister
Schneidermeister, die Aufträge von der Konfektion entgegennehmen und auf eigene Rechnung in Heimarbeit ausführen. Das Zwischenmeister-System wurde von der Berliner Konfektion entwickelt und hat sich bis heute als die wirksamste Betriebsform der Konfektion behauptet. Es wurde später auch von anderen Konfektions-Zentren übernommen. Der Zwischenmeister erhält vom Konfektionshaus, für das er arbeitet, Schnitt, Stoff und Zutaten. Er selbst schneidet die Stoffe in eigenen Räumen zu und lässt sie von Heimarbeiterinnen, die vielfach spezialisiert sind, zusammennähen. Auf diese Weise wurde die Produktion in die Heimarbeit verlagert, so dass die Herstellung sehr viel billiger wurde und Produktionsrisiken weitgehend abgefangen werden konnten.

QUELLENVERZEICHNIS

Agenda Rudolph Hertzog. Berlin 1914.
Amtlicher Bericht der Berliner Gewerbeausstellung von 1844. Berlin 1845.
Amtlicher Bericht der Berliner Gewerbeausstellung von 1896. Berlin 1898.
Bab, Julius, Die Berliner Bohème. Berlin 1906.
Budzinski, Klaus, Die Muse mit der scharfen Zunge. München 1961.
Berliner Heimatchronik. Köln 1962.
„Berlins Aufstieg zur Weltstadt", herausgegeben vom Verein Berliner Kaufleute und Industrieller aus Anlass des 50jährigen Bestehens mit Beiträgen von Max Osborn, Adolph Donath, Franz M. Feldhaus. Berlin 1929.
Blum, Maximilian, Die Lage der Bekleidungsindustrie 1918-24, Diss. Würzburg 1925.
Boehn, Max von, Das Beiwerk unserer Kleidung. München 1928.
– Das Biedermeier. Berlin 1923.
– Das Empire. Berlin 1925.
– Deutschland im 18. Jahrhundert. Berlin 1921.
– Die Mode im 19. Jahrhundert. München 1928.
– Polizei und Mode. Berlin 1926.
Brie, Bruno, Die deutsche Bekleidungsindustrie (Adreßbuch der deutschen Bekleidungsindustrie). Berlin 1925.
– Unsere Kleidung und Wäsche. Leipzig 1909.
Buchner, Eberhard, Varieté und Tingeltangel in Berlin. Berlin 1909.
Evers, Georg, Spielregeln der Mode. Düsseldorf 1949.
Festzeitschrift zum 50jährigen Bestehen der Berliner U-Bahn. Berlin 1952.
Festzeitschrift zum 75jährigen Geschäftsjubiläum des Hauses Rudolph Hertzog. Berlin 1914.
Festzeitschrift zum 50jährigen Bestehen der Firma Herrmann Gerson. Berlin 1886.
Frowein, Eberhard, Die Romantik des Strumpfes. Oberlungwitz 1935.
Fuchs, Eduard, Sittengeschichte, Bd. III Das bürgerliche Zeitalter. München 1912.
Gehl, Walter, Deutsche Geschichte in Stichworten. Breslau 1938.
Gerson-Brevier. Berlin 1928-32.
Gilbert, Robert, Meckern ist wichtig – nett sein kann jeder. Berlin 1950.
Grandke, Hans, Berliner Kleiderkonfektion, Schriften des Vereins für Sozialpolitik, Bd. 85. Leipzig 1899.
Hanke, Hedwig, Vom Haus, das jeden anzieht, 75 Jahre Leineweber. Köln 1963.
Hauser, Heinrich, Begegnung mit Herbert Tengelmann. Berlin 1953.

Heimann, Oscar, Die Entwicklung der Berliner Damenkonfektions-Industrie, (Gewerbliche Einzelvorträge, gehalten an der Handelshochschule Berlin, herausgegeben von den Ältesten der Kaufmannschaft von Berlin). Berlin 1912.
Herzberg, Gustav, Das Schneidergewerbe in München. Stuttgart 1894.
Heszky, Max, Die Kulturgeschichte des Korsetts. Berlin 1910.
Heyse, I. Ch., Heyses Fremdwörterbuch. Hannover 1919.
Irmscher, Felix, Die Strumpfindustrie in Chemnitz und im Chemnitzer Kreis. Berlin 1929.
Israel, N., N. Israel-Album, Selbstverlag. Berlin 1900.
Jacobson, Jacob, Judenbürgerbücher der Stadt Berlin. Berlin 1962.
Kahn, Heinrich, Der Wechsel der Kleidmode und seine Wirkung auf die Betriebe der Kleiderherstellung, Diss. Frankfurt 1923/25.
Kampfmeyer, Luise, Herren- und Damenbekleidung in Deutschland zwischen 1840–1870, Diss. München 1935.
Kasten,I., Berlin wie es war. Berlin 1919.
Kaulbach, Isidora, Erinnerungen an mein Vaterhaus. Berlin 1931.
Klein, Oskar, Bei Kempinski. Berlin 1906.
König, René, Die Mode in der menschlichen Gesellschaft. Zürich 1958.
Krause, Gisela, Altpreußische Uniformfertigung als Vorstufe der Bekleidungsindustrie, Hamburg 1965.
Krempel, Lore, Die deutsche Modenzeitschrift, Diss. München 1935.
Lademann, Heinz, DOB-Damenoberbekleidungsindustrie. Wiesbaden 1959.
Land, Hans (alias Hugo Landsberger), Fräulein Gelbstern. Berlin 1905.
Leitzke, Heinz, Entwicklungstendenzen der deutschen Herrenkonfektion. Greifswald 1932.
Leber, Annedore, Doch ihr Zeugnis lebt fort. Berlin-Frankfurt/M. 1965.
Lessing, Julius, Der Modeteufel. Berlin 1844.
Lind, H. W., Der Nähmaschinenbau in seiner Entwicklung. Berlin 1890.
Loeb, Moritz, Die Berliner Konfektion, (aus d. Sammlung „Großstadtdokumente“ von Hans Ostwald). Berlin 1906.
Lübke, Anton, Weltmacht Textil. Stuttgart 1953.
Lüth, Erich, Balthasar Krems, ein deutscher Erfinder der Nähmaschine. Hamburg 1941.
Marx, Karl, Das Kapital, (Neuauflage Dietz-Verl.). Berlin 1962.
Mehring, Sigmar, Leute von Berlin. Berlin 1911.
0.V. (ohne Verf.), Die Hausindustrie der Frauen in Berlin, aus „Hausindustrie u. Heimarbeit in Deutschland und Oesterreich“, Bd. II. Leipzig 1899.

Olberg, Oda, Das Elend in der Hausindustrie der Konfektion. Leipzig 1897.
Ostwald, Hans, Berliner Tanzlokale, Berliner Kaffeehäuser, aus der Sammlung „Großstadtdokumente". Berlin 1906.
– Kultur- und Sittengeschichte Berlins. Berlin 1921.
PEM – Heimweh nach dem Kurfürstendamm. Berlin 1952.
Pniower, Otto, Altberliner Humor um 1830. Berlin 1919.
Potthoff, O. D., Kulturgeschichte des deutschen Handwerks. Hamburg 1938.
Philippson, Martin, Neueste Geschichte des jüdischen Volkes, Bd. II. Leipzig 1910.
Rauer, Friedrich, Kulturgeschichte der Gaststätte. Berlin 1942.
Reissner, H. G., The Histories of „Kaufhaus N. Israel" and of Wilfrid Israel, Year-Book III of the Leo-Baeck-Institute of Jews from Germany. London 1958.
Renters, Wilhelm, Praktisches Wissen von der Nähmaschine. Berlin-Leipzig-Langensalza 1938.
Simmel, G., Zur Psychologie der Mode. Berlin 1895.
Sombart, Werner, Die deutsche Volkswirtschaft im 19. Jahrhundert. Berlin 1905.
– Wirtschaft und Mode. Berlin 1902.
– Das Wirtschaftsleben im Zeitalter des Kapitalismus. München 1928.
– Die deutsche Volkswirtschaft im 19. und am Anfang des 20. Jahrhunderts. Berlin 1910.
Stein, Theodor, Das Gerson'sche Modewaarenlager zu Berlin, Werderscher Markt. Berlin 1851.
Stein, Werner, Kleiner Kulturfahrplan. Berlin 1954.
Stern, Selma, Der Preußische Staat und die Juden, Bd. III. Berlin 1925.
Stühmer, H., Vorschläge über künftige Taktik in der Konfektion. Berlin 1904.
Schmidt, Erhard, Fabrikbetrieb in der deutschen Konfektionsindustrie, Diss. Stuttgart 1912.
Schmoller, Gustav, Deutsches Kleingewerbe im 19. Jahrhundert, Schriften LXXXV. Berlin 1922.
Schultz, Rudolf, Die Modenarrheiten. Berlin 1868.
Schulze, Paul, Unsere Kleidung und Wäsche. Leipzig 1909.
Schupisser, Peter W., Die Mode in der menschlichen Gesellschaft. Zürich 1958.
Treue, Wilhelm, Achse, Rad und Wagen. Stuttgart 1965.
Tietz, Georg, Hermann Tietz, Geschichte einer Familie und ihrer Warenhäuser. Stuttgart 1965.
Tucholsky, Kurt, Gesammelte Werke, Reinbek 1965.
Vischer, Friedrich Theodor, Mode und Cynismus (3. Aufl.). Stuttgart 1888.
Vocke, H., Geschichte der Handwerksberufe. Waldshut 1959.

Weber, Alfred, Hausindustrielle Gesetzgebung und Sweating-System i. d. Konfektionsindustrie. Leipzig 1897.
Weiglin, Paul, Berliner Biedermeier. Bielefeld u. Leipzig 1942.
Weinberg, Kurt, Unsere Kleidung und Wäsche. Leipzig 1909.
Weiß, Karl, Ein deutscher Schulmann. Wiesbaden 1905.
Weißstein, Gotthilf, Louis Drucker, der vergnügte Weinhändler. Berlin 1909.
Wer ist's?, Unsere Zeitgenossen im 19. Jahrhundert. Leipzig 1906.
Wittkowski, Erwin, Die Berliner Damenkonfektion, Diss. Leipzig 1928.
Zielenziger, Kurt, Juden in der deutschen Wirtschaft. Berlin 1930.
Zincke, W., 600 Jahre Geschichte der Berliner Schneidergilde und ihrer Zeit. Berlin 1888.

VERZEICHNIS DER ZEITUNGEN UND ZEITSCHRIFTEN

„Berliner Börsenzeitung", Berlin 1890-91.
„Berliner Gartenlaube", Berlin 1886, 2. Jg. Nr. 1.
„Berliner Illustrierte", Berlin 1926–29.
„Berliner Tageblatt", Berlin 1890-91.
„Der Bär", Illustrierte Berliner Wochenschrift, Berlin 1913.
„Der Bazar", Berlin 1855, Nr. 2; 8. 3. 1858, 15. 10. 1865, 23. 12. 1868, 1. 12. 1873, 9. 6. 1879, 5. 2. 1883, 22. 10. 1888
„Der Bekleidungsarbeiter", Berlin 1920–31.
„Der Confectionair", Berlin, 2. 5.1894, Juli 1898, Jahrgang 1909–1920.
„Der Geschäftsfreund", Berlin, 5. 2. 1886, 21. 4. 1888.
„Der Manufakturist", Berlin/Hannover, Jahrg. 1918.
„Der Phönix", Modenzeitschrift für Herrenbekleidung, Berlin. 1853, o. Nr. Jg. 1, 30. 9. 1876.
„Deutsche Bauzeitung", Aachen 1893.
„Deutsche Bekleidungsindustrie", Berlin 1920-21.
„Deutsche Gartenlaube", Berlin, o. Jg., Nr.2.
„Deutsches Damen-Journal", Berlin, 1. 3. 1888.
„Die Berichte der Ältesten der Kaufmannschaft von Berlin", Jg. 1855, Jg. 1909-1913.
„Die lustigen Blätter", Berlin, Jg. 1913–14.
„Gartenlaube", Berlin, Jg. 1897, Jg. 1902.
„Groß-Berlin", Berlin, Jg. 1896/97.
„Jahresverzeichnis der Hochschulschriften", 1920-34.
„Journal des Luxus und der Moden", Berlin 1905.
„Magazin der Wirtschaft", Berlin 1927-31. ,
„Mitteilungen des Vereins f. d. Geschichte Berlins", Jg. 1920.
„New York Herald", N. Y., Jg. 1845.

„Textil-Woche", Berlin, Jg. 1901.
„Textil-Zeitung", Berlin, Jg. 1891.
„Thüringer Allgemeine Zeitung", Erfurt, Jg. 1932.
„Vossische Zeitung", Berlin, Jg. 1890–91.
„Zeitschrift für die Textilwirtschaft", „Deutsche Konfektion", Berlin, Jg. 1920–31.

VERZEICHNIS DER THEATERSTÜCKE

„Autoliebchen", von Georg Berr und Pierre Decourselle, Musik von Jean Gilbert, aus dem französischen „Dix minutes d'auto". Deutscher Gesangtext: Alfred Schönfeld.
„Das Warenhausfräulein", Volksstück in fünf Akten von dem Messingputzer Otto Reinhard Popper, Berlin 1909.
„Der Jüngling mit den Ellenbogen", von Carl Rössler und Ludwig Heller, Musik von Ernst Stephan, Drei Masken-Verlag, München.
„Der süße Fratz", von Arthur Lokesch und Müller-Förster, Musik von Harry Hauptmann.
„Die Schneider von Berlin", von Martin Böhms, Berlin 1882.
„Einer von uns're Leut", Verfasser unbekannt, Berlin 1859.
„Gelbstern", eine Groteske in drei Akten von Jaques Burg und Walter Turszinsky, Berlin 1907.
„Gerson von Pinne und Hulda von Hausvogtei", Verfasser und Erscheinungsjahr sind nicht zu ermitteln.

Die Zitate aus den „Gesammelten Werken" von Kurt Tucholsky und aus „Meckern ist wichtig, nett sein kann jeder" wurden mit freundlicher Genehmigung der Verlage Rowohlt, Reinbek, und Blanvalet, Berlin, abgedruckt.

NAMENSREGISTER

VERZEICHNIS DER ABBILDUNGEN MIT QUELLENNACHWEIS

ANMERKUNGEN ZUR NEUAUSGABE 2019

Das vorliegende Buch „Berlin – Hausvogteiplatz“ war lange vergriffen und auch antiquarisch kaum zu erhalten. Was ist für die Lektüre des beliebten Buchs heute, fünfzig Jahre später, wichtig?

Zunächst die Erinnerung daran, dass die Autorin, die Journalistin Brunhilde Dähn (1936–2007), mit ihrem Buch über die Modegeschichte Berlins 1968 Pionierin war – damals gab es außer einer Branchen-Festschrift kein ähnliches Werk zum Thema. Der Nationalsozialismus und der Zweite Weltkrieg hatten dafür gesorgt, dass von diesem bedeutenden Teil der Berliner Geschichte kaum noch Spuren zu finden waren. Für wissenschaftliche Forschung in dem Bereich war es noch zu früh, so dass die am Niederrhein lebende Autorin sich bei ihren Recherchen hauptsächlich auf Zeitungsberichte und ältere Literatur stützen musste. Sie schrieb „Berlin – Hausvogteiplatz“ als Journalistin und legte den Fokus darauf, die bis dahin in Vergessenheit geratene Berliner Modegeschichte für das Publikum verständlich und spannend zu erzählen. Unter diesem Vorbehalt ist das Buch heute zu lesen – es ist nicht als wissenschaftliches Werk gemeint, sondern als unterhaltsame, im Ton der 1960er Jahre erzählte Einführung in das Thema.

Dazu gehört dann auch, dass manche Details im Buch nicht dem aktuellen Forschungsstand entsprechen. Einige Beispiele: Recherchen der Historikerin Dr. Gesa Kessemeier zeigen, dass Berlins ältestes Kaufhaus nicht N. Israel war, sondern das Modehaus Herrmann Gerson, das 1849 am Werderschen Markt eröffnete. (Kessemeier, Herrmann Gerson, S. 11, 13, s. u.). Auch für andere Details zur Gründungsgeschichte der Berliner Konfektion fand die Historikerin in Adressbüchern und Archivmaterial keine Belege, u. a. hatte Valentin Manheimer danach keinen Laden in der Bauakademie, es gab weder einen Lotteriegewinn, noch Herrenschlafröcke im Sortiment. Lesern mit wissenschaftlichem Interesse sei empfohlen, Detailfragen mit neueren Publikationen, eine Auswahl bietet das Literaturverzeichnis am Ende, oder historischen Quellen abzugleichen.

Ein anderer wichtiger Nachtrag betrifft einen Komplex, der im Buch kaum vorkommt: Die Vernichtung der Berliner Textilwirtschaft durch den Nationalsozialismus. Jüdische Unternehmer spielten in der Berliner Mode- und Bekleidungsproduktion eine führende Rolle, deshalb drangen die Nationalsozialisten nach 1933 auf „Arisierung" oder Stilllegung der Betriebe. Der angesehene Modestandort Berlin wurde dadurch langfristig zerstört. Brunhilde Dähn hatte sich auf den Zeitraum bis 1930 beschränkt, so dass das nachfolgende Geschehen bei ihr nicht im Fokus stand. Es gab damals, in den 1960er Jahren, dazu auch noch kaum Forschung. Erst durch die Aufarbeitung der NS-Verbrechen in den letzten Jahrzehnten und die Öffnung wichtiger Archive nach der Wiedervereinigung ist dieser Teil der Berliner Geschichte heute besser ausgeleuchtet. In den 1980er Jahren war der Journalist Uwe Westphal der Erste, der ein Buch zum Thema veröffentlichte.

Bereits kurz nach der Machtübernahme 1933 begannen Diskriminierungen, Kreditverweigerungen, Boykotte und Angriffe auf jüdische Unternehmen und ihre Mitarbeiter. Zahlreiche Schikanen behinderten sie in ihrer Geschäftstätigkeit und zwangen sie, ihre Existenz aufzugeben. Von den bei Brunhilde Dähn vorgestellten Firmen waren davon das Modehaus Herrmann Gerson und das Kaufhaus N. Israel betroffen.

Im Hause Gerson wurde es für die Besitzerfamilie Freudenberg mit dem Beginn des NS-Regimes schwieriger, das Unternehmen zu führen. Die Verfolgung und Repressionen führten dazu, dass bis Mitte der 1930er Jahre alle Mitglieder der Familie Deutschland verließen. Teilweise wurden sie später im Ausland verhaftet und kamen in Vernichtungslagern um. Das Geschäft, das sich nunmehr am Tauentzien nahe dem KadeWe befand, wurde bereits 1934 „arisiert", seit 1936 führten es die Brüder Horn unter ihrem Namen bis zur Schließung

Gedenkstelen am Werderschen Markt für das Modehaus Herrmann Gerson und seine Umwandlung nach 1937 zum „Reichskriminalpolizeiamt“ (enthüllt 2018). *Foto: Schnatmeyer*

2003 weiter. Die Geschichte ist in Dr. Gesa Kessemeiers „Ein Feentempel der Mode“ ausführlich nachzulesen.

Auch die Brüder Wilfried und Herbert Israel, Leiter des großen Warenhauses N. Israel, wurden ab 1933 von den Nationalsozialisten immer wieder drangsaliert, verhaftet, verhört und 1935 ihrer Posten enthoben. 1938 führte die Pogromnacht zu Zerstörungen im Haus und Verhaftungen von jüdischen Mitarbeitern. Nachdem Herbert Israel emigriert war, musste Wilfried Israel 1938 die Firma an die Emil Köster AG zwangsverkaufen. Was den NS-Behörden damals nicht bekannt war: Hinter dem amerikanischen Eigentümerkonzern der Köster AG stand der bereits emigrierte jüdische Unternehmer Jacob Michael. Diese Verkaufskonstruktion führte also zu einer „Scheinarisierung“.

Heute wächst das Interesse daran, die Geschichte der Berliner Konfektion aufzuarbeiten. Immer mehr Studentenprojekte, Ausstellungen, Stadtrundgänge und Publikationen befassen sich damit. So auch die Ausstellung „Geraubte Mitte“ des Stadtmuseums Berlin 2013/14 und das 2018 in eine Ausstel-

„Denkzeichen am Hausvogteiplatz", enthüllt 2002.
Spiegelinstallation auf dem Platz und Treppenstufen am U-Bahnhof.
Fotos: Schnatmeyer

lung mündende Projekt „Brennender Stoff" der Humboldt Universität (Ethnologie). Der letztere Titel bezieht sich auf Warenverbrennungen in der Pogromnacht rund um den Hausvogteiplatz am 9. November 1938. Jüdische Inhaber und Angestellte, denen die Flucht nicht gelang, wurden später in die Konzentrationslager deportiert. Im zweiten Weltkrieg wurde dann ein Großteil der Gebäude um den Hausvogteiplatz herum zerstört.

Heute weisen dort mehrere Denkmäler auf die vielen jüdischen Geschäftsleute hin, die durch die Nationalsozialisten alles verloren – und erinnern damit auch an die verlorene Modegeschichte Berlins.

Für ihre Hinweise danke ich Frau Dr. Gesa Kessemeier, die gerade an einer Publikation „Modestadt Berlin 1836-1936" mit 50 Porträts der namhaftesten Modehäuser und Salons arbeitet.

Susanne Schnatmeyer, Herausgeberin der Neuausgabe,
im August 2019

Weiterführende Literatur zum Thema:

Hahn, Kristin (Hg.), Jacobeit, Sigrid (Hg.): Brennender Stoff-Deutsche Mode jüdischer Konfektionäre vom Hausvogteiplatz, Berlin 2018, Hentrich & Hentrich.

Kessemeier, Gesa: Ein Feentempel der Mode oder Eine vergessene Familie, ein ausgelöschter Ort. Die Familie Freudenberg und das Modekaufhaus „Herrmann Gerson", Berlin 2013, Hentrich & Hentrich.

Kessemeier, Gesa: Herrmann Gerson. Das erste Berliner Modekaufhaus, Jüdische Miniaturen, Berlin 2016, Hentrich & Hentrich.

Westphal, Uwe: Berliner Konfektion und Mode 1836-1939, Berlin 1986, Edition Hentrich, 1986 und 1992.
Neuauflage 2019 als: Modemetropole Berlin 1836 – 1939. Entstehung und Zerstörung der jüdischen Konfektionshäuser, Berlin 2019, Henschel Verlag.

Brundhilde Dähns Text wurde an die heutige Rechtschreibung angepasst, offensichtliche Fehler im Text wurden korrigiert. Die manchmal nicht konsistente Setzung von Anführungszeichen der Erstausgabe wurde beibehalten.

Teilweise wird die Erstausgabe des Buches auch mit dem Untertitel „Bei den Kleidermachern an der Spree“ zitiert. Dieser Untertitel stand jedoch lediglich auf dem Schutzumschlag des damaligen Buches. Das Titelblatt im Innenteil lautete: „Berlin Hausvogteiplatz. Über 100 Jahre am Laufsteg der Mode“.

Das Muster auf dem Cover der Neuauflage beruht auf einem historischen Seidenstoff, vermutlich aus dem Zeitraum 1910-1920.

Urheberrecht für die Fotos auf den Seiten 267 und 268: Susanne Schnatmeyer.

Der Stadtplan auf der ersten und letzten Seite ist entnommen: Sineck, T., Situations-Plan von Berlin mit dem Weichbilde und Charlottenburg, Berlin: D. Reimer, 1882, digitalisiert durch die Zentral- und Landesbibliothek Berlin, 2011.

Weitere Bücher bei Schnatmeyer & Derham

Stoff und Faden. Materiallexikon.
ISBN 978-3-00-054777-5

Verflixt und Zugenäht.
Textile Redewendungen gesammelt und erklärt.
ISBN 978-3-00-050969-8

Am Rockzipfel. Redensarten rund um Kleidung und Stoff.
ISBN 978-3-00-052981-8

Gedichte, Geschichten mit Nadel und Faden.
ISBN 978-3-9819829-0-9

Zur Hölle mit der Mode.
ISBN 978-3-948255-00-8

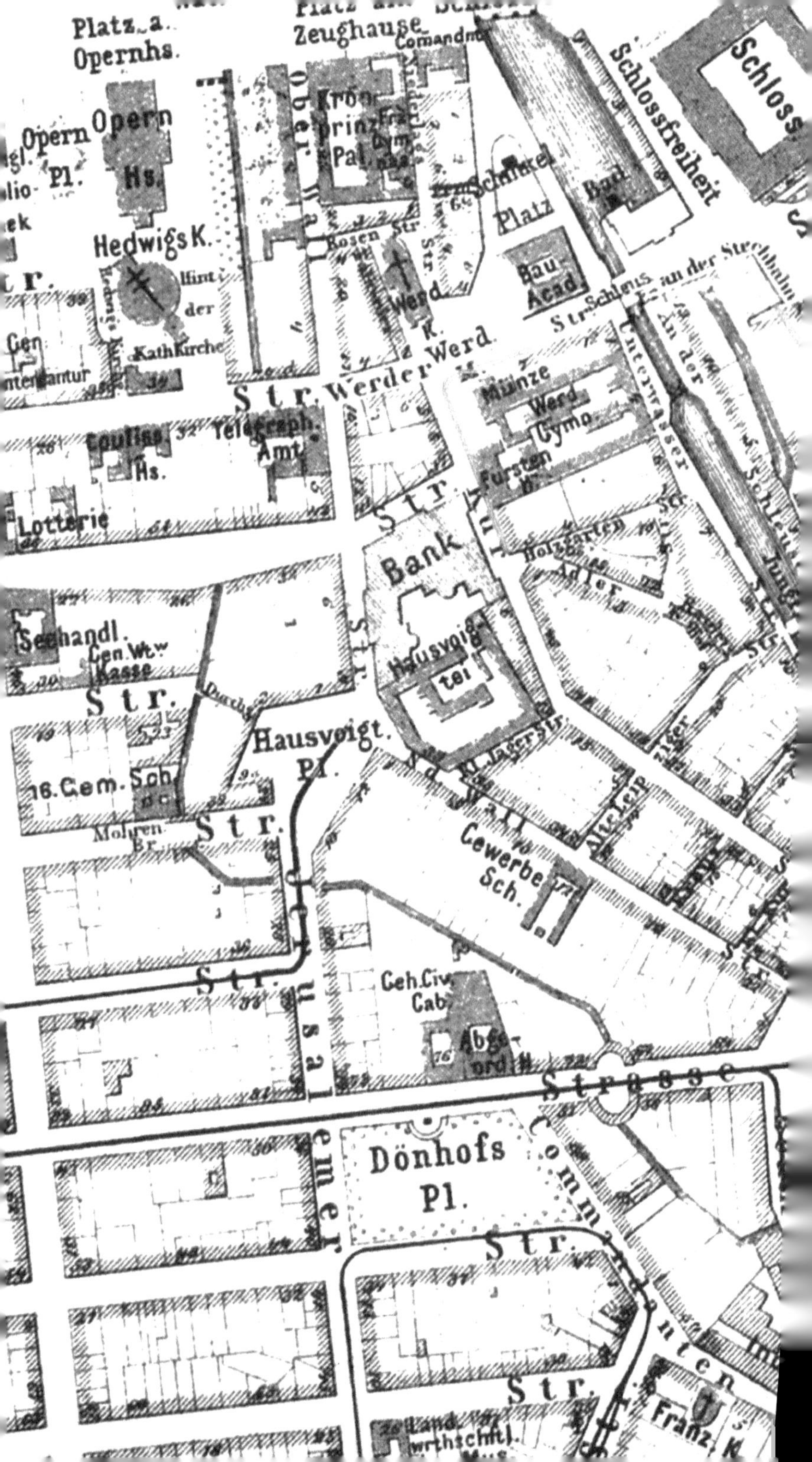
Platz a. Opernhs.
Zeughause
Opern Hs.
Opern Pl.
Hedwigs K.
Kath Kirche
Schloss
Schlossfreiheit
Kron prinz Pal.
Schinkel Platz
Bau Acad.
Werder Str.
Münze
Werd. Gymn.
Telegraph. Amt
Coulissen Hs.
Lotterie
Bank
Hausvoigtei
Seehandl.
Gen. Wtw. Kasse
Str.
16. Gem. Sch.
Hausvoigt. Pl.
Mohren Br.
Gewerbe Sch.
Holzgarten
Adler
Kl. Jäger Str.
Geh. Civ. Cab.
Abgeord. H.
Strasse
Dönhofs Pl.
Str.
Franz. K.